소설로 읽는 도덕경

老子與道德經
Copyright © by Luo Qiang
Original Edition Published © By 21st Century Publishing House in 2005
All rights reserved.
Korean characters Translation Copyright © Yoldaerim Publishing Co.
Published by arrangement with 21st Century Publishing House
through Access Korea Agency.

이 책의 한국어판 저작권은 액세스 코리아 에이전시를 통해
저작권자와 독점 계약한 도서출판 열대림에 있습니다.
저작권법에 의해 한국 내에서 보호를 받는 저작물이므로
무단 전재와 복제를 금합니다.

타오와 함께 떠나는 유쾌한 도덕경 여행

소설로 읽는 도덕경

뤄강 지음 · 신상현 옮김

열대림

옮긴이 **신상현**

가톨릭대학교 중어중문학과를 졸업하고
대만 동해대학(東海大學) 중문연구소(中文研究所)에서 수학했다.
현재 대학과 사회교육기관에서 강의하고 있다.

소설로 읽는 도덕경
타오와 함께 떠나는 유쾌한 도덕경 여행

초판 1쇄 인쇄 2006년 5월 25일
초판 1쇄 발행 2006년 5월 31일

지은이 뤄강
옮긴이 신상현
펴낸이 정차임
디자인 강이경
펴낸곳 도서출판 열대림
출판등록 2003년 6월 4일 제313-2003-202호
주소 서울시 마포구 동교동 156-2 마젤란21 오피스텔 503호
전화 332-1212
팩스 332-2111
이메일 yoldaerim@korea.com

ISBN 89-90989-19-1 03150

* 잘못된 책은 바꿔드립니다.
* 값은 뒤표지에 있습니다.

서문

현대적 감각으로 고전 읽기

　오천 년 중국 문명사에서 제자백가의 고전들은 아직도 생명력을 발휘하며 중국 문화에 큰 영향을 미치고 있다. 따라서 자라나는 청소년들에게 고전을 읽게 하고 그 속에 담긴 지혜를 배우게 하는 것은 청소년 개인에게나 국가적으로 대단히 유익한 일이다. 뿐만 아니라 전통문화사상을 배우고 계승하는 것은 청소년 시기에 반드시 거쳐야 하는 필수 과정이기도 하다.
　그러나 고대 문언체로 된 고전들은 언어나 내용면에서 청소년은 물론이고 일반인조차도 가까이 하는 데 많은 어려움이 따른다. 전통 문화에 대한 책은 홍수처럼 쏟아지지만 대부분 너무 전문적이거나 난해하여 내용에서 형식에 이르기까지 쉽게 접하기에는 어려움이 많다.
　예전부터 이런 점을 안타깝게 생각하던 나는 고전을 어렵게 생각하는 일반인뿐만 아니라 청소년들도 중국의 전통 문화를 한결 수월하게 배울 수 있도록 성현들의 심오한 사상을 재미있는 이야기 형식으로 생동감 있고 흥미롭게 써보아야겠다는 생각을 해왔다. 즉 이 책은 흥미롭게 읽는 가운데서 전통 문화와 고대 성현들의 정수를 파악할 수 있도록 꾸몄다. 『도덕경(道德經)』은 이미 오랜 시간에 걸쳐 가장 영향력 있고 대표적인 고전으로 꼽히는 저작이다. 이런 고전을 현대적 감각으로 재구성해서 쉽게 이해할 수 있도록 하는 것이 이 책의 가장 큰 목적이다.

『도덕경』은 고대의 우주, 자연, 생명 및 인류사회에 대한 심오한 철학을 담고 있다. 이 책은 2,500년 전쯤 노자(老子)가 쓴 것으로 전해지고 있으며 과학 사상과 동양적 지혜가 잘 어우러진 고전 중의 고전으로 꼽힌다. 그 중 우주 탄생과 그 변화에 대한 사상은 현대 천문학 이론과도 근접할 뿐만 아니라 어느 면에서는 뛰어넘기도 한다.

좀더 많은 사람들이 이 책을 통해 시공을 초월한 고전, 노자의 『도덕경』을 흥미롭게 접하고 쉽게 이해한다면 이보다 더 큰 보람은 없을 것이다.

일소(一笑)

차례

서문 | 현대적 감각으로 고전 읽기 • 5
프롤로그 | 노자와의 우연한 만남 • 11

1장_ 우주는 어디에서? • 16
2장_ 우주는 어디로? • 21
3장_ 타오, 허무호를 타다 • 28
4장_ 아코디언 같은 세상 • 35
5장_ 우주도 어머니가 있다 • 39
6장_ 영원하다는 것 • 43
7장_ 블록 쌓기의 지존 • 47
8장_ 있다 = 없다 • 50
9장_ 게임기 든 순찰사 • 55
10장_ 리더의 기술 • 62
11장_ 우주를 유영하다 • 67
12장_ 너무 많아도 걱정 • 73
13장_ 우공은 산을 못 옮겨 • 78
14장_ 흑투성이 노자 • 83
15장_ 상대성 이론의 문제점 • 87
16장_ 무거운 짐의 홀가분함 • 96

17장_ 타오식 용병술 • 101

18장_ 단비 사건 • 106

19장_ 복제인간 타오 • 114

20장_ 주인 노릇 하기 • 120

21장_ 에너지의 위대함 • 127

22장_ 소년 CEO의 흥망성쇠 • 132

23장_ 추장은 아무나 하나 • 137

24장_ 엑스레이 게임 • 146

25장_ 전진은 후퇴와 같다 • 156

26장_ 우주 영화 감상 • 164

27장_ 내겐 너무 비싼 자동차 • 170

28장_ 멍청함과 총명함은 통한다 • 174

29장_ 좀 무질서하면 어때 • 178

30장_ 앉아서도 다 보여 • 182

31장_ 학문이냐, 도 닦기냐 • 187

32장_ 과학자들 사이에서 • 194

33장_ 도덕천 가는 길에 • 203

34장_ 아기와 호랑이 • 209

35장_ 사기죄로 감옥에 가다 • 214

36장_ 솔선수범하는 임금 • 222

37장_ 생선국 끓이기 ● 227

38장_ 암행 감찰에 나서다 ● 230

39장_ 노자의 돌멩이 실험 ● 236

40장_ 타오 장군의 세 가지 복숭아 ● 240

41장_ 낡은 전투복을 입고 ● 250

42장_ 사령관과 참모 ● 256

43장_ 잔꾀도사 노자 ● 262

44장_ 바보야, 성인이야? ● 266

45장_ 위풍도 여러 가지 ● 271

46장_ 하늘을 나는 영웅 이야기 ● 276

47장_ 벼슬 체질이 아니야 ● 286

48장_ 물의 위력 ● 291

49장_ 복수는 복수를 낳고 ● 296

50장_ 작은 나라가 좋아 ● 305

51장_ 허울좋은 말은 위험해 ● 312

에필로그 | **영원한 이별** ● 319

맺는 말 | **노자의 도덕과 물리학 이야기** ● 323

옮긴이의 말 | **시공을 넘나드는 유쾌한 도덕경** ● 331

| 일러두기 |

저자가 매회 첨부한 『도덕경』은 백서본(帛書本)이다. 그러나 저자는 백서본을 인용하면서 장의 구분은 현행본을 따르고 있다. 현재 일반적으로 보고 있는 『도덕경』은 중국 위(魏)나라 때 학자 왕필(王弼)의 해석서, 즉 왕필본(王弼本)이다. 이석명의 『백서 노자』(청계출판사, 2003)에 의하면 백서본과 왕필본 사이에는 다음과 같은 차이가 있다.

첫째, 백서본은 장의 구분이 불분명하다. 현재 왕필본은 81장으로 나뉘어 있으나, 백서본은 거의 장이 나누어져 있지 않다. 둘째, 편장의 체계가 다르다. 현행 왕필본은 '도덕경'의 형태로 되어 있지만, 백서본은 '덕편(德篇)'이 앞에 나오고, '도편(道篇)'이 뒤에 나오는 '덕도경(德道經)'의 형태이다. 일부 장은 순서도 다르다. 셋째, 백서본은 빌린 글자(假借字)가 많고 복잡하다. 이것은 선진(先秦) 및 한대(漢代) 초기만 해도 널리 쓰이던 글자가 많지 않았기 때문이다. 넷째, 백서본에는 '야(也)'나 '의(矣)'와 같은 허사가 많이 등장한다. 구어체의 소박한 형식이라고 할 수 있다.

옮긴이는 독자들이 쉽게 접할 수 있는 현행 왕필본 원문을 첨부했다.

노자와의 우연한 만남

여름방학이었다. 하루는 장타오가 친구들과 함께 방학숙제를 하고 있었다. 한창 숙제를 하고 있는데 우연히 우주에 대한 이야기가 나왔다.

"우주에 대폭발이 일어났을 땐 초고밀도의 점이었다는데 이런 점은 대체 어디서 생겨난 거야?"

"설마 대폭발 전에 시간과 공간이 정말 없었던 건 아니겠지?"

"우주 바깥엔 뭐가 있을까?"

"도대체 우주는 영원히 팽창만 하는 거야, 아니면 다시 점 하나로 줄어드는 거야?"

이런 식으로 하루 종일 얘기하다 보니 의문이 끝없이 꼬리에 꼬리를 물었다. "다들 골치 아픈 얘기 좀 그만하자." 타오가 말했다.

"이러지 말고 우리 등산이나 가자. 산에서 누가 삐끗 넘어지기라도 하면 갑자기 답이 확 터져나올지 누가 아니."

"와하하하." 다들 한바탕 웃음을 터뜨렸다. "나 참. 수박이 깨지면 속이 터져나오고 머리가 깨지면 피가 터진다는 말은 들어 봤어도 정답이 터져나온다는 건 금시초문이네."

왁자지껄 웃기는 했지만 아무래도 타오의 아이디어가 괜찮은 듯했다. 신선한 공기를 마시면 적어도 머리는 식힐 수 있으니까. 그래서 아이들은 배낭 속에 간식거리와 필기도구, 망원경, 나침반까지 챙겨넣고 삼림욕장을 향해 자전거 페달을 밟았다.

아이들은 삼림욕장에 도착하자마자 자전거를 세워두고 함께 산에 오르기 시작했다.

그런데 몇 걸음 가지도 못해 타오의 한 쪽 발이 작은 나무뿌리에 걸리고 말았다. 아이들은 타오를 얼른 일으켜 세웠지만 자오밍이 정색을 하고 물었다. "정답은 찾았니?"

또 한바탕 웃음이 터졌다. 그런데 이게 웬일! 타오가 황홀한 표정으로 중얼거리는 것이 아닌가. "태상노군(太上老君, 도교道敎의 노자老子에 대한 존칭 – 옮긴이), 음……."

린하이가 진지한 표정을 지으며 타오의 코앞으로 바싹 다가갔다. 그리고 타오의 눈을 뚫어져라 보면서 장난스럽게 물었다. "뭐? 태상노군? 서유기에 나오는 그 황제님 말이냐? 너 혹시 황제님의 불로장생약이라도 훔쳐먹은 거냐?" 이어지는 아이들의 유쾌한 웃음소리.

"태상노군은 바로 노자(老子)야. 너희는 그것도 모르니?" 타오가 진지하게 말했다. "뭐? 노자? 넌 어떻게 갑자기 그런 생각이 났니?" 아이들은 더 이상 타오를 상대하지 않았다. 웃고 떠들다 보니 어느덧 산 중턱 숲까지 올라와 있었다. 숲 입구에는 비석이 서 있었는데 이런 글이 새겨져 있었다.

"즉시 뒤를 돌아보라."

이 글을 본 아이들은 가던 길을 멈추고 돌아보지 않을 수 없었다. 산 밑엔 초록빛이 끝없이 펼쳐져 있었다. 아름다운 경치에 청량한 바람까지 솔솔 불어오니 아이들은 저마다 마음이 탁 트이는 것 같았고 기분이 좋아졌다. 그 비석을 비롯해서 경치나 바람 이 모든 것이 아이들의 마음에 들었다. 그런데 아이들이 등산을 계속하려고 하는데 웬일인지 타오가 보이질 않았다.

그러고 보니 타오는 머리를 찧으면서 황홀경에 빠졌던 모양이다. 그 통에 비석의 글은 보지도 못하고 혼자 계속 산 위로 올라간 것이다. 그러다가 발을 헛디뎌 산비탈을 따라 미끄러져 내려갔다. 얼마나 미끄러져 내려갔을까. 마침내 겨우 멈출 수 있었는데 그때 어디선가 콸콸 물 흐르는 소리가 들려왔다. 타오는 주섬주섬 털고 일어나 물소리가 나는 곳을 찾아나섰다.

타오는 비탈길에서 멈춰 섰다. 고목이 하늘을 찌르고 맑은 시냇물이 흐르고 공기는 상쾌한 너무도 고요한 산골짜기! 냇가엔 덩치 큰 나무 한 그루가 서 있었는데 나무기둥 위의 어떤 껍질들은 희한하게도 바깥으로 돌출되어 있었다. 자세히 들여다보니 '허무계곡'이라는 글자들이었다.

아래쪽을 내려다보니 나무 아래 커다란 바위가 있고 그 위에 웬

늙은 도사가 가부좌를 틀고 앉아 있는 것이 아닌가.

머리를 풀어헤치고 엉성한 삼베옷을 입은 도사의 얼굴은 물이 흐르는 쪽을 향해 있고 시선은 앞쪽으로 고정되어 있었다. 타오는 어쩐지 그 도사가 낯이 익어 보여 천천히 다가갔다.

걸어가다 보니 이건 사람이 아니라 완전히 고슴도치였다. 도사의 온몸에 화살이 잔뜩 꽂혀 있는 것이었다. 타오는 너무 놀라 자기도 모르게 멈칫했다.

"계속 걸어!" 도사가 갑자기 타오를 향해 고함을 쳤다.

화들짝 놀란 타오는 도망가려 했지만 한순간 표현할 수 없는 이상한 느낌이 속에서 치밀어 오르더니 뜨거운 피가 끓어오르는 것을 억누를 수 없었다. "사부님, 제가 구해드리겠습니다." 그리고는 그 바위를 향해 돌진! 그런데 이게 또 무슨 황당한 노릇인지, 도사를 향해 반쯤 달려가다 보니, 앗! 도사의 몸에 화살이 하나도 없는 것이 아닌가. 뛰던 걸음을 멈추고 눈을 비벼보기도 했다. "요 며칠 무협영화를 너무 많이 봤나? 이젠 환각증상까지 다 생겼네."

도사는 '쐐아' 하는 소리와 함께 벌떡 일어났다. 그런데 이번에는 갑옷에 보검까지 찬 옛날 장군이 되어 있었다. 타오가 의아해하기가 무섭게 장군은 순식간에 몸을 휙 돌려 타오 쪽으로 칼끝을 겨누었다. 시퍼렇게 날이 선 검이 자신을 향해 점점 다가오고 있었다.

장군이 소리쳤다. "반역자 장타오!"

"엄마야!" 타오는 비명을 지르며 달아나려 했다.

"하하하하! 농담 좀 한 걸 가지고 저렇게 놀라다니, 소심한 녀석 같으니라고." 뒤에서 비웃는 소리가 들려왔다.

그 말을 듣자 타오가 발걸음을 멈췄다. "흥, 내 아무리 무서워도 떨고 있는 모습을 눈치채도록 할 수는 없지."

머릿속으로 이런저런 궁리를 하고 있는데 웬걸, 갑자기 무슨 우주선 같은 곳에 들어와 앉아 있는 게 아닌가. 게다가 우주선 바깥은 은하계가 아니라 안개구름처럼 빠르게 움직이는 알갱이였다. 우주선은 액셀러레이터를 밟으면서 알갱이 하나를 바싹 뒤쫓고 있었다. 작은 알갱이가 커지자 우주선이 돌연 그 속으로 빨려들어 갔다. 사방은 칠흑같이 어둡고 너무도 더웠다. 타오는 자기 몸이 이대로 물처럼 증발되는 것 같았다. 몸은 점점 떨어져 나와 하늘로 떠오르고 나중엔 서서히 날아 지구로부터 분리되고 우주로 퍼져 무수한 별들로 변했다.

몸은 이미 자신의 것이 아닌 것 같으면서도 머릿속만은 또렷이 깨어 있었다. 알 수 없는 공포감이 밀려들면서 타오는 자신도 모르게 소리쳤다. "살려줘, Help!!"

우주는 어디에서?

"어느 놈이 잠꼬대냐?" 웬 목소리가 타오의 귓속을 파고들었다.

타오는 그제야 자신이 눈을 감고 있었다는 것을 깨달았다. 두 눈을 부릅뜨고 둘러봐도 주위는 여전히 환했고 몸도 자신의 몸이 틀림없었다. 늙은 도사도 멀쩡하게 바위 위에 앉아 있고. 타오는 히죽 웃으며 말했다. "내가 오늘 진짜 귀신을 만났군."

도사는 타오를 쏘아보며 비웃었다. "네 이놈, 벌건 대낮에 자다가 꿈이나 꾸는 주제에 나더러 귀신이라고?"

타오는 도사의 말을 듣고 보니 좀 재미있다는 생각이 들어 히히 웃으며 말했다. "유유히 흐르는 물이며 쭉쭉 뻗은 나무들, 그 시냇가 큰 바위에 노망한 도사영감이 앉아 있다니. 난 장타오예요. 당신은 누구죠? 이름은요?"

타오의 말이 도사를 웃겼나 보다. 도사는 고개를 들고 미소를 지으며 말했다. "네가 날 노망한 도사영감이라 부르고 싶다면 그렇게 불러라. 하지만 날 평범한 도사영감으로 보지는 말아라. 이름이 있긴 한데 그것도 그저 평범한 이름이 아니란다."

영리한 타오는 이해도 빨랐다. "당신 노자 맞죠? 정말이지 보통이 아니에요. 이름까지도 남의 덕을 보시네요."

도사는 또 미소를 지으며 말했다. "그건 내가 알 바 아니다. 부모님이 지어주신 내 이름은 원래 이이(李耳)인데 내 나이가 워낙 많다 보니 모두들 날 '노이(老李)'라고 부르나 보다. 옛날에는 글을 위에서부터 아래로 내려 썼지 않니. 그러다 보니 위아래로 붙여 만든 글자는 너무 벌어지게 쓰면 두 글자로 보이기도 하지. '노이(老李)'도 사람들이 그런 실수를 저지르는 바람에 '노목자(老木子)'가 되어버렸어. 나중엔 한술 더 떠서 아예 가운데 글자 '목(木)'까지 빼먹더구나. 그러다가 결국 '노자(老子)'가 되었단다. 우린 친구니까 넌 그냥 '노자 영감'이라고 부르려무나. 난 위아래나 따지는 사람이 아니란다."

"아하! 그런 사정이 있었군요. 그럼 뭐 그냥 노자 영감이라고 부르죠. 이봐요 영감, 왜 이런 곳에 혼자 앉아 있는 거예요? 집은 어디예요?"

그런데 타오의 말소리가 그치기 무섭게 주위의 풍경이 삽시간에 몽땅 사라져버렸다. 타오는 재빨리 사방을 둘러보았다. 아무것도 보이지도 들리지도 않는 넓디넓은 광야에 혼자 서 있는 것이었나. 곧이어 저만치서 희미하게 빛이 보였다. 그 빛은 떠다니지도 반짝거리지도 않는 게 어둠 속의 촛불도 아닌 것 같았고 한밤중 하늘의 별도 아닌 것 같았다. 빛은 커질수록 점점 밝아졌는데 그때 노자의 말소리가 타오의 귓전에 들려왔다.

"'있다'와 '없다'는 똑같다. '없다'는 '허무'라고도 하지. '허무'는 또 우주가 생성되기 시작할 때의 상태이기도 해. 그렇다면 또 '있다'는 무엇이겠느냐? 바로 만물의 어머니란다."

그 빛이 별안간 거대한 모습으로 변하는 순간 눈부신 하얀 빛이 사방을 가득 메웠다. 타오는 급히 눈을 가렸다. 꽤 오랜 시간이 지나서야 눈에서 손을 뗄 수 있었는데 이때는 주위 풍경이 원래 그대로였다. 고목들이며 시냇물, 큰 바위……. 노자가 타오를 향해 미소를 지으며 물었다.

"어떠냐? 방금 무엇을 보았느냐?"

"드넓은 광야에 빛 하나가 생겨났어요. 그리고……." 타오는 음미하듯 말했다. "처음엔 우주는 '없다'래요, 그러다가 나중엔 '있다'가 된대요. 아! 그래요, '없다'에서 '있다'가 생겨난다. 영감, 우주는 허무에서 비롯되었다는 말을 하고 싶은 거죠?"

노자는 만족스럽게 고개를 끄덕거렸다. "음, 그렇게 멍청하진 않구나."

"나야 물론 멍청한 것과는 거리가 멀죠. 그건 그렇고 우주가 '없다'에서 '있다'를 낳는다는 그런 이치를 어떻게 알죠?"

"간단하지, 난 하루 종일 여기 앉아 아무것도 하지 않고 온갖 궁리를 다 한단다. 꼬리에 꼬리를 물고 계속 생각을 하다 보면 뭔가 떠오르거든. 사람은 말이야, 온갖 욕망이 사라졌을 때 우주의 허무한 본질을 간파할 수 있는 능력이 생긴다는 말씀!"

타오는 아까 친구들과 토론했던 문제가 생각나 물었다. "그럼 우주 바깥은 무엇이죠?"

"이크! 방금 똑똑하다고 칭찬 좀 했더니 그렇게 멍청한 질문을 하다니. 우주 바깥? 거긴 아무것도 없어. 물론 뭐든지 다 있을 수도 있고. '있다'는 '없다'고 '없다'는 '있다' 아니더냐. 부르는 방법만 다를 뿐이지."

타오는 머리를 긁적거리며 어리둥절한 표정으로 물었다. "영감, 머리에 열나는 거 아니에요? 어떻게 그런 헛소리를! '있다'는 '없다'고 '없다'는 또 '있다'라니 그런 심오하기 짝이 없는 말을 대체 어떻게 이해해요?"

노자가 큰소리로 웃으며 말했다. "하하. 제대로 말한 것으로 쳐주지. '있다'와 '없다'의 공통점이 바로 심오하다는 거니까. 타오, 네가 만약 심오하고도 심오한 이 대문을 활짝 열어젖힐 수만 있다면 우주 만물의 본질을 알게 될 것이다."

타오는 너무도 황당한 표정으로 노자를 응시했다. 결국 하루 종일 이 한마디를 중얼거릴 뿐이었다. "영감 말은 너무 심오하다니까!"

일소 박사의 도덕경 읽기

道可道非常道, 名可名非常名. 無名天地之始, 有名萬物之母. 故常無欲以觀其妙, 常有欲以觀其徼. 此兩者同, 出而異名, 同謂之玄. 玄之又玄, 衆妙之門. (1장)

'도(道)'는 말로 표현할 수 있지만 말로 해버리면 보통 말하는 '도'가 아니다. 이름도 있을 수 있지만 보통 말하는 이름이 아니다. '허무'는 우주 탄생 시기의 상태이고 실제로는 만물의 어머니이다. 사람들이 욕망이 없는 상태를 유지하면 우주의 본질, 즉 허무를 볼 수 있다. 그러나 항상 여러 욕망으로만 가득 차 있다면 우주의 외형밖에 보지 못할 것이다. 표현 형식만 다를 뿐 허무와 실제는 공통의 본질을 갖고 있다. 이 심오한 것들은 우주 만물에 공통적으로 내재되어 있다.

 **과학 이야기**

우주 대폭발 이론에 따르면 탄생 초기의 우주는 복사에너지로 구성되었다. 노자가 말하는 도(道)는 이름붙일 수 없는 허무한 에너지 상태이다.

우주는 어디로?

노자는 사실 벌써부터 타오가 마음에 들었다. 웃으면서 말하는 모습도 귀엽고 또 마침 반팔 티셔츠에 청바지를 입고 있는 모습을 보니 장난이 치고 싶어졌다. 그래서 일부러 놀라는 척하면서 말했다.

"아니, 이제 보니 여기 꼬마도사님이 계셨네!"

"뭐라고요? 내가 꼬마도사라고요?" 타오는 무슨 영문인지 하여 간 기가 막혔다.

"그래 꼬마도사가 아니고서야 어떻게 그런 구멍이 숭숭 뚫린 투박한 바지를 입겠느냐?"

"푸하하하! 영감, 진짜 촌스러움의 극치군요. 이건 요즘 젊은이라면 누구나 즐겨 입는 청바지라고요. 멋지죠, 게다가 질기죠. 그런 포대자루 같은 옷이랑은 비교가 안되죠."

노자는 고개를 끄덕였다. "누구나 즐겨 입는다고? 사람들이 다 똑같은 옷을 입으면 그건 멋있는 것이 아닌데. 네 말대로 이 포대자루 같은 옷은 네가 보기엔 촌스러울지 모르겠다만, 그래도 나 혼자만 입고 있지 않느냐. 이게 바로 멋이라는 거지."

타오는 곰곰이 생각한 후 말했다. "일리 있는 말 같기도 하네요. 우리 누나 친구 중에 아주 돈 많은 사람이 있는데요, 그 사람은 오직 한 군데 명품 매장만 정해놓고 옷을 산대요. 이유가 뭔지 아세요? 거기선 세상에 딱 한 벌만 존재하는 옷만 팔기 때문이래요."

"그것 봐라. 나도 이 정도면 꽤 감각이 있지 않느냐?"

"맙소사! 하긴 감각이 넘쳐요, 넘쳐. 그런 거지 옷은 누가 '짝퉁'을 만들어낼 염려도 없으니깐. 그건 그렇고 방금 한 얘기 말예요, 너무 편협한 거 아니에요? 멋있는 것 좋아하는 건 인지상정이고 게다가 유행이 뭐 그리 안 좋은 건가요?"

"유행이나 모방 자체가 나쁘다는 것은 아니야. 하지만 무슨 일이든 너무 지나치면 좋지 않아."

"완전 생억지군요." 타오는 기가 막힌다는 표정으로 말했다.

그러자 노자는 사방을 한 바퀴 둘러보고 타오에게 물었다. "이곳의 경치가 아름답다고 생각하느냐?"

"아름답죠, 그게 어쨌다는 거죠?" 타오가 반문했다.

노자가 지팡이로 높은 곳을 가리키자 그곳에 정자 하나가 생겨났다.

"이 정자는 멋지냐?"

"끝내주네요!" 타오는 노자의 폼을 흉내내면서 의기양양하게 대답했다.

"내가 그야말로 좋은 일을 했구먼."

"옳소! 옳소!"

이번에는 노자가 지팡이를 허공에 대고 원을 한 바퀴 그렸는데 삽시간에 무수히 많은 정자들이 생겨났다. 산골짜기에 물 셀 틈이 없을 정도였다. 타오는 정자들 사이에 끼어 숨도 못 쉴 지경이었다. "캑캑, 아이고, 영감 살려줘요!"

노자가 다시 한 번 원을 그렸더니 정자들이 순식간에 사라졌다.

"후후, 우선 숨 좀 돌리시지. 생억지가 더 있는데. '있다' 와 '없다' 는 상생(相生)한다는 것. 있다가 없어질 수도 있고 없다가 있을 수도 있다는 말씀이야."

노자의 말소리가 끝나는 동시에 주위의 배경이 온통 흰 빛으로 변했고 온 천지는 끝없는 광야일 뿐이었다. 흰 빛은 점점 작아지더니 서서히 한 줄기 빛이 되었고 끝내 완전히 사라졌다. 타오는 문득 말할 수 없는 공허감과 쓸쓸함이 밀려왔다.

"무엇을 보았느냐?" 노자의 소리가 들렸다.

타오는 멍한 상태에서 현실로 돌아왔다. 주위의 배경은 여전히 그대로였다. 그는 의심스럽다는 듯 물었다. "좀전에는 '없다' 에서 '있다' 가 생겨난다고 해놓고 지금은 어떻게 '있다' 가 '없다' 로 변하고 '없다' 가 '있다' 로 변한다는 거죠? 설마 장차 우주도 아무것도 없는 허무 상태로 변할 것이라고 말하려는 건 아니겠죠?"

"똑똑하군, 눈치도 빠르단 말이야. 내 제자로 받아주지. 똑같은 이치로 '어렵다'와 '쉽다', '길고 짧음', '높고 낮음'이 모두 다 상대적이란다. 음파(音波)도 서로 충격을 주어야 함께 진동할 수 있지 않니. '앞'은 '뒤'의 뒤쪽에 있고 말이야. 이런 것들이 영원불멸의 진리다."

"후후, 난 영감 따라서 그런 헛소리나 해대는 도사 노릇은 안할 겁니다." 타오는 웃지 않을 수 없었다. "아니, '뒤'가 '앞'의 뒤에 있어야 옳지!"

"다 같은 거야. 생각 좀 해봐라. 모두들 둥그렇게 둘러서 있으면 앞이 뒤고 뒤가 앞이고 그렇지 않니? 그러니 '있다'가 '없다'고 '없다'가 '있다'이기도 하고, '하다'가 '하지 않다'이기도 하고 '하지 않다'가 '하다'이기도 한 것이고, '원하다'가 '원하지 않다'이기도 하고 '원하지 않다'가 '원하다'이고…… 음하하하."

"영감, 그럼 이렇게 이해해도 되나요? 영감이 이런 말은 했지만 말하지 않은 것과 마찬가지다, 뭐 이렇게요." 타오는 일부러 노자를 빗대어 물었다. 그런데 이게 웬일? 노자가 연신 손뼉을 치며 쾌재를 부르는 게 아닌가.

"훌륭해! 오, 탁월한 이해력! 성인(聖人)이 해야 할 일은 바로 아무것도 하지 않는 거야. 성인이 가르쳐야 할 것은 아무것도 말하지 않는 것이지. 그저 온 몸으로 가르칠 뿐 말로 전하는 게 아니야."

이번에도 타오는 도저히 웃음을 참을 수 없었다. "헤헤, 말씀은 간단하게 하시네요. 영감의 이론대로라면 누군들 성인이 못되겠어요?"

노자는 고개를 가로저으며 말했다. "그게 그리 쉽진 않아."

"예를 든다면?"

"예를 들어 홍수를 평정한 우왕(禹王) 말이다."

타오가 노자의 말을 막았다. "아하! 그건 나도 알아요. 하(夏)나라 우왕이 홍수를 다스릴 때는 자기 집 앞을 지나도 들어가지 않고 백성들만 보살폈다는 전설이 대대로 전해져 오고 있죠."*

"그렇다면 그때 홍수가 평정된 후 황하(黃河)에는 계속 아무 일이 없었느냐?"

"그건…… 쩝." 타오는 말문이 막혔다.

"하하. 내가 말해주지. 황하는 아직도 한 해가 멀다 하고 범람한단다."

타오는 계속 트집을 잡았다. "영감 말대로라면 모두들 잠이나 실컷 자면 되겠네요."

노자는 날카로운 눈빛으로 타오를 노려보고는 아주 태연자약하게 말했다. "이건 분명 눈 먼 봉사가 남의 녹음기를 마구 수리하는 것보다도 훨씬 더 센걸."

"아니, 어떻게 알았죠?" 타오는 벌써 얼굴이 붉어졌다. 사실 이틀 전 이웃집 친구가 녹음기가 고장 났다기에 고쳐준다고 잘난 척 좀 하면서 건드렸는데 수리는커녕 더 엉망이 되어 타오가 물어줘야 할 형편이었기 때문이다.

"하하하하! 내가 어떻게 알았는지가 뭐 그리 중요하겠느냐? 어차피 잘난 척이나 하는 것보단 잠이나 실컷 자는 게 나을 텐데. 안 그러니? 성인이 하는 일은 뽐내기 위해서가 아니야. 성공하더라도 여기저기 떠들며 다니지 않지. 하지만 인간은 달라. 언제나 자기 잘난 것만 기억하거든."

"하여간……." 하지만 타오는 무슨 말을 계속해야 좋을지 난감하기만 했다.

* 우왕(禹王)의 치수(治水)에 관한 역사 기록은 다음과 같다.
　우(禹)의 부친 곤(鯀)은 치수를 제대로 하지 못해 순(舜)임금에게 죽임을 당했다. 그후 순임금은 곤의 아들 우에게 치수를 담당하도록 했다. 우는 치수 때문에 '13년이나 바깥에 머무르면서 어쩌다 제 집 앞을 지나치게 되더라도 들어가 보지도 못했다.' 우는 막힌 물을 터서 소통시키는 방법을 고안해 결국 홍수로 넘쳐나는 물이 땅의 흐름을 타고 바다로 흘러들도록 했다.
　이 밖에도 우의 치수에 관해서는 적잖은 민간전설이 전해지는데 그중 재미있는 이야기 하나를 소개한다.
　어느 날 곤은 홍수의 범람을 막기 위해 상제의 보물을 훔쳤다. 바로 홍수로 인해 저절로 솟아오른 땅이었다. 이 사실을 알게 된 상제는 불의 신 축융(祝融)에게 명령해 곤을 처단하도록 했다. 곤이 죽은 지 3년이 흘렀는데도 시체가 썩지 않는 것을 이상하게 여긴 어떤 사람이 그의 배를 갈라보았다. 뱃속에는 갓난아기가 있었고 그 아이가 바로 우(禹)이다. 우는 아버지의 뜻을 이어받아 치수에만 전념하느라고 나이 서른이 되도록 결혼도 못하고 있었다. 하루는 구미백호(꼬리 아홉 달린 흰 호랑이)가 아리따운 아가씨로 변해 자칭 도산(涂山)씨라고 하면서 우 앞에 나타났다. 그녀는 노래를 통해 염모의 정을 표현했고 우는 그녀와 결혼했다. 우는 결혼 후에도 여전히 치수에만 전념하느라 거의 집에 돌아오지 못했다. 도산 씨는 남편 우가 그리워 어느 날 치수 현장으로 직접 찾아갔는데 마침 우가 흑곰으로 변신해 굴을 파고 있는 모습을 목격하게 되었다. 겁에 질린 도산 씨는 도망쳤고 이를 발견한 우는 급히 아내의 뒤를 쫓았는데 너무 급한 나머지 인간으로 다시 돌아오는 것을 잊고 있었다. 도망치다 막다른 길에 이른 아내는 그만 돌덩어리로 변해버렸다. 우는 돌덩어리에 대고 외쳤다. "내 아들을 돌려주오!" 그러자 돌이 '쩍' 갈라지며 그 안에서 어린아이가 굴러나왔다. 그 아이가 바로 우의 아들이다. 우는 아들의 이름을 '계(啓)'라고 지었다.

일소 박사의 도덕경 읽기

天下皆知美之爲美, 斯惡已. 皆知善之爲善, 斯不善已. 故有無相生, 難易相成, 長短相較, 高下相傾, 音聲相和, 前後相隨. 是以聖人處無爲之事, 行不言之敎. 萬物作焉而不辭, 生而不有, 爲而不恃. 功成而弗居. 夫唯弗居, 是以不去.(2장)

사람들이 어떤 물건이 아름답다고 알고 있다면 그 물건은 이미 추한 것이다. 사람들이 어떤 일을 선행이라고 했다면 그 일은 악한 것이 된다.
실제와 허무는 서로가 서로를 낳는 관계이고, 어려움과 용이함은 서로 변화시키며, 길고 짧음은 서로 비교해야 의의가 있다. 높고 낮음은 서로 대조해 봐야 알 수 있고, 소리와 메아리는 서로 호응하며, 앞과 뒤는 서로 따라다니는 관계이다. 이런 이치는 영원히 변하지 않는다.
성인은 무엇이든 다 하지만 아무 말 없이 사람들을 가르친다. 일부러 여러 가지 사물을 만들기 위해 만물이 탄생되는 것도 아니고, 그 사물들은 후손을 갖기 위해서 생육하고 번식하는 것도 아니다(자연의 과정일 뿐이다). 그러므로 성인은 자신을 드러내기 위해 일하지 않으며 성공한 후에도 뽐내지 않는다. 그러기 때문에 성인의 업적은 영원할 수 있다.

 과학 이야기

우주는 결국 순수에너지로 회귀할 것이다. 폐쇄성 우주모형 이론에 따르면 만유인력 때문에 우주의 팽창현상은 결국 정지될 것이다. 그렇게 될 뿐만 아니라 거대한 만유인력 작용 때문에 우주는 결국 해체될 것이고 다시 순수에너지, 즉 복사에너지 상태로 돌아갈 것이다. 곧이어 새로운 우주 폭발이 다시 일어나고 동시에 새로운 우주가 탄생한다. 순수에너지와 실제 우주 사이의 상호 변화는 계속 반복될 것이다. 무궁무진하게.

타오, 허무호를 타다

노자는 더 이상 타오한테 신경쓰지 않고 바위에 앉아 명상에 잠겼다. 그런데 타오가 바위 앞에서 계속 펄쩍펄쩍 뛰어다녔기 때문에 시끄러워서 도무지 정신을 집중할 수가 없었다. 노자는 눈을 부릅뜨고 지팡이를 휘둘러서 타오를 바위 위에 앉혔다.

"영감이 재미없어하니 난 그만 집에 갈래요." 타오는 이렇게 말하면서 바위에서 뛰어내리려 했다.

"혹시 네 이름 '타오(陶)'는 '도망가다(逃)'라는 뜻 아니냐?"(陶와 逃의 중국어 발음은 모두 '타오'이다 – 옮긴이)

"물론 아니죠!" 타오는 가려다 말고 씩씩거리면서 말했다. "기쁨이 넘친다는 뜻이라고요, 아시겠어요?"

"그래, 알았다. 내 옆에 좀 앉아 있으면 널 기쁨이 넘치도록 해주겠다."

"정말요? 뭐 재밌는 거 있어요?" 타오는 이렇게 해서 눌러앉게 되었다. 그런데 이건 또 무슨 조화? 엉덩이가 바위에 닿으려는 순간 바위가 갑자기 사라져버린 것이다. 타오는 무게를 잃고 쿵 하고 떨어지며 엉겁결에 소리쳤다. "살려줘요, 영감, 살려달라고요!"

"후후, 또 살려달라고 난리군." 노자는 웃으면서 지팡이를 타오 눈앞까지 내밀었다.

타오는 정신을 집중해서 사방을 살폈다. 앗! 자신과 노자가 안전벨트까지 단단히 맨 채로 우주선을 타고 있었다. 이제 타오는 더 이상 두려울 게 없었다. 창밖을 보니 바깥 풍경이 광속도로 커져가고 있었다. 곧이어 풍경이 확대되고 있는 것이 아니라 자신이 점점 줄어들고 있음을 깨달았다. 우주선은 두 사람을 태운 채 점점 작아졌다. 우주선은 암석의 분자들 사이를 뚫고 암석의 내부로 들어갔다. 우주선은 계속 축소되었고 타오는 암석의 원자 구조까지도 또렷이 확인할 수 있었다.

원자는 띄엄띄엄 배열되어 있었고 아주 얄팍한 전리층(지구 대기층의 한 영역 – 옮긴이)이 작은 원자핵을 뒤덮고 있었다. 우주선은 이제 더 이상 줄어들지 않았고 대신 자유자재로 원자들 사이를 쉴 새없이 오갔다. 타오는 창밖의 풍경을 실컷 구경하면서 이 원자세계의 '풍경'에 그야말로 푹 빠져버렸다.

"진짜 기가 막히게 아름답군요." 타오는 완전 도취상태였다. "딱딱한 암석 속이 이렇게 광활할 줄이야!"

"진짜는 뒤에 나오는데! 어때, 이제 내 밑으로 들어올 거지?"

"생각 좀 해보고요." 타오는 얼버무리며 말했다. "그런데, 진짜는 뒤에 나온다니 그게 뭐죠?"

"녀석, 급하긴. 그렇다면 보여주지." 우주선은 계속 줄어들었고 전리층을 지나갔다. 전리층과 원자 사이의 공간은 마치 대기권 밖의 우주 공간처럼 광활했다. 우주선은 원자핵을 둘러싸고 운행했고 그와 동시에 계속 줄어들었다. 타오의 눈에는 전자의 생김새가 또렷이 들어왔다. 지구와 똑같은 자그마한 남색 공이었다.

노자는 우주선이 전자 하나의 뒤를 바싹 좇아가도록 했다.

우주에 있으면 사람이 '우주적'으로 되는 걸까? 타오는 기발한 생각이 들었다. "영감, 우주선 크기를 좀더 줄일 수 있을까요? 전자 속으로 들어가 보고 싶은데."

"이 우주선 이름이 '허무호'란다. 마음 내키는 대로 다 할 수 있지. 아예 우주선 조종 권한을 너한테 주마."

"우와, 정말이에요?" 타오는 안전벨트에 묶여 있지만 않다면 좋을 것 같았다. 그는 즉시 첫번째 명령을 내렸다. "우주선은 전자의 만분의 일로 축소하고 전자 내부로 들어가라!"

눈 깜짝할 사이에 우주선은 전자의 만분의 일 크기로 줄어들었고 곧이어 어느 전자에 접근했다. 그런데 젠장 이런 일이! 우주선이 전자를 향해 가까이 다가갈수록 속도가 점점 느려지더니 결국엔 우주선 속도가 거의 제로 상태로 떨어졌다. 그러니 무슨 수로 전자 속으로 들어갈 힘이 있겠는가.

"영감, 우주선은 무슨 얼어죽을 우주선! 아니, 뭐 마음대로 다

할 수 있다고요? 전자 속으로 들어갈 생각도 안하는데."

"이그, 우주선이 작아져도 너무 작아졌잖아. 원자세계에는 거대한 영향력을 갖고 있는 강력한 힘들이 존재하고 있단 말이다. 게다가 전자는 음전기를 띠고 있잖니. 머리가 있으면 생각 좀 해봐라, 머리는 폼이더냐?"

타오의 눈이 빛났다. "우주선 외곽에 양전기를 띠도록 하라!"

눈 깜짝할 사이에 우주선 외곽은 양전기로 가득 채워졌다. 음양전기가 서로 끌어당기는 힘 때문인지 비행선은 '휘익' 하는 소리와 함께 전자 속으로 빨려들어갔다. 전자 내부 역시 끝없이 광활하기만 할 뿐 아무것도 보이지 않았다.

"영감, 왜 아무것도 없죠?"

"내가 몇 번을 말했느냐, '없다'는 '있다'고……." 노자가 미처 말을 끝내지도 못했는데 우주선이 갑자기 심하게 흔들리기 시작했다.

"우주선이 왜 이러는 거예요?"

"이곳의 에너지가 너무 강력해서일 거다. 아무래도 빨리 이곳을 빠져나가는 게 좋겠다."

타오는 즉시 명령을 내렸다. "긴급 회항!"

그러나 우주선은 타오의 말을 듣지 않았다. 오히려 무슨 머리 잘린 파리처럼 전자 내부를 마구 부딪치면서 날아다녔다.

"아니, 이게 어떻게 된 일이죠?"

"괜찮아. 상황이 위급해질수록 침착해야 해."

타오는 갑자기 생각이 떠올랐다. '우주선은 양전기를 띠고 전자는 음전기를 띠고 있으니 음양이 서로 끌어당길 것이다. 그러니 전자의 만분의 일 크기만한 우주선이 무슨 힘으로 전자를 빠져나가겠는가.'

타오는 서둘러 명령했다. "우주선 표면에 음전기를 띠게 하라!"

그러자 음전기끼리 서로 밀쳐내기 때문에 우주선은 마치 가속장치를 가동한 후의 입자처럼 그야말로 초고속으로 전자 내부로부터 분출되었다.

그런데 이제는 우주선이 점점 말랑말랑해지고 있었다. 앉은 좌석도, 심지어 타오의 몸까지도 물렁물렁해지고 있었다. 으악! 비행선도 자신의 몸도 기화하고 있는 중이었다. 타오는 노자의 지팡이를 꼭 붙잡았다. "여엉……감……살……." 말을 채 끝내지도 못했는데 무엇인가가 자신을 꿀꺽 삼켰다는 느낌이 들었다.

"됐다, 됐어! 이제 이것 좀 놔라!" 노자의 말소리가 들렸다.

타오가 눈을 떠보니 언제 무슨 일이 있었냐는 듯 바위 위에 앉아 있었다. 타오는 안도의 한숨을 길게 쉬었다. 휴우!

노자가 웃으며 물었다. "어떠냐? 도사영감 쫓아다니니까 기쁨이 넘치지?"

타오는 놀란 가슴 쓸어내리는 데만 정신이 팔려 제대로 대답도 못했다. 노자가 말을 이었다. "방금 네가 본 것이 바로 끝없이 허무한 것들이야. 그 허무라는 것은 사물의 배후 깊숙이 감추어져 있지. 만물이 다 똑같이 갖고 있는 본질이기도 하고 말이야. 이게 바로 내가 말하려고 하는 '도(道)'란다."

한숨 돌린 타오가 말했다. "영감, 그 도에 대해서 내가 가르침을 받았다고 치죠. 하지만 보통 사람들에겐 '허무호' 같은 우주선이 없는데 그럼 영감이 말하는 '도'를 어떻게 본단 말이에요?"

"대우주와 소우주는 다 같은 거란다. '도' 역시 우주 가운데 있고 말이야. 사람들도 어떤 때는 그것을 느낄 수 있지."

"그래요, 전파천문학이라는 분야가 있죠. 어떤 기구를 쓰면 우주 공간으로부터 오는 무선신호를 받을 수 있다죠. 근데 사람은 그런 기구가 아니잖아요. 어떻게 영감이 말하는 '도'를 느낄 수 있겠어요?"

"네가 말하는 그 기구들은 무슨 재료로 만든 것이냐?"

"금속이죠."

"인체 내부에 금속원소가 있느냐?"

"있긴 있지만 전기회로는 없잖아요."

"그럼 사람 몸의 감각은 어떻게 대뇌까지 전달되지?"

"그야 신경을 통해서죠."

"이 신경이 바로 인체의 전기회로야."

"하지만 이런 회로를 사용할 줄 아는 사람이 어디 있어요. 게다가 그 알쏭달쏭한 '도'는 어디서 생긴 거죠?"

노자, 한참 깊은 생각에 빠져 아무 대답이 없다.

타오는 히죽히죽 웃기 시작했다. "에이, 도사도 모르는 게 있군요."

"약삭빠른 놈 같으니라고. 네 말이 옳다고 해주지. 나도 사실 그것이 어디서 오는지 모르거든. 그저 '도'가 그 어떤 것보다도 일찍 생겼다는 사실만 알 뿐이다."

일소 박사의 도덕경 읽기

道沖而用之, 或不盈, 淵兮, 似萬物之宗. 挫其銳, 解其紛, 和其光, 同其塵, 湛兮, 似或存. 吾不知誰之子, 象帝之先.(4장)

'도'는 형체 없이 공허한 것이지만 무궁무진하게 쓸 수 있다. '도'는 만물의 공통적 본질처럼 심오하다. 날카로움을 거두고 세속의 분쟁에서 벗어나라. 생명의 빛을 온화하게 변화시키고 자신의 생명을 생명 없는 흙먼지와 같게 하라. 그렇게 하면 고요한 곳에 이르러 있는 듯 없는 듯한 '도'를 발견할 것이다. 그것이 어디서부터 생기는지는 모르지만 우주 탄생 이전부터 이미 있었다.

과학 이야기

무선전신과 무선전신 수신기. 우리 주변에는 각종 전자파가 퍼져 있다. 라디오나 텔레비전 등의 수신 안테나는 시시각각으로 공중에 있는 전자파와 반응을 한다. 그러나 전자회로가 이 신호들을 감지하는 경우는 수신기에 전원이 통했을 때뿐이다.

아코디언 같은 세상

타오는 한참 동안 바위 위에 앉아 있다가 갑자기 노자에게 물었다. "우리 이제 일어나서 좀 움직여야 하지 않을까요?"

"그래, 일어나서 좀 다녀보자." 노자는 일어나서 바위에서 뛰어내리더니 시냇물을 따라 성큼성큼 거슬러 올라갔다.

"어, 기다려요!" 타오는 서둘러 바위 아래로 뛰어내려와 종종걸음으로 노자를 쫓아갔다.

그때 노자가 지팡이를 한 번 휘두르자 두 사람 앞에 어떤 사람이 '뻐웅' 하고 나타났다. 땀투성이인 그 사람은 무슨 자루같이 생긴 것을 들고서 벌렸다 오므렸다 하면서 아궁이에 바람을 불어넣고 있었다.

"저 사람 뭘 하고 있는 거죠?"

"그것도 몰라? 쇠를 달구고 있지 않느냐."

노자가 또 한 번 지팡이를 휘두르자 그 사람의 모습이 변했다. 이번에는 앞에다 아코디언을 메고 있는데 연주 솜씨가 보통이 아니었다. 아코디언 속에서 그토록 아름다운 선율이 퍼져나올 줄이야! "이제 저 사람이 뭐 하는지 알겠지?"

공교롭게도 타오 역시 이틀 전부터 아코디언을 배우기 시작했던 것이다. 그래서 노자의 질문에 대답할 생각은 안하고 잽싸게 그 사람의 아코디언을 가로채 와서 연주하기 시작했다. 타오는 연주를 하면서 물었다. "어때요? 내가 저 사람보다 한수 위죠?"

노자는 두 손으로 귀를 막으며 말했다. "됐다 됐어, 제발 좀 봐다오. 정말 못 들어주겠구나."

타오는 아랑곳하지 않고 더 신나게 연주했다. 그러자 노자가 지팡이를 휘둘렀고 그 사람은 사라졌다. 아코디언은 책상 크기만큼 커져서 타오의 목을 눌러 휘게 할 지경이었다. 타오는 무게를 못 이겨 아코디언을 놓고 말았다. 그리고 아코디언에 비스듬히 기댄 채 캑캑거리고 있었다. 노자의 지팡이가 또 '획' 하더니 이젠 아코디언도 사라졌고 타오는 쿵 하며 땅바닥으로 자빠졌다.

바로 그때 회오리바람이 불어닥쳤고 타오는 하늘 꼭대기까지 휩쓸려 올라갔다. 막 살려달라고 소리치려는 순간 노자가 몸을 날려 타오 옆으로 와서 지팡이를 꽉 붙잡도록 했다. 두 사람은 장맛비구름의 '깔때기' 한가운데에 위치해 있었다. 깔때기의 높은 부분은 지면보다 압력이 낮기 때문에 지면 위의 나뭇가지나 진흙 덩어리들이 계속해서 하늘로 빨려 올라갔고 그러면서 툭탁툭탁 타오의 엉덩이와 온몸을 때렸다. 타오는 손으로 얼굴을 감싸고 소리쳤다. "으으으, 영감. 그만 좀 괴롭히란 말이에요!"

"하하, 걱정 마라. 잠깐만 참으면 끝난다." 노자는 그저 웃고 있을 뿐이었다.

얼마 지나지 않아 장맛비구름의 깔때기 양쪽 끝부분의 압력이 균형을 잡았다. 이젠 바람도 잠잠해졌다. 두 사람은 사뿐히 땅으로 내려왔다. 그런데 타오는 착지 실패! 그만 엉덩방아를 찧고 말았다. 안 그래도 온몸이 상처투성인데. 하지만 노자의 지팡이는 만병통치약이었다. 타오의 상처는 씻은 듯 나았다.

노자는 히죽히죽 웃으며 물었다. "어떠냐? 아코디언이 재미있느냐, 아니면 회오리바람이 재미있느냐?"

"다 재미없어요!" 타오는 볼멘소리로 대답했다.

"내가 보기엔 말이다, 그래도 풍랑 일지 않고 고요한 상태가 좋은 것 같구나. 사실 하늘과 땅 사이라는 공간은 아코디언의 송풍주머니나 다름없다. 무사평온할 때는 송풍주머니가 벌어져 있는 때와 같아. 지탱해 주는 아무 장치가 없어도 절대 처지지 않거든. 그런데 광풍이 불 때는 어떠냐? 송풍주머니가 쪼그라든 상태와 같아서 사람들을 혼비백산하게 만들지. 금세 멈추기는 하지만."

타오는 한 마디도 못한 채 땅바닥에서 캑캑거리고만 있었다. 노자는 타오를 힐끗 보고는 놀리듯 말했다. "이야, 꼭 득도하신 도사님 같은걸!"

일소 박사의 도덕경 읽기

天地不仁, 以萬物爲芻狗. 聖人不仁, 以百姓爲芻狗. 天地之間其猶橐籥乎, 虛而不屈, 動而愈出. 多言數窮, 不如守中.(5장)

대자연 속에 이른바 인의(仁義)라는 것은 없다. 그것은 세상 사물들을 제사용 볏짚과 개로 취급한다. 성인은 백성을 제물로 보는 인의를 가르치지 않는다. 하늘과 땅 사이는 송풍주머니 같지 않은가? 공기가 들어가서 팽창해 있으면 공허한 상태가 된 것이고 바람이 빠지면 납작하게 오그라든다. 사람이 알고 있는 것이 아주 많아 보이지만 세어보면 끝이 있게 마련이다. 그러니 적당한 선에서 그만두고 마음에 담아두는 편이 낫다.

 과학 이야기

운동은 에너지를 소비한다. 운동이란 위치에너지, 화학에너지, 전기에너지 등 각종 에너지를 운동에너지로 전환시키는 과정이다. 그러나 운동은 저항을 받으면 그 운동에너지는 다시 열에너지나 기타 에너지로 전환되어 소비된다.

우주도 어머니가 있다

타오가 땅바닥에 널브러져 있는 모습을 보니 노자는 절로 웃음이 나왔다. "아까 우주 바깥엔 무엇이 있는지 물었지? 난 지금 우주 바깥으로 가볼 참인데 너도 가겠느냐?"

타오는 당연히 흥분했다. "아니 그게 정말이에요? 어떻게 가는데요?"

노자는 묵묵부답 앞으로 향했고 타오도 벌떡 일어나 뒤따랐다. 바로 타오가 뒤따르려 하자 노자는 몸을 '후울쩍' 공중으로 날아올랐다. 타오, 애가 탈 수밖에. "영감, 기디려요!"

노자는 몸을 돌려 타오에게 지팡이를 내밀었고 타오는 팔짝 뛰어올라 지팡이를 붙잡고서 노자와 같이 하늘로 날아올랐다. 순간 두 사람은 벌써 우주선 '허무호'에 탑승해 있었다. 창밖을 보니 희한하게도 우주선이 비행을 하고 있지 않았다. "영감, 난 준비 다 됐어요, 어서 출발하시죠."

"어디까지 갈 거니?"

"아니 영감, 방금 말해놓고 벌써 잊었어요? 우주 바깥으로 구경 간다면서요. 혹시 나한테 사기치는 거 아니에요?"

"이 도사님 사전에 '사기친다' 는 말은 없다. 다만 우주의 끝이라는 곳이 워낙 멀어서 말이다. 그 빠르다는 빛도 백억여 년이나 걸려야 간다는구나. 그러니 우리 우주선이 아무리 초광속으로 가더라도 우주 끝까지 간다는 건 무리지. 게다가 이 황당하기 짝이 없는 우주에서 우리가 뛰쳐나간다 한들 무엇을 제대로 볼 수 있겠느냐."

"그럼 무슨 좋은 방법 없을까요?"

"지난번에는 우리가 우주선을 작게 만들었지? 이번엔 크게 만들어 보자."

"와!" 환호하는 타오. "이번에도 내가 조종해도 돼요?"

"물론!" 노자는 흔쾌히 승낙했다.

"우주선, 길어져라, 길어져라, 얍! 커져라, 커져라, 얍! 우주는 수박만 하게!" 목소리 낭랑한 타오. 즉시 우주선 바깥의 풍경이 줄어들기 시작했다. 마침내 우주의 끝이 보였다. 그것은 얄팍하면서도 유동적이었지만 굉장히 촘촘한 상태였으며, 마치 풍선의 표면처럼 우주 내부의 물질을 감싸고 있었다. 우주선은 계속 커지면서 결국 우주의 표층을 통과해 튕겨나왔다. 타오는 마침내 우주 밖의 모습을 똑바로 볼 수 있었다. 처음에는 커다란 불덩이처럼 붉디붉었는데 우주선이 서서히 커지자 잘 익은 홍시처럼 변했다.

"그만 커져라!" 타오는 우주선에 명령했다.

자세히 보니 그 홍시 같은 우주가 한두 개가 아니었다. 무수히 많은 홍시들이 공중에 둥둥 떠다니고 있었다. 얼핏 보기에는 한 그루의 나무 위에 매달린 열매들 같기도 하고, 온천탕에서 왁자지껄 목욕하고 있는 어린애들 같기도 했다. '공중'에는 이렇게 떠다니는 것들로 가득 들어차 있었다. 이렇게 떠도는 것들은 그 밀도가 아주 촘촘해 보였는데 '홍시'들은 그 속에서 좌우로 리드미컬하게 운동하고 있었다.

"이렇게 둥실둥실 떠다니는 것들은 다 뭐죠?"

"난 그것을 '목욕의 신'이라고 부른단다." 노자가 엄숙한 표정을 지으며 말했다. "그것들은 우주의 안과 밖을 가득 채우고 있어. 게다가 영원불멸이지. 바로 우주의 어머니!"

"그게 우리의 우주를 탄생시켰다는 얘기죠?"

"바로 그거야! 봐라, '홍시'가 왔다갔다 운동하고 있지? 이게 바로 홍시가 우주의 어머니와 에너지 교환을 하고 있는 거다. 더 자세히 보면 어떤 홍시는 한 번 움직이는 걸로 사라지기도 하고 다른 곳에서는 새로운 홍시가 생겨나기도 하지. 그건 우주들이 끊임없이 생사를 반복하고 있다는 거다. 홍시가 운동하는 곳이 바로 우주의 어머니의 출입문이야. 이 출입문은 또 우주와 우주의 어머니가 연락을 하는 곳이고. 우수는 거기서 태어나거나 죽는 기야. 아니면 우주의 어머니와 에너지 교환을 하거나."

듣고 있자니 보통 어리둥절한 게 아니었다. "우주도 어머니가 있어요? 또 사기치는 거 아니에요? 아니라면 우주의 어머니는 어디서 왔는지 말해보세요. 그 어머니는 에너지가 얼마나 되고요?"

노자는 웃었다. "그건 나도 잘 모르는데. 내가 아는 건, 우주의 어머니는 어렴풋이 존재하고, 또 그 에너지는 한이 없다는 사실뿐."

타오는 멍하니 창밖 우주들의 리드미컬한 운동을 바라보다가 문득 한 가지 일이 떠올라 사지가 후들거릴 지경이었다. 그래서 무기력한 표정으로 물었다. "그토록 많은 '홍시' 중에 우리 집은 어디 있는 거죠? 만약 지구로 못 돌아간다면 우리도 이렇게 영원히 우주 속에서 떠돌아야 하는 건가요?"

일소 박사의 도덕경 읽기

谷神不死, 是謂玄牝. 玄牝之門, 是謂天地根. 綿綿若存, 用之不勤.(6장)

시공을 초월해서 존재하는 '신선'이 있다. 그녀는 태어나지도 죽지도 않는다. 그것이 바로 신기한 우주의 모체(母體)이고 여기에 있는 관문이 우주 탄생의 근원이다. 이 모체는 아무리 써도 줄어들지 않고 끝없이 소리 소문 없이 존재하고 있다.

과학 이야기

에너지는 질량으로 변할 수 있고 질량은 에너지로 변할 수도 있다. 그러나 우주 안에서의 총에너지는 불변이다.

영원하다는 것

　노자는 공황상태에 빠져버린 타오를 보고는 그야말로 박장대소했다. "하하하! 겁쟁이 같으니라고. 죽음이 그렇게도 두려운 게냐?"
　울상이 된 타오. "웃지만 말고 대책 좀 세워봐요. 지구로 돌아가야죠. 죽는 걸 무서워하는 게 아니라고요. 나한텐 부모님이 계시잖아요. 영감처럼 홀홀단신이 아니란 말예요."
　노자가 웃음을 멈추고 말했다. "그래, 이런 일로 널 탓할 순 없지. 땅강아지나 개미도 죽지 않으려고 발버둥치는데 사람이야 오죽하겠느냐. 생명이 있는 모든 것은 죽음을 두려워하게 마련이야. 그러니 또 다 죽을 수밖에. 내가 지금 말장난이나 하고 있는 것 같겠지만 이 우주들을 보면 이해가 될 거다. 우주는 스스로 번식하지 않기 때문에 오래오래 살 수 있거든. 봐라, 돌은 돌을 낳지 않기 때문에 죽지 않는다. 이게 바로 하늘과 땅처럼 변치 않고 영원할 수 있게 되는 까닭이야."

휴! 타오는 한숨이 나왔다. "우주는 태어났다가 죽었다가 그런다면서요. 그게 번식이 아니고 뭐죠?"

휴! 노자도 타오 흉내를 내며 한숨지었다. "너 같은 학생은 정말 불합격감이다. 수업을 제대로 듣길 하나, 관찰을 세심히 하길 하나. 내 말은 '스스로 번식하지 않는다'는 거지. 인간이 혼자서 자기를 낳거나 딸을 낳는 것 봤느냐? 우주가 혼자 힘으로 우주를 낳을 수 있겠느냐? 돌이 돌을 그냥 낳을 수 있어?"

"그럴 순 없죠. 우주는 우주의 어머니가 낳았고 돌은 돌이 낳은 게 아니죠." 타오는 얼굴이 좀 화끈거리긴 했지만 그래도 지기는 싫었다. "쳇! 그 우주들, 태어나서 얼마 되지도 않아 죽던데 그게 무슨 하늘과 땅처럼 영원한 거라고."

휴! 노자, 또 한 번 깊은 한숨. "왜 그리 잘 까먹는고. 우리 우주선은 150억의 세제곱 배나 커졌다고! 그러니까 우주는 우리 때문에 150억의 세제곱 배만큼 줄어든 셈이지. 시간도 똑같은 배수만큼 줄어들었고. 우리가 여기서 1초 동안 머문 건 지구가 아직 존재하고 있다면 지구상에서는 이미 475억의 제곱 년이나 지나버린 것과 같아. 지구, 태양, 은하계 등은 말할 것도 없고 아마 우리의 우주도 벌써 연기처럼 사라졌을걸. 아직도 부모님께 돌아가고 싶으냐? 어림없지!"

타오는 얼이 빠질 대로 다 빠져 한동안 말문을 열지 못했다. 하지만 타오가 누군가. 허무호는 무엇이든 마음대로 할 수 있다는 노자의 말이 생각나서 거친 숨을 돌리며 말했다. "어차피 한 번 죽는 거 아닌가요? 죽으면 죽는 거죠. 우주선은 원래 크기대로 회복하라. 출발 전의 시간과 장소로 돌아가라!"

비행선은 요동을 치며 흔들렸다. 눈은 흐리멍덩, 머릿속은 완전히 진공 상태!

"하하하!" 타오는 노자의 웃음소리에 놀라 정신이 들었다. 두 사람은 이미 허무계곡으로 무사히 돌아와 있었고 우주선은 온데간데없었다. 노자는 엄지손가락을 치켜세우며 타오를 칭찬했다. "음, 대단한데? 진짜 도사 기질이 있는 녀석이야."

타오의 머릿속엔 아직도 그 붉은 '홍시'들이 떠다니고 있었지만 일단 한숨은 돌린 셈이었다. "헤헤, 칭찬까지 해주시다니! 아까는 그냥 날 테스트 해본 거죠?"

"너 또 나랑 같이 있기 싫은 거냐? 내가 너를 테스트해서 뭐 하겠느냐. 하지만 성인은 이렇게 하는 거다. 죽음을 두려워하지 않기! '영생'이란 말을 들어본 적 있느냐? 성인은 역경 속에서 태어난다, 그 때문에 영생하는 거고. '영생'이란 육신은 죽었어도 정신은 살아 있음을 의미한단다."

일소 박사의 도덕경 읽기

天長地久, 天地所以能長且久者, 以其不自生, 故能長生. 是以聖人後其身而身先, 外其身而身存. 非以其無私邪, 故能成其私.(7장)

하늘과 땅은 영원하다. 우주는 스스로 낳고 번식하지 않기 때문에 오래도록 존재할 수 있다. 성인은 언제나 백성의 뒤에 서려고 하는데 백성들은 성인을 앞에 세우려고 한다. 성인은 자신의 안위를 돌보지 않는다. 오히려 이 때문에 자신을 보전할 수 있게 된다. 이것이 사리사욕이 없기 때문이 아니고 무엇이겠는가.

 **과학 이야기**

불활성물질은 물리화학 성질이 대단히 안정적인 물질이므로 다른 물질들과 거의 반응하지 않는다. 그러나 생명은 극도로 불안정한 유기화합물의 혼합체이므로 계속 신진대사가 이루어져야만 유지될 수 있다.

블록 쌓기의 지존

타오는 별안간 궁금증이 생겼다. "영감은 남들과 우열을 놓고 다투지 않는다고 했는데 사실은 능력이 없어서 그러는 거죠?"

"호! 난 능력 없고 그럼 넌 있다?" 노자는 이번에도 지팡이로 휘익, 그러자 꼬마가 한 명 나타났다. 꼬마는 땅바닥에 앉아 혼자 나무블록으로 쌓기 놀이를 하고 있었다.

노자가 꼬마에게 물었다. "꼬마야, 여기 이 형아 말이다. 블록 쌓기의 지존이라는데 시합 한번 해보겠니?"

"네, 좋아요." 꼬마는 두 손을 허리에 찌르고 삐딱한 고갯짓까지 하면서 대답했다. 타오가 노자를 '쫘악' 째려보며 말했다. "아니 어떻게 저런 꼬마하고 시합을 하라는 거죠?"

"훙, 이제 이름을 도망간다(逃, 발음 역시 타오 - 옮긴이)는 뜻으로 바꾸려고?" 노자는 장난스러운 표정으로 타오를 바라보았다.

"사내대장부는 절대 그런 일 없어요. 바꾸긴 무슨 이름을 바꾼단 말이에요? 세상에." 타오가 씩씩거리며 말했다.

"난 또 네가 줄행랑치려는 줄 알았지. 그래, 이름 안 바꿀 거면 꼬마하고 한번 겨뤄봐라."

"못할 것 없죠 뭐!" 타오는 꼬마 옆으로 다가가 말했다. "이 형아가 소시 적엔 블록 쌓기의 지존이었거든? 그러니 너 먼저 시작해라." 꼬마는 뾰로통해져서 말했다. "나도 '한 블록' 쌓는다고요."

타오는 할 수 없다는 듯 고개를 설레설레 저으며 꼬마 옆에 쪼그리고 앉아 블록을 쌓기 시작했다. 얼마 지나지 않아 타오의 블록이 꼬마보다 높게 올라갔다. 꼬마도 절대 기죽지 않고 쉴새없이 위로 위로 쌓아올렸다. 타오 생각엔 이런 꼬마보다 몇 개 더 쌓아서는 도무지 지존이라고 할 수 없었다. 이기려면 확실하게 이겨서 노자 코를 납작하게 해주고 싶었다. 여기까지 생각한 끝에 아주 조심스럽게 블록 한 개를 위에 또 얹었다.

꼬마가 쌓은 블록은 벌써 비틀거리기 시작했다. 더 이상 쌓았다간 무너질 것 같았는지 꼬마는 그만두고 타오가 쌓는 모습을 구경했다. 타오가 쌓은 블록은 이미 꼬마 것보다 훨씬 높이 올라가 있었다.

"우와, 형아 진짜 대단해요!" 꼬마는 손뼉을 치며 신이 났다. 우쭐해진 타오는 내친 김에 두 조각을 꼭대기 위에 더 올려놓았다. 하지만 이번에는 왠지 손이 떨리는 걸 어쩔 수 없었다. 결국 와르르! 온갖 정성을 다해 쌓아올린 공든 블록탑이 무너지고 말았다. 타오는 풀이 죽어 말 한마디 못하고 주저앉았다.

"하하하! 어떠냐?" 노자가 웃으며 지팡이를 휘두르자 꼬마와 블록들은 온데간데없었다. "이미 높게 쌓았는데 마지막에 더 올린 그 두 조각이 말썽이지? 그러니 말이다, 남과 우열을 가릴 때 완벽하게 하려면 할수록 더 엉망이 될 수 있다는 말씀! 그럴 바에야 아예 겨루지 않는 게 낫지 않겠느냐? 겨루지 않아야 적당한 단계에서 그만둘 수 있거든."

일소 박사의 도덕경 읽기

持而盈之, 不如其已. 揣而銳之, 不可長保. 金玉滿堂, 莫之能守, 富貴而驕, 自遺其咎. 功遂身退, 天之道. (9장)

목적 달성을 위해 게으름 피우지 않고 끝까지 밀고 나가는 것보다 적당한 선에서 그만두는 것이 낫다. 수천 번을 달구고 두드려 만든 날카로운 칼끝도 언제까지나 날카로울 수는 없다. 집안 가득한 금은보화를 영원토록 지킬 수 있는 사람은 아무도 없다. 돈 많고 사치스러운 사람은 스스로 재앙의 씨를 뿌리는 사람이다. 혁혁한 공을 세우더라도 조용히 물러가는 것이야말로 하늘의 순리이다.

과학 이야기

극도로 불안정한 상태, 우리가 흔히 볼 수 있는 극한 상태로는 스프링이 길게 늘어진 경우, 시계추가 양옆의 가장 높은 위치에 걸린 경우, 고무공이 비탈길 꼭대기에 놓여 있는 경우 등이 있다. 이 모든 상태는 오래 유지될 수 없다. 혹 잠시 안정상태에 있더라도 가벼운 움직임 한 번이면 그 상태는 그것으로 끝난다.

있다 = 없다

 타오는 노자를 따라다니다 보니 너무 지겨운 생각이 들었다. 그래서 슬슬 엉뚱한 얘기를 꺼냈다. "영감은 『도덕경』 빼면 완전 알거지 아니에요? 만약 누가 영감한테 돈을 수억 준다면 뭐 할 거예요?"
 "내 비록 무일푼이긴 하다만 그렇다고 부족한 것도 없단다. 돈은 있어서 뭐 하겠느냐. 나야말로 궁금하구나. 내가 너한테 이런 물건들을 잔뜩 주면 넌 어떻게 하겠느냐?" 노자가 지팡이로 옆을 가리키자 나무토막 한 더미가 나타났다.
 타오가 가까이 가서 보니 수레 만드는 데 쓰는 나무 부속들이었다. 하지만 타오는 노자와 농담을 더 하고 싶었다. 그래서 눈을 한 번 굴리고는 심술궂게 말했다. "이깟 썩어빠진 나무토막들이 무슨 쓸모가 있어요? 추워지면 땔감으로나 쓰지."

"흥, 인재를 몰라보고 썩히는 격이군." 노자가 지팡이를 휘두르자 나무토막들은 자동으로 움직이더니 순식간에 수레로 조립되었다. 마지막으로 수레바퀴 살만 끼우면 되었다.

"이 수레는 아직 달릴 수가 없다. 어떻게 하면 달릴 수 있는지 네가 생각 좀 해봐라."

투덜대는 타오. "어쩜 이렇게 성가시게 하는지! 영감 지팡이 한 방이면 다 끝나는 거 아니에요?"

노자는 꼼짝 않고 타오를 주시하고 있을 뿐이었다. 무안해진 타오는 마지못해 바퀴를 세워놓고 바퀴 축과 바퀴 테두리에 바퀴살을 하나하나 끼우기 시작했다. 한참 용을 쓴 끝에야 바퀴살 서른 개가 다 끼워졌.

"이제 알겠지? 네가 서른 개의 바퀴살을 바퀴에 다 끼우고 나면 바퀴살이란 물건은 이제 없는 거다. 그 대신 수레가 생긴 거지."

"이따위 수레를 어디다 쓰겠어요? 남의 힘만 다 빼놓고."

노자의 지팡이 한 방에 수레 뒤쪽에 바퀴 두 개가 더 붙었고 노자는 훌쩍 수레에 올라탔다. 수레는 즉시 노자를 태우고 매끈하게 앞으로 달려나갔다. 타오는 또 약이 오를 수밖에. "영감, 기다려요!"

노자는 지팡이를 써서 타오를 수레에 태웠다. 기쁨도 잠시, 정신을 차려 보니 옆에 있던 노자가 어디 갔는지 보이지 않고 수레는 계속 앞으로 달리고 있었다. "으악! 어디 갔어요?"

"하하하!" 노자의 호쾌한 웃음과 함께 타오는 갑자기 자신이 무

8장 있다 = 없다 51

슨 물컹물컹한 것 위에 앉아 있다는 느낌이 들었다. 알고 보니 점토 덩어리 위에 앉아 있었다. "어쩜 이렇게 날 못살게 굴어서 안달인지."

노자가 웃으며 말했다. "내가 점토 한 뭉치를 주면 그것 갖고 뭐 할래?"

씩씩거리는 타오. "그따위 점토 무슨 쓸모가 있다고. 영감 공격용으로 총이나 만들면 모를까."

노자는 크게 웃으면서 점토 뭉치를 붉은 술이 달린 점토 창으로 바꿔놓았다. "이그, 내가 말하는 건 기관총이라고요."

노자는 머뭇거리다가 다시 괴상망측한 총으로 바꿨다. 타오가 총을 집으려 하자 노자는 다시 지팡이로 총을 사라지게 만들었고 땅바닥에는 대신 항아리가 누워 있었다.

"너한테 점토 뭉치를 주었는데 그게 사라지니까 이젠 항아리가 생겼구나."

타오는 너무 흥분해서 그냥 있을 수가 없었다. "저런 형편없는 항아리를 어디다 쓴다는 거예요."

그때 갑자기 비가 오기 시작했다. 노자는 지팡이를 휘두르며 말했다. "좋아, 그럼 쓸모 있는 물건으로 만들어보자."

'후' 하는 소리와 함께 두 사람은 어떤 방 안에 갇혔다. 방은 창문이 하나도 없어서 무슨 밀폐용기 같았다. 노자는 당황했다. "이크, 큰일 났다. 창문 만드는 걸 깜박했네."

얼마 지나지도 않았는데 타오는 가슴이 답답해지기 시작했다. 분명 방 안의 산소가 줄어들고 있기 때문이었다. 타오가 노자에게 소리쳤다. "어떻게 빨리 생각 좀 해봐요!"

노자가 지팡이를 땅에 한 번 떨어뜨렸더니 지팡이는 쇠꼬챙이와 망치로 변했다. 노자는 그 중 망치를 타오에게 건네주며 말했다. "자, 우리 같이 해보자."

두 사람은 젖 먹던 힘까지 다 써가며 떵떵 땅땅. 드디어 벽에 구멍 하나를 뚫었다. 타오는 지쳐 쓰러져서 헐떡거렸고 노자는 쇠꼬챙이와 망치를 다시 지팡이로 되돌려놓았다. 그리고 지팡이로 벽에 직사각형을 그렸더니 곧 창문이 생겨났다. "우리에겐 사면이 다 완벽한 벽이 있었지. 하지만 그것들이 더 이상 완벽하지 않을 때만 우린 그것들을 방으로 사용할 수가 있게 된다는 말씀!"

바깥엔 이미 비가 그쳤다. "어서 나오지 않고 뭐 하느냐?"

타오는 무기력한 표정으로 말했다. "이제 겨우 다 지어놨는데, 좀 쉬었다 가면 안될까요?"

"그래라. 어떤 물건이 있으면 그 속에서 이익을 얻도록 노력해야 하지만 그 물건이 없어졌다고 해서 한숨짓지는 말거라."

노자의 말이 끝나자 집은 사라졌다. 정신을 차려 보니 타오 자신은 문드러진 낙엽더미 위에 누운 상태였다. 제길, 빨리 털고 일어나는 수밖에.

일소 박사의 도덕경 읽기

三十輻共一轂, 當其無, 有車之用. 埏埴以爲器, 當其無, 有器之用. 鑿戶牖以爲室, 當其無, 有室之用. 故有之以爲利, 無之以爲用. (11장)

수레바퀴살 서른 개를 모두 끼워넣으면 바퀴살은 없어지지만 수레를 탈 수 있게 된다. 점토 덩어리를 반죽해서 그릇을 만들면 점토는 없어지지만 그릇을 사용할 수 있게 된다. 사방이 꽉 막힌 공간은 창문과 문을 터야 방이 된다. 꽉 막힌 벽이 사라져야 생활할 수 있는 방이 생기는 것이다. 그러므로 편리함 때문에 어떤 물건을 갖게 되는 것이지 소유를 위해서 갖는 것이 아니다. 그리고 갖고 있는 기능을 발휘하도록 그 물건을 사용해야 한다.

 **과학 이야기**

물질의 형태는 변할 수 있지만 물질 자체가 없어지는 것은 아니다.

게임기 든 순찰사

"타오, 내 지팡이 못 봤니?"

타오는 "노!"라고 대답하고 너스레를 떨었다. "오호! 천하의 도사님께서 지팡이를 잃어버리시다니요. 군인이 전쟁터에 나가면서 총을 깜빡한 격이네요. 히히."

"휴우, 내가 노망이 났나? 잠깐 기다려라, 가서 좀 찾아봐야겠다." 노자는 말을 마치자마자 '휘잉' 사라졌다.

타오 혼자 넋놓고 기다리는데 따분하기 짝이 없었다. 그래서 가방 속에서 게임기를 꺼내 놀기 시작했다. 타오가 게임에 한창 푹 빠져 있을 때였다. 갑자기 뒤에서 누군가 감탄하는 소리가 들렸다. "크아! 이렇게 쬐그만 벽돌 조각 속에서 어떻게 사람들이 싸움질을 하고 있지? 기가 막히게 재밌네!"

당연히 노자겠거니 생각한 타오가 고개를 돌려 바라보았는데 순간 경악을 금치 못했다. 뜨악! 자신이 앉아 있는 곳은 번화가의 한복판이었고 사방으로 사람들이 둘러싸고 있었다. 수백 아니 수천 년 전 시대의 차림새를 한 그 사람들은 마치 외계인 구경하듯 타오를 호기심 어린 눈으로 쳐다보고 있었다. 타오는 또 대낮에 꿈을 꾸고 있다고 생각하고 자신의 뺨을 후려쳤다. 찰싹! 타오가 자기 뺨을 때린 건 아무것도 아니다. 군중 속 어떤 사람이 고함까지 쳤다. "도망가자! 외계인이 미쳤다!" 사람들은 일제히 사방으로 흩어졌다. 타오는 자신이 정말 '외계인'이 되었다는 사실을 인정해야만 했다.

그때 호화로운 관용 가마 한 채가 관아의 포졸들을 앞세워 징을 치며 길을 열고 있었다. 가마에 앉아 왁자지껄한 소리를 들은 고관은 가마를 멈추게 하고 자초지종을 물었다. 고관의 집사가 보고를 했다. "나리께 아뢰옵니다. 저 앞에 어떤 외계인이 있다는데 그 자가 마법 벽돌을 갖고 있답니다."

고관은 눈을 휙 돌리고 말했다. "아니 외계인 나리께서 납시셨다니! 어서 그분을 관아로 모셔라."

집사는 포졸들을 이끌고 타오 앞으로 가서 예의를 갖추고 말했다. "외계인 나리, 우리 관아의 나리께서 만나뵙기를 원하십니다."

기겁을 한 타오는 '걸음아 나 살려라' 하고 도망가고 싶은 생각뿐이었지만 자신을 에워싸고 있는 포졸들을 보니 쥐구멍만한 틈도 없었다. 순순히 협조하는 수밖에.

고관 나리까지도 가마에서 내려와 타오를 환대했다. "나리, 누추하지만 저희 관아로 모시고 싶습니다."

타오는 환대를 받으면서도 어쩐지 불안했지만 순순히 가마에 올랐다. 관아에 도착하자 고관은 타오에게 흉금을 터놓고 이야기했다. 타오도 진지하게 상대했다. 그런데 갈수록 진지함이 지나쳐 자신이 배웠던 역사며 지리, 물리, 화학, 생물 등에 이르기까지 허풍을 떨게 되었다. 그것도 모르고 고관은 타오에 대한 감탄을 금치 못해 오체투지(불교에서 무릎을 꿇고 두 팔을 땅에 대고 절하는 법－옮긴이)까지 할 지경이었다. 고관은 즉각 타오를 순찰사에 임명했다. 순찰사라니, 그건 관리들을 감찰하는 중책이다. 그 실권의 막강함이란 말할 필요도 없었다. 타오는 날아오를 듯 기뻤다. 학교에서 중간 정도밖에 안되는 성적을 자랑하는 자기가 이토록 엄청난 자리에 앉게 될 줄이야!

타오는 그야말로 성실했으며 조금도 빈틈없이 공평하게 일을 처리했다. 힘들긴 했지만 일 처리 솜씨가 보통 뛰어난 게 아니었기 때문에 위아래 모든 사람들의 칭찬이 자자했다. 하지만 타오 스스로 생각해 봐도 너무 위험했다. 관직의 '관' 자도 모르는데 이대로 가다가 들통나는 건 시간 문제였기 때문이다. 그러니 미우나 고우나 노자 생각이 간절할 수밖에. "이럴 때 영감이 있으면 좋으련만. 지팡이 찾으러 가서 감감무소식이니. 혼자서 정말 끔찍해 죽겠네."

그때 문 밖에서 친척이라는 한 노인이 타오를 만나러 왔다는 보고가 들어왔다. 타오가 가서 보니 다름아닌 노자였다. 이렇게 반가울 수가! 타오는 즉시 노자를 자신의 보좌관으로 천거했다. 노자만 곁에 있다면 자신은 물 만난 물고기처럼 훨씬 수준 있는 관리가 될 수 있기 때문이다.

그러나 좋은 시절은 오래 가지 않는 법! 어느 날 밤, 사병 부대가 타오의 관저를 포위하더니 두 사람을 잡아 가두었다. 죄명은 '사사로운 감정으로 친인척을 관직에 임용한 죄'였다. 그들은 타오의 집을 샅샅이 뒤져 고관 나리의 명령이라고 하면서 '마법 벽돌'을 찾아냈다. 타오는 화가 났지만 두렵기도 했다. 화가 나는 건 자신은 일을 더 잘하기 위해서 노자를 기용한 것이지 사적인 감정이 아니었기 때문이고, 두려운 건 고관 나리가 이 게임기가 맘에 들어 두 사람을 해칠지도 모른다는 것이었다.

두 사람은 졸지에 족쇄가 채워진 채로 감옥에 갇히는 신세가 되었다. 타오는 온종일 한숨과 탄식으로 지내고 있는데 노자가 말을 시작했다. "내 할 이야기가 두 가지 있는데 말을 해야 좋을지 어떨지 모르겠구나."

타오는 못 참겠다는 듯 말했다. "할 얘기 있으면 빨리 하세요."

"첫번째 얘기는 말이다. 고관 나리가 널 기용했을 때와 관직을 박탈했을 때 모두 넌 너무 놀라고 당황스러웠지? 그건 다 네가 아직 너무 어려서 세상물정을 잘 모르기 때문이다."

타오는 곰곰이 생각해 보고 말했다. "그건 맞아요. 또 한 가지는 뭐죠?"

"두번째는 네가 죽음을 너무 두려워하기 때문에 결국 진짜 목숨을 잃을 수도 있다는 거다. 그건 다 너에게 육신이 있기 때문이야. 육신이 없다면 어떻게 죽을 수 있겠느냐?"

"아니, 이 지경이 되었는데도 농담할 정신이 있나 보죠? 사람이 무슨 신선도 아니고 어떻게 육신이 없을 수 있단 말예요?"

노자는 웃으며 말했다. "그럼 우리 여기서 그냥 죽자."

바로 그때 옥리가 옥문을 열고 들어오더니 글씨가 쓰인 흰색 헝겊을 펼쳐 읽었다. "나리의 명령이 내려왔다. 장타오와 노자, 두 죄인은 서로 결탁하여 괴책을 도모하였고 사적인 관계를 이용해 법을 어겼으니 정해진 법률에 따라 참수한다. 즉각 처결하라!"

타오는 분노가 불같이 치밀어 올랐다. 어디서 그런 용기가 솟아났는지 갑자기 펄쩍 뛰어올라 그 옥리를 땅에 때려눕혔다. 그리고는 옥리의 허리춤에 걸린 열쇠를 입으로 물어뜯어 노자의 족쇄를 풀어주려고 했다. 그러던 차에 한 옥졸이 타오를 향해 칼을 휘둘렀고, 보고 있던 노자는 힘껏 족쇄를 쪼개어 그것으로 옥졸을 물리쳤다. 그리고 노자는 열쇠를 들고 와 타오의 족쇄를 풀어주었다. 그때 또다른 옥졸이 달려들었는데 이번에는 타오가 노자가 한 것처럼 그 옥졸을 때려눕혔다. 지켜보고 있던 옥리는 기세가 심상치 않자 허둥지둥 달아나버렸다.

타오는 바닥에 떨어진 칼 한 자루를 집어들고 옥리를 쫓으며 고함쳤다. "돌아가거든 그 놈의 못된 나리한테 전하라. 남의 게임기가 탐나서 사람을 죽이려 하다니, 그런 못된 관리를 살려두었다가는 백성들에게 백해무익일 것이라고. 오늘 이 장타오가 백성들을 위해 그놈을 제거해 주겠다."

그런데 이건 또 웬 법석? 갑자기 몽둥이와 농기구로 무장한 사람들이 밀려들어오는 게 아닌가. "저희들이 나리를 구해드리러 왔습니다." 그리고는 주변에 있던 옥졸과 사병들을 모두 때려눕힌 후 타오와 노자를 호위해서 옥 밖으로 나왔다.

막 옥문을 빠져나왔는데 어느새 그 사람들은 보이질 않았고 감옥도 사라져버렸다. 타오는 게임기를 들고 '멍' 하니 앉아 있었다. 노자는 돌아오자마자 히히덕거리며 물었다. "그 마법 벽돌 안 잃어버렸네?"

타오는 게임기를 챙겨넣으며 물었다. "내가 방금 꾼 꿈도 다 영감이 꾸민 거죠?"

노자는 억지웃음을 지으며 말했다. "후후, 이제 알겠느냐? 네가 만약 너의 육신을 아낀다면 그리고 보호하고 싶다면 전심전력으로 세상 사람들을 위해 애쓰는 게 가장 현명한 방법일 게다. 그렇게 하면 세상 사람들도 모두 널 보호하고 아껴줄 거다."

"영감 말을 들어보니 레이펑(雷鋒, 1940~1962, 인민을 위해 자신을 희생한 중국의 영웅 – 옮긴이)이 했던 말이랑 똑같네요. 나더러 레이펑을 본받으라는 거죠? 물론 레이펑이 훌륭하긴 하죠. 하지만 요절했는걸요. 영감 말대로라면 그런 사람은 적어도 백 살까지는 살아야 옳은 것 아니에요?"

"이그, 내가 말한 대로 한다고 해서 오래 산다고 말한 적은 없다. 네가 말하는 레이펑 말이다. 그 사람은 죽은 지 몇십 년이 지났는데 아직도 사람들의 기억 속에 남아 있지 않니? 지구상에 그토록 많은 사람들이 살고 있는데 그들이 다 어떤 사람인지 누가 알겠느냐. 으응?"

"그것도 그러네요. '제한된 생명을 남을 위해 봉사하는 데 무한히 쏟아부으라.' 레이펑님의 말씀이죠."

🍭 일소 박사의 도덕경 읽기

寵辱若驚, 貴大患若身. 何謂寵辱若驚, 寵爲下, 得之若驚, 失之若驚, 是謂寵辱若驚. 何謂貴大患若身, 吾所以有大患者, 爲吾有身. 及吾無身, 吾有何患. 故貴以身爲天下, 若可寄天下, 愛以身爲天下, 若可託天下.(13장)

총애받는 것, 모욕당하는 것 이 두 가지는 모두 사람을 놀라게 하는 일이다. 총애받는다는 것은 자신의 위치가 낮다는 것을 의미한다. 그것을 얻든 잃든 놀라는 건 다 똑같다. 사람에게는 육신이 있기 때문에 큰 재앙도 따르는 법이다. 만약 육신이 없어진다면 무슨 재앙이 있겠는가? 그러므로 자신의 육신을 중시하는 사람이 육신을 버릴 수 있다면 그의 몸은 천하에 의지해 존재할 수 있게 된다.

 과학 이야기

질량이 작은 물체는 속도가 쉽게 붙지만 잃어버리기도 쉽다. 그러나 만약 기체 형태라면 아주 작은 질량만 갖고 있더라도 쉽게 없어지지 않는다. 기체는 밀도가 낮고 또 비교적 큰 공간을 채우기 때문이다.

10장

리더의 기술

　타오는 문득 한 가지 일이 생각나서 노자에게 물었다. "난 무슨 무슨 임원을 하는 게 좋아요. 반장을 해본 적도 있고요. 하지만 우리 반 친구들은 너무 몰라주죠. 뭐 좋은 방법 없을까요?"
　몇 번의 사건을 경험했기 때문인지 타오는 이제 어느 정도 마음의 준비가 된 상태였다. 과연 말이 떨어지기가 무섭게 벌써 학교 교실에 와 있었다. 1교시 수업 종이 울렸다. 타오는 반장으로서 교실 내 질서를 유지해야 할 책임이 있었다. 그래서 앞으로 나가 선생님의 지시사항과 교실 내 기율을 전달하고 자기 자리로 와 묵묵히 공부에 열중했다. 타오 뒷자리에 앉은 자오밍이 작은 소리로 짝꿍에게 말했다. "타오 제법인데?"
　타오, 듣고 있자니 맘이 들뜰 수밖에. 이런 것도 제대로 못한다면 반장은 무슨 반장? 그런데 마침 이때 앞자리의 장싼과 리쓰가 갑자기 싸우기 시작했다.

"왜 남의 연필을 쓰는 거야?" 장싼이 화를 내며 따졌다.

"쩨쩨한 놈! 좀 빌려쓰지도 못하냐?" 리쓰도 당당하게 말했다.

"이건 분명 뺏은 거야!" 장싼이 일어나 리쓰를 확 밀어젖혔다.

"뭐야! 이젠 때려?" 리쓰도 일어나 장싼을 한 방 밀쳤다.

"그만들 해!" 타오는 소리를 지르면서 두 친구를 갈라놓았다.

이번엔 리쓰가 타오에게 따져 물었다. "넌 왜 나만 밀고 난리야? 먼저 민 게 누군지나 알아?"

"누가 먼저 시작했는지는 내가 알 바 아냐. 아무튼 수업시간에 싸우는 건 잘못이야. 너도 자리에 앉아." 타오는 리쓰를 자리에 눌러 앉혔다. 리쓰는 분이 삭질 않았지만 타오 덩치에 당하지 못할 것 같아 어쩌지 못했다.

'흥! 감히 소란을 피우다니, 어림도 없지.' 타오는 이렇게 생각하며 자리로 돌아와 계속 공부나 할 생각이었다. 그런데 하필 엉덩이를 의자에 붙이려는 순간 의자가 비틀거리더니 그만 균형을 잃고 큰대자로 벌렁 나자빠지고 말았다.

"우하하하." 평소 꽤나 못되게 굴었던 몇몇 아이들은 고소하다는 듯 웃어댔다. 타오는 재빨리 책상 다리를 잡고 일어나려 했지만 책상마저 기울어지는 바람에 그 위에 놓여 있던 책이며 문구들이 타오의 얼굴 위로 와르르 쏟아져내렸다. 교실 전체가 한바탕 웃음바다로 변해 버렸다. 그 와중에도 자오밍은 타오를 일으켜 주었다.

일이 이렇게 되고 나니 리쓰는 얼마나 신이 났는지 이때다 하고 소리쳤다. "장타오는 엉덩이 하나 변변치 않아서 자빠지는 바람에 교실 전체를 난장판으로 만들었어. 솔선수범해야 할 반장이 기율을 어겼으니 그냥 있을 순 없지."

타오는 얼굴이 붉으락푸르락 화를 참지 못하고 리쓰의 멱살을 움켜잡으며 말했다. "분명 네 놈 수작이지? 기율을 어긴 건 바로 너라고!"

"반장이 사람 친다! 반장이 때린다고! 얘들아!"

맙소사! 잡힌 목덜미를 치켜올린 리쓰가 이렇게 소리칠 줄이야. 고함소리가 나자 이젠 평소 망나니 짓 좋아하던 아이들이 몰려와 말리는 척 타오를 슬쩍 밀고 당기고 하면서 약을 올렸다. 타오는 화가 치밀어 미칠 지경이었지만 그렇다고 무슨 방법도 없었다.

이때 "선생님 오신다!" 하는 소리가 들려왔다. 법석을 떨던 아이들은 순식간에 마치 고양이 움직임을 눈치챈 쥐처럼 초고속 동작으로 제자리로 돌아갔다. 타오는 교실 문만 뚫어져라 쳐다보고 있었지만 뭘 꾸물거리시는지 선생님은 나타나지 않았다. 그래서 잠시 감격스런 표정으로 자오밍을 한 번 쳐다봤다. 그런데 자세히 보니 그 친구는 자오밍이 아니라 바로 노자였다. 노자는 타오를 교실 밖으로 불러냈다.

"아니 영감이 여기까지 웬일이에요?"

"그런 건 나중에 물어보고 우선 나부터 좀 물어보자. 네가 맡은 반장말고 그 밑에 또 어떤 간부들이 있느냐?"

"꽤 많죠. 부반장, 학습위원들, 분단장과 부분단장 각각 네 명, 교과목 대표들……."

"하하하, 학생이 몇 명이나 된다고 감투가 그렇게 많은 게냐! 아무튼 그 많은 임원들은 다 놀고 있는데 너 혼자만 이리 뛰고 저리 뛰고 난리니 피곤하지 않은 게 비정상이지. 내가 한수 가르쳐줄 테니 들어봐라." 노자는 타오의 귀에 대고 한참을 속닥거렸고 타오는 연신 머리를 끄덕거렸다.

교실로 돌아온 타오는 간부들을 모두 복도로 불렀다. "학급의 면학 분위기를 조성하는 건 우리 책임이야. 분단장과 부분단장은 각자 자신이 속한 분단을 잘 관리하고 학습위원과 교과목 대표는 각 모둠의 활동 상황을 책임지고 감독하도록 하자. 또 부반장과 기타 간부들은 학습위원들에게 협조해 주고 나는 너희들을 감독하는 거야. 어때? 물론 너희도 나를 감독해야 하고."

적절하게 역할 분담을 끝낸 타오는 교실로 들어와 바닥에 떨어진 물건들을 올려놓고 계속 공부에 열중했다. 그러자 그때부터는 간부들이 각자 맡은 역할을 실천에 옮겼고 종이 울릴 때까지 질서 정연한 교실 분위기가 유지되었다.

끝나는 종이 울리자 타오는 가벼운 마음으로 교실 밖으로 나왔는데 순간 다시 허무계곡으로 돌아와 있었다.

"어떠냐? 내가 가르쳐준 방법, 쓸 만하지 않던? 현명한 지도자는 보통 사람들이 자신의 존재를 아예 의식할 수 없게 하지. 좀 덜 현명한 경우 사람들한테서 훌륭한 지도자라는 칭찬을 듣게 되고, 더 형편없는 경우는 사람들이 무서워 벌벌 떨게 만드는 지도자란다. 가장 몹쓸 경우는 사람들한테 조롱의 대상이 되는 거야."

타오는 쑥스럽게 말했다. "사람 놀리지 마세요."

"Sorry, 고의는 아니었어."

"와! 영감, 영어도 할 줄 알아요? Never mind!" 타오도 신이 났다. 그럼 지도자가 어떻게 하면 조롱받지 않을 수 있는지도 얘기해 주세요."

"그건 말하기 좀 곤란한데. 음…… 한 가지는 말해줄 수 있지. 지도자 스스로가 신용을 지키지 않으면 남들이 자기 말을 안 듣는다고 탓할 수 없다는 것. 넌 네가 한 말을 번복해 본 적 없니?"

"히히, 메모라는 걸 해본 적이 없는데, 어떻게 말한 대로 일일이 다 하겠어요?"

일소 박사의 도덕경 읽기

太上, 不知有之. 其次, 親而譽之. 其次, 畏之. 其次, 侮之. 信不足焉, 有不信焉. 悠兮, 其貴言, 功成事遂, 百姓皆謂我自然.(17장)

가장 현명한 통치자는 백성과 신하들이 그의 존재를 느끼지 못하도록 한다. 백성들로부터 칭송을 받는 통치자는 그 다음이다. 백성들이 두려워한다면 그보다 더 못한 통치자이다. 가장 형편없는 통치자는 백성들에게 멸시당하는 경우이다. 훌륭한 일을 해냈을 때 백성들이 그에게 "자연의 섭리에 맞습니다"라고 말한다면 이런 칭찬이야말로 영원할 것이다.

과학 이야기

형태가 없는 것은 저장은 어렵지만 그렇기 때문에 잘 훼손되지도 않는다. 그 예로 에너지는 단지 전화(轉化)할 뿐 저장이 쉽지 않다. 그러나 사라지지는 않는다.

우주를 유영하다

노자가 별안간 큰 보폭으로 쏜살같이 달리기 시작하자 타오도 그 뒤를 좇았다. "아니, 또 뭐 하려는 거예요?"

노자는 돌아보지도 않고 큰 소리로 말했다. "빛이랑 달리기시합 하려고!"

"우헤헤헤! 허풍 꽤나 떠시네요." 타오는 포복절도할 지경이었다.

그래도 노자는 멈추지 않았다. "너 갈 거냐, 말 거냐! 난 허무호 타러 가는데."

타오도 급해졌다. "앗, 같이 가요!"

눈 깜짝할 사이에 두 사람은 허무호에 올라타 있었다. 넓고 쾌적한 우주선 내부를 둘러본 타오가 물었다. "항공우주국에 있는 우주선은 무지 좁던데 여긴 어떻게 이렇게 넓어요?"

"음, 이건 에너지와 관련된 문제인데, 에너지를 많이 보유할수록 비행선을 크게 꾸밀 수 있지. 사람도 마찬가지야. 덕망이 높을수록 도량도 큰 법이다. 이건 '도(道)'에 의지해서 실행에 옮기는 이치를 꿰뚫고 있기 때문이야. 나 같은 사람은 도량이 꽤 넓지. 그러니 날 도통한 도사라고 불러도 된다."

"네네네네, 고명하신 도사님!" 타오는 어이없다는 표정이었다. "그나저나 빛이랑 달리기시합 한다더니 말만 해놓고 연습은 안해요? 그런 허풍이라면 누가 못한다고. 난 빛을 공처럼 안고 놀 수도 있다고요."

"하하!" 노자는 크게 웃었다.

"웃긴 왜 웃어요? 누구는 허풍 쳐도 괜찮고 난 안된단 법 있어요?"

"이그, 네 허풍 때문에 웃는 게 아니다. 넌 어쩜 허풍 하나도 제대로 못 떠느냔 말이다. 우린 허무호만 있으면 못할 게 없는데. 자 그럼, 연습 좀 해볼까."

노자는 창밖의 태양광선 한 묶음을 가리키며 계속 말했다. "이 광선 좀 보거라, 이게 바로 내가 말하는 '도'의 표현 형식 중 하나다. 사실 광선이란 에너지 묶음이거든."

타오가 말을 막았다. "그렇다면 그 '도'라는 게 혹시 에너지?"

"녀석 이해력 하난 쓸 만하군." 노자가 칭찬하면서 말했다. "광선은 뚜렷하게 잡히는 물질은 아니지만 그게 바로 광선의 물질 형태란다."

"나도 알아요. 빛이란 눈에 보이긴 하지만 종잡을 수 없는 물질! 허무호는 무소불능의 우주선 아닌가요? 내가 빛을 보고 만져볼 수 있도록 할 수는 없나요?"

"자리에 앉아라!" 타오는 갑자기 좌석 등받이에서 오는 강력한 추력(推力)을 느꼈다. 우주선의 급격한 가속 때문. "우주선의 속도가 광속에 접근하고 있다. 그러면서 창밖의 광선 묶음을 좇고 있는 중이지. 잘 관찰해 봐라, 우리 속도가 광속에 접근하게 되면 아주 분명한 물질을 보게 될 거다."

타오는 얼굴을 바싹 갖다 대고 한눈 한번 팔지 않고 창밖만 주시하고 있었다. 처음엔 아무 모양도 없더니 서서히 짙은 안개가 낀 것처럼 보였다. 다음엔 아주 묽은 액체 상태로 변했고 그 액체는 점점 설탕물처럼 농도가 진해졌다. 곧이어 설탕물은 꿀처럼 걸쭉해졌다. 꿀은 빠른 속도로 고체 덩어리로 응고되었고 덩어리는 결국 부서져 가루가 되었다.

타오는 넋을 잃고 보고 있었다. 그런데 이번에는 그 부서진 가루가 궁금해졌다. "우주선 크기 좀 줄일 수 있어요?"

"조종권 너한테 줬잖니. 그래도 조심해야 한다. 우리 우주선은 지금 광속 전진 중이다. 상대적으로 정지된 물체들에겐 우리도 일종의 광선 묶음이거든."

타오는 노자의 말은 염두에 두지도 않고 우주선 축소에만 신경을 썼다. 드디어 타오의 눈에 가루가 분명히 들어왔다. 실내 어린이 놀이터의 'ball pool!' 타오는 이것들이 바로 광양자(光量子, 빛을 입자의 모임으로 보았을 때의 그 입자를 말함 - 옮긴이)라는 걸 알 수 있었다. 그리고 기발한 생각이 떠올라 노자에게 물었다. "바깥으로 나가서 우주 유영 좀 해봐도 돼요?"

"물론!"

우주선의 선실 문이 열렸다. 타오는 구명밧줄을 자신의 우주복 고리에 걸고 우주선 밖으로 빠져나갔다. 그리고는 그 'ball pool' 속으로 폴짝 뛰어들어 마음껏 헤엄쳤다. 그렇게 놀면서 노자에게 말했다. "이제 영감이 '도'가 물질이라고 말하면 무조건 믿을게요."

뚜뚜뚜뚜, 뚜뚜뚜뚜······. 갑자기 우주선 내의 경보음이 울렸다! 구명밧줄은 재빨리 타오를 선내로 끌어올렸고 선실 문이 즉시 닫혔다. 타오는 허둥지둥 자리로 돌아왔고 놀란 가슴으로 물었다. "무슨 일이죠?"

우주선의 음성 시스템이 보고했다. "전방에 고성능 방사선이 우리 쪽을 향하고 있습니다."

"방향을 바꾸자!" 타오의 고함소리.

"이미 늦었습니다. 광속 또는 초광속으로 운행하는 물체가 방향을 바꾸는 건 대단히 곤란합니다." 음성 시스템.

"감속!" 타오는 또 소리쳤다.

"감속해선 안돼!" 노자도 소리쳤다. 노자는 우주선에 대해 우선적으로 조종 권한이 있었으므로 우주선은 노자의 명령에 따라 감속하지 않았다. 노자는 계속 명령했다. "질량을 6억의 세제곱 킬로그램까지 증가시켜라!"

그러자 우주선은 경미한 진동과 함께 평온을 되찾았다. 타오는 곤혹스러워하며 물었다. "아니 방금 고성능 방사선은 뭐고 또 왜 그렇게 긴장시키는 거죠? 그리고 그 수는 지구의 질량이잖아요. 우리 우주선이 지금 지구만큼 크다는 거예요? 맙소사!"

"지당하신 말씀." 노자는 계속해서 우주선에 명령했다. "영상 시스템, 방금 봤던 고성능 방사선의 정지 화상을 보겠다."

우주선 스크린 위에 유성 하나가 나타났는데 그 질량이 7,400해 킬로그램이라고 표시되어 있었다. 그건 공교롭게도 달의 질량.

타오는 이상해서 물었다. "분명 유성인데 어째서 고성능 방사선이라고 하는 거죠?"

"속도는 상대적이다."

"아! 알았어요." 타오가 노자의 말을 가로채며 말했다. "우리 우주선이 광속 전진하고 있으니까 만약 우리를 정지 상태로 간주한다면 그 유성은 광속으로 우리를 향해 날아온다. 그러니 방사선이 된다?"

"똑소리 나는군! 만약 우리의 질량이 작……."

"만약 우리의 질량이 작다면 우리는 그것에게 흡수될 것이다." 타오는 경쟁하듯 말했다. "만약 우리의 질량이 크다면 그것이 우리에게 흡수될 것이고. 아, 그런데요, 달 같은 유성은 너무 크지 않나요? 만약 우리 우주선이 그걸 흡수하기라도 한다면 그걸 어디에다 저장해 두죠?"

"간단해, 흡수되면……."

"다시 보내버린다, 이건가요?"

"그래, 그렇지! 녀석 하여튼 빠르단 말이야. 예나 지금이나 어떤 물건이든 영원히 사라지지 않는 복사에너지 속에 있지. 그래야 우주 만물이 지속적으로 운동할 수 있거든."

"천문학자들은 이런 복사에너지를 이용해 우주의 물리적 나이와 특성을 연구하는군요."

"그렇지. 나도 그것들을 가지고 우주와 세계를 연구한단다."

"흐흐, 또 시작이시네. 천문학자들은 측정 기구를 써서 분석한 다지만 영감은 뭘 가지고 하죠?"

"나의 육신과 대뇌!"

"전방에 고성능 방사선, 고성능 방사선." 뚜뚜뚜뚜…….

일소 박사의 도덕경 읽기

孔德之容, 惟道是從, 道之爲物, 惟恍惟惚, 惚兮恍兮, 其中有象, 恍兮惚兮, 其中有物, 窈兮冥兮, 其中有精, 其精甚眞, 其中有信. 自古及今, 其名不去, 以閱衆甫. 吾何以知衆甫之狀哉, 以此.(21장)

덕망이 높은 사람은 '도'의 법칙을 따르기 때문에 다른 사람들을 너그럽게 받아줄 수 있다(질량이 큰 물체는 그 에너지도 크기 때문에 인력이 세다). 물질 형태로서의 '도'(에너지를 말함)는 어렴풋한 것이다. 그 희미함 가운데 형태가 있고 물질도 있다. 깊고 깊은 고요함 속에 요물 같은 것이 있는데 이것은 진짜 실재하는 사물처럼 뚜렷이 보인다. 아주 먼 옛날까지 거슬러 올라가 보아도 '도'는 떠난 적이 없다. 언제나 이 자리에서 중생을 살펴보고 있다. 내가 '도'를 통하지 않고서 어찌 중생의 상태를 알 수 있겠는가.

과학 이야기

에너지의 물질적 특성. 여기서는 일종의 물질 형태로서 표현된 물질의 특성에 대해 설명했다.

12장
너무 많아도 걱정

"거리는?" 노자가 물었다.

"5광분(光分, 빛이 1분간 나아가는 거리 – 옮긴이)입니다. 즉 5분 경과 후 우주선과 충돌합니다!" 우주선의 대답.

"해당 방사선의 정지 상태 질량은?" 노자가 이어서 물었다.

"200억의 세제곱킬로그램입니다!"

"뜨아! 그건 태양의 질량인데. 지구 질량의 33만 배잖아요." 타오는 기절 직전. "이제 우린 어떡하죠?"

"우주선 본래의 질량으로 돌아가 감속하고 운항 방향을 바꿔라!" 노자의 과감한 명령이 떨어졌다.

타오는 무언가 말하고 싶었지만 가슴팍이 아플 정도로 안전벨트가 꽉 조이는 바람에 말하기도 힘겨웠다. 우주선 급감속 중! 우주선은 마침내 속도를 통상적인 운항 속도까지 낮추는 동시에 한 항성 옆을 빠르게 스쳐지나고 있었다. 그런데 우주선의 궤도가 항성과 너무 가깝게 붙어 있었기 때문에 우주선은 항성의 잡아당기는 힘에 의해 포획되었고 결국 항성의 소행성 중 한 개가 되었다.

타오는 아까 하고 싶었던 말이 생각났다. "지난번에 내가 우주선 감속시킨다고 할 땐 안된다더니 이번엔 어떻게 된 거죠?"

"지난번엔 우선 시간이 부족했고 게다가 그 유성은 크기가 좀 작았다. 이번엔 큰 항성인데 우리가 그것과 부딪히면 좋을 게 없단다. 그래서 이번엔 안전을 위해 구불구불 넘어가는 조치를 택한 거다. 구부릴 수 있는 물건은 부러지지 않지."

"히야!" 뭔가 알 것 같은 타오가 말했다. "한 항성이 돌연 사라지면 그것의 행성은 인력의 중심을 잃고 머리 없는 파리처럼 이리저리 부딪히고 따라서 우주엔 국부적인 진동이 일어난다, 이거군요. 어쩌면 그것의 행성에 생명체가 있을지도 모르겠네요. 우리가 그것들의 태양을 없애면 그것들은 그냥 영원히 끝이겠군요."

"그래, 그러니 다양한 우주상의 생명체들을 잘 보호해야 해. 녀석 제법 생각이 깊단 말이야." 노자는 칭찬의 말이 절로 나왔다.

한숨쉬는 타오. "그나저나 우린 이제 남의 행성이 되었으니 집엔 어떻게 가죠?"

"그건 걱정 마라. 우리 우주선의 궤도가 너무 굽어져 있다고 불만이었지? 내가 이제 곧게 펴도록 하마. 우리 허무호에게 불가능이란 없다."

타오는 정신을 차리고 우주선에게 명령했다. "속도를 올려라.

본 항성을 빠져나가 은하계로, 태양계로 그리고 지구로 돌아가자! 계속 속도를 올려라!"

천지를 뒤흔드는 소리와 함께 우주선은 지구에 머리를 처박았다. 그 자리엔 엄청난 구덩이가 파였고 우주선도 처참한 잔해 덩어리로 변했다. 타오와 노자는 구덩이 아래서 신음소리만 낼 뿐.
"아이고." "크흐."

타오는 울상이 되어 말했다. "미안해요. 내가 너무 성질이 급해서 그만."

노자는 오히려 따뜻한 위로를 해주었다. "괜찮아. 구덩이는 언젠가는 다시 평지가 될 거다. 우주선? 망가졌으면 다시 새 걸 만들면 되지. 다친 데는 없느냐?"

"저야 워낙 팔팔하니까 괜찮지만 영감은 어디 한두 군데 안 부러졌어요?"

"하하하! 한두 군데 부러지면 쇠붙이 한두 개 박으면 되는데 뭘, 그런 건 상관없다. 그저 부러진 자리에 연골이 증식할까봐 그게 걱정이지. 그건 진짜 골칫거리다."

"농담 한번 제대로 하시네요. 뼈가 부러질수록 뼈가 많아지는 사람이 어디 있어요?"

"애야. 몸에 나뭇가지 몇 개를 묶어 놔봐라. 넘어질수록 점점 많아지지 않겠니? 그러니 말이다, 물건은 줄어든 만큼만 보충하면 된다 이거지. 너무 지나치면 골치라니깐."

두 사람은 땅바닥에서 일어나 몸에 붙은 먼지를 툭툭 털어내고 키득거리며 구덩이 밖으로 기어올랐다.

타오가 갑자기 생각났다는 듯 말했다. "영감 말이 맞아요. 우리 속담에 '다른 건 다 없어도 되지만 돈 없인 못 산다'는 말이 있죠. 영감은 돈이 없을 때 남한테 빌리려고 해도 아무도 빌려주려 하지 않죠? 왠지 알아요? 당연히 영감이 못 갚을까봐서죠. 영감이 뭘 가지고 그만큼을 보충하겠어요?"

노자도 헤헤거리면서 말했다. "이런 속담도 있지. '다 있어도 되지만 병 있으면 못 산다.' 여기저기 아파 봐라, 얼마나 골치 아프겠느냐?"

"흐흐, 돈 많아서 골치 아프진 않다고요. 돈은 많으면 많을수록 편리한 거예요. 무슨 일이든 척척 할 수 있게 해주잖아요."

"네가 아직 세상일을 몰라서 그러는 거다. 세상에서 제일 골치 아픈 게 바로 돈 많은 거야. 경계해야 할 일이 좀 많으냐? 도둑맞을까봐, 강도당할까봐, 사기당할까봐 또 친지나 자식들 간에 재산 싸움 생기지. 길을 걸어도 사고날까봐, 운전할 때도 누가 폭탄 장치 했을까봐, 밥 먹을 때도 누가 독이라도 넣었을까봐, 잠 잘 때도 암살당할까봐 걱정만 하고. 또 죽을 기미도 없는데 유서까지 써놔야 하고 심지어 그 유서는 은행 보관함에 숨겨두어야 하거든."

"맙소사!"

일소 박사의 도덕경 읽기

曲則全, 枉則直, 窪則盈, 敝則新, 少則得, 多則惑, 是以聖人抱一爲天下式, 不自見故明, 不自是故彰, 不自伐故有功, 不自矜故長. 不唯不爭, 故天下莫能

與之爭. 古之所謂曲則全者, 豈虛言哉. 誠全而歸之.(22장)

구부러진 것은 곧게 펴면 되고 비뚤어진 것은 바로잡을 수 있다. 움푹 파이면 가득 채울 수 있고 낡고 오래되면 새로 만들 수 있다. 모자라면 얻는 게 생기고 너무 많으면 사람을 현혹시킨다.

성인은 오로지 사람들에게 귀감이 되는 일만 한다. 자기만 옳다고 주장하지 않기 때문에 사람들이 그를 받아들인다. 스스로 나타내지 않기 때문에 옳고 그름이 분명히 드러난다. 자화자찬하지 않기 때문에 모두들 그의 공로를 기억할 수 있고 또 그래서 영원할 수 있다.

성인은 사람들과 다투지 않기 때문에 그를 이길 사람이 없다. 옛말에 "구부러지면 곧게 펴진다"고 했는데 이 어찌 거짓이겠는가. 진실로 온전함을 보전하여 돌아가라.

 **과학 이야기**

탄성물질은 제 위치로 돌아올 수 있다. 딱딱하거나 부서지기 쉬운 성질을 가진 물질은 쉽게 부러지거나 부서진다. 그러나 탄성물질은 충격을 받은 뒤 변형이 생기더라도 외부의 힘이 사라지면 원래 형태로 저절로 회복될 수 있다.

우공은 산을 못 옮겨

타오가 노자를 따라 한참을 걷는데 노자가 계속 아무 말이 없자 타오는 당연히 근질근질했다. "노자는 너무 떠들어대서 고단하다지만 이 몸 타오는 아직도 할 말이 청산유수라네."

노자가 가던 길을 멈추고 말했다. "녀석 구구절절 끝내주네. 말은 할수록 적어지는 게 당연한 이치란다. 말을 계속 하다 보니 할 말이 줄어들었는데 도대체 뭐가 이상하다는 게냐?"

타오는 눈썹을 치켜세우며 말했다. "그런 말은 영감의 재주가 그 정도밖에 안된다는 걸 변명해 줄 뿐이라고요. 난 달라요. 이야기보따리를 풀었다 하면 끝도 없다고요."

"그래? 그럼 어디 한번 해봐라. 입담 좋다는 뜻을 가진 표현들엔 어떤 것들이 있는지 다 대보거라."

"들어보시라고요. 말솜씨가 좋다. 구구절절 문장이로세. 청산유수. 말이 끝도 없다. 말주변이 좋아서 그럴 듯하다. 설전을 벌이다. 죽은 사람도 내 말 한 마디면 살아 돌아온다······." 타오는 단숨에 여기까지는 말을 했는데 그러고 나니 금세 바닥이 났다.

노자가 크게 웃으며 재촉했다. "하하! 또 없느냐?"

"잠시 없는 거예요." 타오가 숨을 돌리며 말했다.

"겨우 30초 만에 끝난 게냐?" 노자는 놀리는 기색이 역력했다. "무엇이든 하늘과 견줄 수 없다는 건 기본으로 알고 있겠지! 생각해 봐라, 회오리바람이 불어봤자 몇 날을 불 수 있겠으며, 폭우가 쏟아지면 며칠을 쏟아붓겠느냐? 하늘도 이런 일들을 끝없이 계속하지는 못하는데 하물며 사람이야 어떻겠느냐?"

"천만의 말씀!" 타오는 큰소리를 냈다. "우공이산* 이야기도 못 들었어요? 하늘은 몇 날을 넘기지 못했지만 사람은 대를 이어가면서 끊임없이 버텨냈잖아요."

"그건 신화일 뿐이다. 네가 만약 버틸 재주가 있다면 우리 산골짜기에서 반나절 동안만 구덩이를 파고 있어 봐라." 그 말과 함께 노자의 지팡이가 공중에서 휘익! 지팡이는 어느새 왕옥산으로 변해 타오의 등 뒤에 버티고 있는 게 아닌가. 그 다음엔 노자가 펄쩍 변신! 태행산이 되어 타오의 앞길을 막았다.

타오는 자신이 '우공(愚公)' 신세가 되었고 자기 옆에 '가족'이 서 있다는 걸 직감했다. 타오는 '가족'에게 말했다. "그 꼴도 보기 싫은 영감이 이런 엄청난 산을 두 개나 만들어 우리 집 앞을 막아 놓았는데 어떻게 하면 좋을까?"

13장 우공은 산을 못 옮겨

타오는 "우리가 산을 파서 옮깁시다"라는 대답을 기대하고 있었지만 그들은 입도 뻥끗하지 않았다. 하는 수 없이 혼잣말, "오늘부터 우리 같이 산을 팝시다."

'가족'들은 여전히 아무 말도 없었다. 타오는 혼자 도구를 준비해서 '가족'들을 데리고 흙과 돌을 파러 가는 수밖에 없었다. 얼마 파지도 못했는데 타오는 지쳐서 헐떡거릴 지경이었다. 그런데도 '가족'들은 같이 일을 하지 않는 것은 물론이고 이제는 채찍을 들고 서서 타오를 감시하기까지 했다. 세상에! 잠깐 허리라도 펴려고 하면 그 즉시 채찍이 날아왔다. 타오는 분하기도 하고 지쳐서 반나절도 못 버티고 땅바닥에 널브러지고 말았다.

그때 들리는 "후우, 후우" 하는 소리. 그 두 개의 산과 '가족'들은 사라졌고 노자가 타오 앞에 다시 나타났다. 한참을 웃던 노자가 물었다. "어떠냐? 며칠이나 버티겠더냐?"

타오는 맥없이 말했다. "정-말-진-짜-행-패-를-부-려-도-심-하……휴. 세상에 가족들이 나를 때리다니!"

노자가 웃으며 말했다. "내가 행패냐, 아니면 네가 쓸모없는 거냐? 삽질 두 번만 하고도 쉬니 널 때리지 않으면 진척이 있겠느냐. 한참을 파도 내 지팡이 털끝 하나도 못 잘랐잖니?"

"제발 양심적으로 말 좀 하세요. 내가 그 많은 돌과 진흙 덩어리를 팠는데 어떻게 지팡이 털끝 하나 못 끊었다는 거죠?"

노자는 지팡이를 타오의 눈앞에 갖다 댔다. 그러자 지팡이는 곧 거대한 기둥으로 변했고 지팡이 윗부분의 털들은 무처럼 굵고 투박해져 있었다. 앗! 그 중 '무' 한 개는 뭔가가 한 입 물어뜯은 흔적이…… 후후.

* 『열자(列子)』, 「탕문(湯問)」 편에 나오는 '우공이산(愚公移山)' 신화의 내용은 다음과 같다. 우공의 집 앞엔 태행산(太行山)과 왕옥산(王屋山)이 가로막고 있어서 매우 불편했다. 우공은 늙어 이미 90세가 되었지만 아들 손자와 함께 그 두 산을 파내기로 결심했다. 어느 꾀 많은 노인이 그 광경을 보고 비웃자 우공이 그에게 말했다. "내 평생 다 파내진 못하지만 자자손손 내려가면서 계속 해 나간다면 언젠가는 산을 완전히 파낼 수 있을 것이오." 이 이야기를 전해들은 옥황상제는 크게 감동하여 신선에게 두 산을 옮겨가도록 명령했다. 이 이야기는 무슨 일을 하든 끈기를 갖고 계속해야 성공할 수 있음을 말해준다. 1945년에 마오쩌둥(毛澤東)이 옌안(延安)에서 이것과 동일한 제목으로 담화를 발표하면서 이 이야기를 인용한 적이 있다. 훗날 마오의 담화와 더불어 이 이야기는 중고교 교과서에 수록되었으며 널리 알려지게 되었다. 그러나 이 이야기의 속뜻이 노자가 말하는 것과 전적으로 같은 것은 아니다. 노자의 의도는 사람의 에너지와 생명은 한계가 있음을 말하려는 데 있다.

일소 박사의 도덕경 읽기

希言自然. 故飄風不終朝, 驟雨不終日. 孰爲此者, 天地. 天地尙不能久, 而況於人乎. 故從事於道者, 同於道, 德者, 同於德, 失者, 同於失. 同於道者, 道亦樂得之, 同於德者, 德亦樂得之, 同於失者, 失亦樂得之. 信不足焉, 有不信焉.(23장)

자연의 '도'에 부합하려면 말을 많이 해서는 안된다. 광풍도 아침 내내 불면 그만이고, 소나비도 하루 종일 내리지는 못한다. 바람은 누가 일으키고 비는 또 누가 내리는가? 하늘이다. 하늘도 오래도록 하지 못하는 일을 하물며 사람이 어찌 하겠는가? 그러니 도 닦는 사람과 함께 하면 도와 같아지고, 덕 쌓는 사람과 함께 하면 덕과 같아진다. 이 두 가지 모두 하지 않는 사람과 함께 하면 모든 걸 잃게 된다. 덕 쌓는 사람에겐 도가 따라다니게 마련이지만 도를 닦지도 않고 덕도 쌓지 않은 사람한테는 도가 멀리 가버린다(과학적으로 말한다면 도 닦는 것은 에너지 축적에 유념하는 것이고 덕 쌓는 것은 물자를 저장해 두는 것을 말한다. 노자의 도와 덕 개념에 대해서는 38장의 '과학 이야기'와 '맺는 말'을 참고하기 바란다).

 **과학 이야기**

만약 우주를 하나의 밀폐된 시스템으로 본다면 그 에너지는 사라지지 않을 것이다. 그런데 단일 물체는 갖고 있는 힘에 한계가 있다. 예를 들면 사람은 음식을 통해 끊임없이 에너지를 섭취해야 한다. 지질학자의 연구에 따르면 지구상의 석탄, 석유, 천연가스 등의 화석에너지는 인류가 500여 년 간 사용할 정도라고 한다.

14장

혹투성이 노자

"어서 일어나라, 또 서둘러 가야 해!"

타오는 꿈쩍도 않고 누워서 말했다. "아까 영감 때문에 너무 고생을 해서 좀더 쉬어야 되겠어요."

노자는 숲 가운데 공터가 보이자 그곳으로 가더니 까치발로 성큼성큼 걷는데 그야말로 익살 그 자체였다. 보고 있던 타오는 너무 웃겨서 졸도할 지경이었다. "푸하하하, 이제 발레까지 배우세요? 고명하신 도사님께서 발레를 배우시다니 어디서 이런 장면을 또 보겠어요. 하하!"

노자는 타오의 말을 들었는지 못 들었는지 여전히 발끝으로 서서 가랑이를 크게 벌리고 걷다가 멈추고서 고개만 갸웃, "아무리 해봐도 발끝으로 서는 건 무리야. 가랑이 크게 벌리고 걷는 것도 안되고."

타오는 너무 웃어서 땅에 구를 지경이었다. "우헤헤헤, 아이고 방금 하신 말씀에는 주어 '영감'을 붙여야 맞죠. '영감은 발끝으로 서는 건 무리다. 영감은 가랑이를 크게 벌리고 걷는 것도 안된다.' 이렇게요."

"아니 그럼 넌 된단 말이냐? 그럼 어디 한번 해봐라."

"난 안돼요. 하지만 발레 무용수들은 되죠."

"발레 무용수들은 된다? 넌 발레 무용수들이 평소에도 발끝으로 서고 가랑이 크게 벌리고 걷는 걸 본 적이 있느냐?" 노자가 반문했다.

"그건 본 적 없는데요. 그래도 그 사람들은 그런 동작을 할 수 있다고요." 타오는 절대 지지 않았다.

"그 사람들은 그렇게 할 수 있더라도 평소에는 그냥 걷는다. 스스로 잘났다고 생각하는 사람이나 자기 잘난 것을 아무도 알아주지 않는다고 불평이지."

"네네네네." 타오는 귀찮다는 표정.

노자는 눈동자를 한 번 '획' 돌리고는 웃으며 말했다. "좀 듣기 거북하겠다만 자기만 잘났다고 하는 사람은 먹다 남은 쉰밥이나 얼굴에 자란 혹처럼 사람들이 꼴도 보기 싫어하는 그런 존재다."

"아니 지금 신체적으로 약점이 있는 사람을 무시하는 거예요?"

타오의 말을 듣고 노자는 몸을 돌려 되돌아갔다.

"발레 연습은 어쩌고 이제 뒤로 걷기 연습을 하는 거죠?"

노자는 거꾸로 걷기를 해서 타오 곁으로 왔다. 고개 돌린 노자를 본 타오는 놀라 자빠졌다. 노자의 얼굴 가득 가지만한 큰 혹들이 나 있었기 때문이다. 타오는 벌떡 일어나 걸음아 나 살려라 내달렸다. "으악! 살려줘! 살려줘요!"

노자는 뒤에서 바짝 따라가지 못해 안달이었다. 얼굴 가득한 그 혹들이 서로 부딪치면서 투닥투닥, 그 모양새가 얼마나 공포스러운지. 안 그래도 무서운데 빨리 뛰기까지 하니 그 혹들과 바람이 서로 부딪치면서 기괴한 소리를 내는 통에 타오는 등골이 더욱 오싹해졌다. 그걸로도 모자라서 노자는 소리까지 친다. "어딜 도망가! 거기 서라! 날 무시하지 말라고! 날 무시하면 용서하지 않겠다."

노자가 가까이 쫓아올수록 타오는 무엇인가에 발목이 잡힌 것 같더니 결국엔 땅바닥에 넘어지고 말았다. 타오는 눈을 꾹 감고 소리쳤다. "헉, 헉, 제발 날 좀 놔줘요!"

"아이고, 죽겠다, 죽겠어, 캑, 캑!" 노자도 헐떡거리며 말했다. "이렇게 많은 '가지'들을 얼굴에 달고 뛰자니 정말 힘들구나."

이 말에 놀란 타오, 눈을 떠보니 노자 얼굴에 붙어 있던 가지들이 흔적도 없다. 노자는 말했다. "난 장애인이라고 무시하지 않는다. 내가 '무시'하는 건 내 얼굴에 자란 혹이다. 그것들만 아니었더라면 내가 '장애인'이란 말을 듣겠느냐?"

일소 박사의 도덕경 읽기

企者不立. 跨者不行. 自見者不明. 自是者不彰. 自伐者無功. 自矜者不長. 其在道也, 曰餘食贅行, 物或惡之. 故有道者不處. (24장)

까치발로는 오래 설 수 없고 보폭을 크게 벌려서는 먼 길을 갈 수 없다. 스스로 옳다고 여기는 사람을 인정해 주는 사람은 아무도 없다. 스스로를 나타내는 사람치고 옳고 그름을 제대로 구분하는 사람은 없다. 잘난 척하는 사람의 공로를 기억해 주는 사람은 아무도 없다. 자만하는 사람치고 오래 가는 경우는 없다. '도'를 가지고 가늠해 본다면 이런 것들은 먹다 남은 밥이나 폐품 정도에 해당한다. 생명 없는 사물마저도 그것들을 혐오하니 도 닦는 사람이라면 그것들과는 관계를 맺지 않을 것이다.

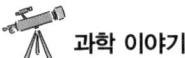 **과학 이야기**

매끄럽지 않은 표면은 손상되기 쉽다. 매개체(공기나 물 같은 것) 가운데 고속운동을 하는 물체가 만약 표면이 매끄럽지 않으면 저항이 셀 뿐만 아니라 손상도 잘된다. 예를 들면 미국의 유인우주왕복선 콜럼비아호는 2003년 2월 1일 지구의 대기층을 뚫고 지구로 귀환할 때 왼쪽 날개 앞 가장자리 부분이 과열되어 보호장치가 갈라졌다. 이 때문에 우주선은 잿더미가 되었고 일곱 명의 우주비행사들이 생명을 잃는 참사가 일어났다.

상대성 이론의 문제점

노자는 타오를 일으켜 세울 생각으로 타오에게 지팡이를 내밀었다. 그런데 타오는 얼이 빠질 대로 다 빠져 있었다. 그저 하늘만 쳐다보며 '머엉'. 노자는 안되겠다는 듯 타오의 면전에서 지팡이로 원을 하나 그렸다. 그 즉시 공중에 시계가 떠올랐고 시계 초침은 째깍째깍 아주 큰 소리를 냈다. "이런 게으름뱅이, 시간 낭비하지 말고 어서 일어나!"

그래도 타오는 꼼짝도 하지 않았다. "저기요, 아인슈타인은 시간도 상대적이라고 했어요. 예쁜 여자 옆에 앉아 있으면 시간이 쏜살같이 흐른다고요. 하지만 영감 같은 도사하고 같이 있으면 시간이 굼벵이가 된다니까요. 그러니 내가 시간이 얼마나 많겠어요? 히!"

순간 노자는 허리를 한 번 흔들더니 미모의 여인으로 변신! 배시시 웃으면서 타오 옆으로 와 앉았다. 타오의 반응은? "헉!" 기겁을 하고 달아나려 했다.

노자는 시원스럽게 웃었다. "하하하! 아인슈타인의 말인지 뭔지 그것 참 쓸 만하구먼!"

웃음소리에 돌아보니 노자는 원래 모습 그대로였다. 얼굴이 벌개진 타오가 말했다. "제발 이런 식으로 사람 좀 놀래키지 말아요. 참! 내가 방금 한 말은 아인슈타인이 우스갯소리 한 것에 지나지 않아요. 하지만 그는 확실히 우주 공간에는 통일된 시간이 존재하지 않는다고 생각했죠. 이런 생각이 옳다고 생각하세요?"

"무슨 뜻이지? 좀 자세히 말해봐라."

"좁은 의미에서 아인슈타인의 상대성 이론에는 이런 추론이 가능해요. 즉 움직이는 시계가 정지된 시계보다 느리게 간다. 또 빛은 움직이는 편이든 정지된 편이든 상관없이 항상 초속 30만킬로미터의 속도로 움직인다. 그러므로 우주 각처에 있는 시계들은 시간을 똑같이 맞출 수 없다, 뭐 이런 거죠."

"허 참, 그 아인슈타인 꽤 흥미롭네. 그런데 좀 이치에 안 맞는 부분이 있지?"

"어떻게요?"

"어떤 일을 내가 해낼 수 없다고 해서 그 일이 존재하지 않는다고 말하는 그런 이치가 넌 통한다고 생각하느냐? 내가 시각장애인이라 널 볼 수 없으니 네가 존재하지 않는다고 하는 경우랑 같지 않니."

눈만 껌벅껌벅하는 타오. "뭐 그렇게 말하긴 해도, 영감 말이 아인슈타인보다 일리 있다고 믿게 하려거든 증거를 대라고요, 증! 거!"

"증거? 따라와라!"

노자는 말하면서 달리기 시작했다. 노자의 지팡이가 휘익! 두 사람은 어느새 허무호 안에 있었다. 타오는 우주선이 이전과 좀 다르다는 걸 발견했다. 우주선 벽마다 시계로 가득 차 있는데 시계들이 모두 보통 시계가 아니었다. 시계마다 아주 긴 숫자들이 있었다.

14,701,200,438/08/15/14:45:17.65

궁금한 타오가 물었다. "아니 완전히 시계로 도배를 했네요? 또 저 줄줄이 사탕 같은 숫자들은 뭐죠?"

"지난번에 우리 우주선이 부서졌잖니. 방금 네 말을 듣고 새 우주선을 만들면서 시계를 좀 많이 붙였단다. 불의의 사고를 예방하려고. 저 숫자들은 바로 지금 이 순간 우주의 시간이란다."

"무슨 불의의 사고가 있을까요?" 타오는 미간을 찡그렸다. 시계들을 가까이 가서 살펴보니 뒤쪽 숫자 몇 개는 계속 뛰고 있었다.

노자는 타오를 위로했다. "별 것 아니야. 우리 먼저 우주 탄생 이전으로 가서 구경 좀 하자."

타오는 또 웃지 않을 수 없었다. "천문학자들은 시간이 우주 대폭발이 되는 그 순간에 시작됐다는데. 그러니 그 이전에는 아무것도 없어요, 시간도 없다고요. 그런 곳을 어떻게 간다는 거예요?"

"아무것도 없다고?" 노자가 반문했다.

"그렇다니까요. 우주 대폭발 이전에는 그냥 아무것도 없다니까요. 그러니까……." 타오는 갑자기 말을 멈췄다.

"그러니까 뭐 어쨌다고?" 노자는 재촉했다.

"맙소사 내가 또 당했네. 없는 게 있는 거라고 했죠?"

"하하! 너도 늘었다, 많이 늘었어! 자 그럼 '아무것도 없다'가 어떤 모양인지 어서 보러 가자."

눈 깜짝할 사이에 우주선 내부의 시계들 숫자가 모두 0으로 바뀌었고 곧이어 마이너스로 변했다. 우주선이 마구 요동치고 있었다. 우주선 밖은 온통 칠흑같은 암흑세계였다. 이때 노자의 중얼거리는 소리가 들렸다. "너무 많이 갔네." 시계의 숫자들은 계속 바뀌고 있었고 얼마 후에야 우주선은 안정을 되찾았다.

창 밖으로는 은은한 빛이 감돌고 있었다. 그 빛들은 마치 컬러 구름처럼 가만 있지 않고 흔들거렸다. 우주선은 '컬러 구름' 속을 빠르게 지나가고 있었는데 한참을 지나도 타오는 주위에서 아무런 변화를 발견할 수 없었다. 우주선은 서서히 감속하다가 완전히 브레이크를 잡았다. 그래도 관성 때문에 완전히 정지되지 않고 '컬러 구름' 속에서 좌우로 흔들흔들했다.

"바깥에 저 컬러 구름은 뭐죠?"

"저건 우주 탄생 이전에 생겨난 것들인데, 일종의 혼돈상태의 물질이야. 그게 얼마나 고요하고 광활한지 봤지? 다른 어떤 물질에도 의존하지 않고 독립적으로 존재한단다. 게다가 끝도 한도 없지."

"우리 우주선도 흔들흔들하고 있는 것 같은데 바로 그런 물질 때문에 움직이고 있는 건가요?"

"맞아. 그건 끊임없이 순환하는 장치 속에서 영원히 멈추지 않아. 이게 바로 우주의 어머니란다."

"우린 우주의 어머니를 뭐라고 불러야 되죠?"

"글쎄다. 나는 그걸 '도(道)'라고 부르기도 하고 '큰 것'이라고도 하는데."

"전에 '도'가 바로 에너지라고 한 적이 있죠? 그렇다면 우주의 어머니인데 좀더 보편적인 에너지 형식이어야 하지 않나요? 왜 또 그걸 '큰 것'이라고 하죠?"

타오의 말소리가 그치기 무섭게 우주선이 심하게 요동치기 시작했다. 벽에 걸린 시계를 보니 숫자들은 전부 0을 가리키고 있었다. 이번엔 창 밖, 타오 눈으로 컬러 구름이 급격히 농축되고 있는 모습이 들어왔다. 그런데 갑자기 폭탄 터지는 소리! 영혼을 뿌리째 흔들어놓을 만큼 엄청난 폭발이었다. 이것은 또 초강력 충격파가 되어 타오를 향해 밀려왔다. 타오가 어떻게 된 영문인지 감을 잡기도 전에 우주선은 이미 처참한 형태로 폭발했고 놀란 가슴을 쓸어내리지도 못했는데 폭발로 뜯긴 우주선이 다시 봉합되기 시작했다. 겨우 숨을 돌린 타오는 이것이 바로 우주 대폭발이라는 사실을 깨달았다.

우주선은 이미 아주 작게 변해 있었고 벽에는 시계가 하나만 걸려 있었다. 그런데 노자가 보이질 않았다. "영감, 어디 있어요?"

우주선 어디선가 노자의 목소리가 약하게 울려퍼졌다. "우주 대폭발로 우주선이 폭파된 후 우리는 점점 더 멀어졌다. 우주의 어머니를 왜 '큰 것'이라고 하는지 물었지? '큰 것'이란 바로 우주

대폭발 후 우주의 팽창이란다. 별들이 서로 떨어져 나가고 거리도 점점 멀어지지."

타오는 더 이상은 못 참겠다는 듯 노자의 말을 끊었다. "그 대단한 도가 뭔지 나도 다 안다니까요! 그나저나 우리 언제 다시 만나서 지구로 돌아갈 수 있는 거죠?"

"서두를 것 없다. 별과 별 사이의 거리가 점차 멀어지고 난 다음 결국은 다시 한군데 모이게 되어 있으니까."

노자의 말을 듣고 나니 타오는 울고 싶어졌다. "맙소사! 우주가 팽창을 멈추고 만유인력의 작용으로 별들이 다시 한군데로 모여 우주 대폭발이 또 일어나면? 그때? 그때가 돼야 만날 수 있다고요? 지금 농담하는 거죠? 몇억 년을 기다려야 하는 건데요?"

"이그, 나이도 어린 것이 어째 그리 정신이 없느냐. 우리 우주선의 능력을 또 잊었느냐? 시간을 빨리 가게 만들면 만사 오케이 아니겠는고?"

"아하! 그렇지! 시간 가속, 가속하라!" 몇 번을 명령했는지 굉음과 함께 우주선이 갑자기 커졌다. 폭발로 뜯겨나간 잔해들이 다시 모여 붙었고 노자도 타오 옆에 나타났다. 타오는 홍분의 도가니. "노자 만세!"

노자가 웃으며 썰렁한 유머를 날렸다. "너 지금 날더러 빨리 죽으라는 얘기냐? 나 같은 사람은 수십만 억 년을 살아왔는데 겨우 만 살까지만 살라고?"

노자의 얘기를 듣고 나니 타오는 시간의 상대성에 관한 의문이 생각났다. 그리고는 벽에 걸린 모든 시계를 한 바퀴 쭉 둘러보았는데 분초 하나 틀리지 않고 똑같이 가고 있었다. −0/00/00/00:00:09.49. 게다가 마지막 숫자는 계속 줄어들고 있었다.

타오가 소리쳤다. "또 우주 폭발이 일어나려나 봐요. 무슨 대책 좀 세워봐요. 더 이상 이산가족 되고 싶지 않다고요."

"하하! 이 몸을 그렇게까지 따르다니! 자, 그럼 어서 출발했던 지점과 시각으로 돌아가자."

타오는 긴장하면서 시계를 주시했는데 시계에 나타난 숫자들은 이미 원래대로 돌아와 있었다. 14,701,200,438/08/15/14:45:17.65. 그리고 시계와 우주선도 이내 사라졌다. 물론 타오와 노자는 허무 계곡으로 돌아와 있었다.

"그 시계들은 다 무슨 시계죠? 어떻게 억만 년이 지나도 분초 하나 안 틀릴 수 있어요?"

"너 혹시 원자시계라고 들어봤니? 사실 어떤 시계든 조건만 같으면 다 똑같은 **빠르기**로 갈 수 있어."

"음…… 우주 대폭발이 일어났을 때 우리는 동일한 시공에서 출발했죠. 영감이 탄 우주선이나 내가 탄 우주선이나 다를 바 없었으니까요. 그러니 우리가 각자 우주의 다른 공간에 놓여 있더라도 우리의 시간은 같이 흘러간다는 거군요. 그런데 그건 우주 시간 아닌가요? 만약 공통된 시간 시스템이 없다면 천문학자들이 저 요원한 공간에서 오는 우주 방사선 분석을 통해 해당 별까지의 거리와 나이를 측정한다는 건 불가능하겠죠."

노자는 감탄 또 감탄했다. "요 녀석 머리 꽤 쓸 만하구나! 사람이 지구상에 살다 보면 지구 인력의 구속을 받는 건 당연하지. 지

15장 상대성 이론의 문제점 93

구별도 우주 속에서 운행하다 보면 태양과 우주의 인력에 구속되고, 또 우주는 에너지 속에서 운동하니까 당연히 에너지의 구속을 받게 되지. 그런데 말이다, 에너지의 운동 규칙은 바로 바로 자연!"

노자의 칭찬에 붕 떠버린 타오도 노자에 대한 호감을 아끼지 않았다. "히히, 난 이렇게 '자연' 스러운 도사님이 좋다우."

일소 박사의 도덕경 읽기

有物混成, 先天地生. 寂兮寥兮, 獨立而不改, 周行而不殆, 可以謂天下母. 吾不知其名, 字之曰道, 强爲之名曰大. 大曰逝, 逝曰遠, 遠曰反, 故道大, 天大, 地大, 王亦大, 域中有四大, 而王居其一焉. 人法地, 地法天, 天法道, 道法自然.(25장)

우주 탄생 이전부터 어떤 혼돈의 물질이 있었다. 그것은 어떤 사물에도 기대지 않고 경계도 없이 독립적으로 존재하는 조용하고 공허한 것이다. 그것은 어떤 물체가 앞을 가로막아도 끝없이 반복 순환한다. 그것이 우주의 어머니다. 나는 그것의 이름이 뭔지 몰라 그저 '도'라고 부른다. 굳이 이름을 붙인다면 '큰 것'이라고 하겠다. '큰 것'은 떠나면 멀어지고 멀어지면 되돌아온다. 그러니 '도'는 '큰 것'이다. 하늘도 땅도 사람도 '큰 것'이다. 우주에는 '큰 것'이 네 가지 있는데 사람도 그 중 하나다.
사람은 지구를 기반으로 움직인다(인류의 활동은 지구 인력의 구속을 받는다는 뜻). 지구는 하늘(태양계 또는 우주를 가리킴)을 근거로 움직인다(지구는 자기가 속한 천체 궤도에서만 운행할 수 있다는 뜻). 하늘은 도를 근거로 움직인다(우주의 운동은 에너지의 구속을 받는다). '도'는 자연의 법칙을 근거로 움직인다(에너지의 운동법칙은 '자연'이다).

 **과학 이야기**

에너지는 우주 최고의 법칙. 우주는 순수에너지에서 생겨나서 순수에너지로 돌아간다. 에너지는 독립적으로 존재할 수 있는 물질 형식이다. 우주 공간에서 그 어떤 사물(인류 포함)의 운동도 에너지라는 이 최고 법칙의 진행을 둘러싸고 이루어진다. 그리고 에너지의 운동 법칙은 가장 자연스러운 것이다.

무거운 짐의 홀가분함

 노자는 돌연 보폭을 넓히더니 날아가듯 질주했다. 그 뒤를 타오가 잰걸음으로 쫓아가는데 메고 있는 그놈의 보따리와 물통이 문제였다. 움직일 때마다 걸리적거리는 게 정말 짜증스러웠다. 타오가 헐떡거리며 말했다. "좀 천천히 가면 안돼요? 짐이 많고 무겁고 하여간 불편해서 잘 못 뛰겠어요."

 노자는 그래도 쉬지 않고 가면서 말했다. "짐이 무거워야 네가 간편한 거야. 천천히 가라, 천천히."

 타오는 툴툴거리며 말했다. "뭐야, 정말! 짐이 무거워야 내가 간편하다니? 자기는 겨우 먼지떨이 같은 지팡이 하나만 달랑 들고 있으면서. 돌멩이 하나도 안 들고 다니잖아요."

 노자도 걸음을 멈추고 돌아보며 물었다. "도대체 뭘 메고 가는

데 생난리냐?"

"물 있죠, 간식거리에 공책, 망원경까지, 또 다른 것도 있다고요."

"얼마 되지도 않구먼! 나랑 여행이나 가자!" 말이 끝나기가 무섭게 노자는 허공에 대고 손으로 '쓰윽' 그려서 만든 커다란 보따리를 어깨에 멨다. 보따리는 타오를 다 집어넣을 수 있을 만큼 크고 부드러웠다. 타오는 그것을 보고 웃느라고 정신이 없었지만 노자는 개의치 않고 제 갈 길만 갔다. 얼마나 걸었을까, 주변 풍경이 갑자기 달라졌다. 하늘도 어두컴컴해졌고 곧이어 눈도 날리기 시작했다. 그러자 노자는 여유 있게 보따리를 열고는 외투를 꺼내 입고 우산까지 꺼내 받쳐 쓰는 게 아닌가.

이를 본 타오는 잽싸게 노자의 우산 아래로 달려왔다. 그리고 위아래 이를 바들바들 떨면서 말했다. "여-엉-가-암, 우-우-외투-더-없-어-요?"

노자는 웃으며 외투 한 벌을 꺼내주었다. 서둘러 외투를 입고 몸이 따뜻해진 타오는 감격해 마지않았다. "감사합니다!"

"이제 알겠지? 보따리 무거운 게 그래도 낫지?" 노자는 우산도 한 자루 꺼내주었다.

두 사람은 가던 길을 계속 걸었다. 날은 저물었는데 여전히 황량한 곳이라 타오는 내심 초초해서 물었다. "오늘밤은 어쩌죠?"

노자는 여유만만했다. "걱정 마라, 모든 게 다 내 보따리 속에 있으니까."

노자는 보따리 속에서 조립식 텐트를 꺼냈고 두 사람은 텐트 속에서 밤을 보냈다. 이튿날 날이 새자마자 타오는 텐트 밖에서 들려오는 시끄러운 소리에 잠을 깼다. 바깥을 내다보니 이런 세상에! 주변에 온통 사람들로 가득 차 있는 게 아닌가. 게다가 모두 파란 눈에 노랑머리 외국인들이었다. 뭐 하는 사람들인지 저마다 노트와 펜을 들고 있었다. 타오는 노자를 흔들어 깨웠다.

"영감, 이상해요! 일어나 봐요. 우리가 포위됐다고요!"

노자는 아랑곳하지 않고 드르렁 쿨쿨. 어쩔 수 없이 타오는 혼자 일어나 옷을 챙겨 입었다. 옷을 입고 나니 텐트가 사라졌다. 노자도 온데간데없고 그저 큰 보따리만 옆에 남아 있을 뿐이었다. 이때 사람들이 '우' 하고 에워싸더니 이구동성으로 말했다. "우리는 노자 선생님의 학생입니다. 선생님의 제자께서 우리나라를 방문하신다는 소식을 듣고 강연을 듣기 위해 밤새 달려왔습니다." 말을 마치자 모두들 박수로 '짝짝짝짝.'

타오는 사람들에게 둘러싸여 얼굴이 붉으락푸르락 어찌해야 좋을지 난감했다. 이때 노자의 말소리가 귓전을 스쳤다. "보따리를 풀어봐." 둘러봐도 노자는 보이질 않았다. "진짜 너무해요!" 타오는 투덜대며 보따리를 열었다. 속에는 강연 자료가 잔뜩 들어 있었다. 이제 겨우 살았다는 생각이 들었다. 타오는 강연 자료를 사람들에게 한 부씩 나눠주고 거기 쓰인 그대로 한 번 읽었다. 한 번 다 읽었더니 박수가 터져나왔다. 그런데 갑자기 사람들이 타오를 에워싸더니 보따리와 함께 번쩍 들쳐메고 한 목소리로 외쳤다. "가고 싶은 데가 있으면 저희들이 이렇게 모시고 가겠습니더!" 타오가 언제 이런 예우를 받아봤겠는가? 흐뭇하고 으쓱해졌다.

아니 그런데 사람들은 타오를 메고 벼랑 끝까지 갔다. 그리고 다같이 "하나, 둘, 셋", '휙' 하는 소리와 함께 타오와 보따리를 벼랑 아래로 던져버리는 것이 아닌가. "살-려-줘!"

"하하하, 널 구하러 왔다!" 노자의 목소리였다. 눈을 떠보니 타오와 노자는 멀쩡하게 허무계곡에 서 있었다. 노자가 웃으며 말했다. "무거운 짐의 홀가분함을 이제 알겠지?"

타오는 화난 척하며 말했다. "흥! 홀가분하다 못해 아예 벼랑 끝에서 날아 내려올 정도였다고요."

"하하! 재미로 그런 거잖아. 그러니 말이다, 여행을 할 줄 아는 사람은 늘 큰 보따리를 갖고 다닌다. 좀 걸리적거리기는 해도 말이야. 하지만 실제로는 제비처럼 가뿐하단다."

"히히, 어휘력이 형편없군요. 그럴 땐 가뿐하다고 그러는 게 아니에요, 그저 편리할 뿐이죠."

일소 박사의 도덕경 읽기

重爲輕根, 靜爲躁君, 是以聖人終日行, 不離輜重, 雖有榮觀, 燕處超然. 奈何萬乘之主, 而以身輕天下. 輕則失本, 躁則失君.(26장)

무거운 것이 있으면 가벼운 것도 있다. 평온함은 조급함을 통제할 수 있다. 군자는 여행할 때 이불이나 책 등이 가득 들어 있는 무거운 짐을 하루 종일 들고 다닌다. 겉보기에는 미련해 보이고 여행에 방해가 될 것 같지만 군자 스스로는 대단히 홀가분한 듯하다. 이유는 모르겠지만 어떤 대국의 임금은 자신의 편리함을 위해서 밑도 끝도 없이 백성들을 부려먹고 핍박한다. 결국 자신의 간편함 때문에 국가의 기반을 잃게 되고 조급함 때문에 임금의 자리도 잃게 된다.

 **과학 이야기**

지렛대의 원리. 지렛대의 긴 축(무거운 쪽)은 가볍게 건드리기만 해도 짧은 축의 무거운 물건을 들어올릴 수 있다. 지렛대 원리에 따르면 질량이 같은 물체라면 체적이 큰 것이 체적이 작은 것보다 운반하기 쉽다.

타오식 용병술

타오는 또 너스레를 떨고 싶어졌다. "영감은 평생 천자님의 도서관 관리인만 하기엔 너무 아까워요. 진짜 인재를 썩히는 거잖아요."

"하하하!" 노자는 웃기만 할 뿐 대꾸하지 않았다.

"내가 황제라면 영감을 재상으로 뽑아 능력을 발휘하도록 하고 날 보좌해서 천하를 호령하게 할 텐데."

이렇게 말하는 순간 어느새 타오는 임금이 되어 있었다. 타오는 위풍당당하게 옥좌에 앉아 문무 대신들의 알현을 받고 있었다. 대신들은 이구동성으로 말했다. "하루 속히 군대를 출동시켜 천하를 정복하시옵소서."

재상이 된 노자는 한 편에 서서 아무 말이 없다. 타오가 물었다.

"영감, 아니 나리, 아니 재상, 아니 경의 고견을 듣고 싶소"

"폐하, 저는 도나 닦는 사람입니다. 저더러 전하를 보좌하라고 하신다면 폐하께 출병하지도 말고 천하를 호령하지도 말 것을 권하옵니다. 전하의 궁전에서 전쟁을 하다니 천부당만부당한 일입니다."

"허튼 소리!" 임금 타오는 불쾌한 기색을 드러냈다.

"그러니 전쟁은 멀리 다른 나라로 가서서 해야 합니다. 폐하께서는 나랏일에 아직 경험이 부족하셔서 군대를 쓰는 것이 얼마나 어려운 일인지 잘 모르십니다. 곤란한 문제들이 꼬리에 꼬리를 물고 생겨날 것입니다."

타오는 정말 듣기 싫었다. "대담한 놈 같으니! 저 놈의 주둥이를 쳐라!"

두 명의 무사가 노자를 때리려고 달려나왔지만 노자는 두 손으로 그들을 가로막으며 말했다. "폐하께서 제 주둥이를 때리신다 해도 전 끝까지 할 말을 하겠습니다. 폐하께서 무절제하게 병사를 쓰시다간 분명 훗날 화를 불러오게 될 것입니다."

화가 치밀어오를 대로 오른 타오는 발로 책상을 차버리고 노자를 가리키며 고함쳤다. "저 무뢰한 놈을 끌어내 목을 쳐라!"

타오의 고함소리에 문무 대신들은 놀라 일제히 무릎을 꿇고 노자를 살려달라고 애원했다. 타오는 책상 다리를 치며 또 소리쳤다. "오늘 죽음만큼은 면해준다만 네 놈의 번연한 죄만큼은 용서할 수 없다. 그러니 내가 시키는 대로 해야 할 것이다. 지구 저쪽 편에 무슨 이라꾸인지 뭔지 하는 나라가 있다는데 임금이란 작자가 독재 권력을 휘두르고 엄청난 살상무기까지 보유하고 있다고 들었다. 이제 네 놈이 병사들을 이끌고 가서 그 소굴을 섬멸하라. 승리하고 돌아오면 상을 내릴 것이지만 패한다면 돌아올 생각도 말라!"

노자는 출정한 지 한 달도 안돼 이기고 돌아왔다. 축하연이 열렸고 타오는 노자에게 직접 술을 부어주면서 축하했다. 문무백관들도 모두 노자에게 축하주를 건넸다. 하지만 노자는 한 마디도 하지 않았으며 불쾌한 기색이 역력했다. 술기운을 이기지 못할 정도로 취해버린 타오는 신선이라도 된 기분! 노자에게 또 호기를 부렸는데, "이라꾸 옆에 또 무슨 수리아인지 뭔지 하는 나라가 있는데 내 말을 영 안 듣고 말썽이란 말이야. 경이 이번에도 처리 좀 해줘야겠소."

노자는 엄숙한 표정으로 말했다. "폐하께서는 잘못 생각하고 계십니다. 용병은 적당한 선에서 그쳐야 한다는 걸 아셔야 합니다. 절대 무리하시면 안됩니다. 승리를 거뒀다면 도리에 어긋나는 횡포를 부려서도 안되며 자만에 빠져 근본을 망각해서도 안됩니다."

그러나 타오는 노자의 말을 듣자마자 술잔을 집어던지고 노자의 재상 직위를 박탈했다. 대신 얼리를 그 자리에 임명했다.

이튿날 얼리 장군이 출정하려 하는데 노자가 찾아와 말했다. "얼리 장군, 만약 싸워서 이기지 못하면 즉시 철군하시오. 억지로 계속 버텨서는 절대 이길 수 없을 것이오."

이 사실을 알게 된 타오는 당장 노자를 잡아 묶도록 했다. "감히 짐의 군사의 마음을 흔들어 놓다니! 무엄하다! 얼리 장군이 이기고 돌아오는 날이 네 놈의 제삿날인 줄 알라!"

얼리 장군은 출정 결과 크게 패했으며 적군은 그 틈을 타 반격해 왔다. 그리고 임금인 타오까지도 포로 신세가 되었다. 적은 타오와 노자를 한 곳에 가두었다. 그때서야 타오는 노자의 충고가 생각났지만 후회막급이었다.

"옛 말에 '사람은 유명해질까봐 두려워하고 돼지는 건장하게 될까봐 두려워한다'고 했다. 돼지는 건장해지면 즉시 도살되고, 사람은 왕성한 장년이 지나면 늙지. 그래서 장년이나 건장의 '장'은 '끝장'이라는 뜻이기도 해."

"그 이치는 알겠지만 이제 와서 그런 말들이 다 무슨 소용이 있겠어요? 빨리 어떻게든 달아날 방법을 찾아야죠."

노자가 말했다. "흥! 소인은 폐하의 죄인일 뿐입니다. 무슨 방법이 있겠습니까!"

타오는 번뜩! 갑자기 자기가 이 나라 임금이 아니라는 사실을 깨달았다. "헤! 다 가짜잖아요. 이제 장난 그만 치시죠!"

타오의 말 한 마디에 감옥은 온데간데없고 두 사람은 또다시 허무계곡으로!

일소 박사의 도덕경 읽기

以道佐人主者, 不以兵强天下. 其事好還. 師之所處, 荊棘生焉, 大軍之後, 必有凶年. 善有果而已, 不敢以取强. 果而勿矜, 果而勿伐, 果而勿驕, 果而不得已, 果而勿强. 物壯則老, 是謂不道. 不道早已.(30장)

'도'를 가지고 임금을 보좌하는 사람은 절대로 군사를 동원해서 천하를 재패하라고 주장하지 않는다. 군대를 동원하면 여러 가지 어려움과 위험이 따른다. 대규모의 군사행동 후에는 반드시 재난에 직면하게 된다. 부득이 군사를 동원해야 한다면 목적을 달성하자마자 철군하는 것이 상책이다. 절대 위세를 부려서는 안된다. 목적을 달성했다고 해서 자만에 빠져서도 안된다. 목적을 이루지 못했더라도 계속 밀어붙여서는 안된다. 그만큼 군사적 목적을 이루는 일은 억지로 되지 않는다는 뜻이다.

사물은 건장해지고 나면 쇠약해진다. 건장함은 '도'에 맞지 않는다. '도'에 맞지 않는 것은 오래가지 못한다..

 **과학 이야기**

자연환경은 어느 정도 손상을 입더라도 스스로 복원하는 능력을 갖고 있다. 그러나 일정 한도를 넘어서면 회복 불능의 상태가 된다. 자원에 대한 인류의 침략성 개발은 자연에 대한 무한한 손상이며 자연환경에 대한 영구적 파괴 행위이다.

단비 사건

 타오는 푸른 숲과 맑은 물을 다시 보고 자유로운 공기도 마음대로 마실 수 있게 되어 너무 기뻤다. 그래서 이리 펄쩍 저리 펄쩍 뛰어놀다가 노자에게 말했다. "이제부터 임금 같은 건 시켜준대도 절대 안 할 거예요."
 빙그레 웃는 노자. "사실 임금 노릇 하는 게 뭐 어렵겠느냐. 다른 사람들은 어떻게 하고 있는지 가서 좀 배우자꾸나." 두 사람은 이야기를 나누다가 어느 고대 국가에 가게 되었다. 분명 시골인데 타오 상상 속의 전원 풍경은 하나도 보이지 않았다. 생기 없는 전답, 거북 등처럼 갈라진 땅, 말라 죽어가고 있는 싹…… 모든 것이 너무도 볼품없었다.
 그런데 갑자기 두 사람의 왼쪽 편에서 함성이 들려왔다. 농민들이 저마다 낫과 괭이를 들고 달려오고 있었다. 겁에 질린 타오는 얼른 노자의 등 뒤에 숨었는데 이어서 오른편에서도 함성이 들려왔다. 이번엔 한 무리의 농민들이 몽둥이와 창을 들고 달려오고 있었다. 곧이어 좌우 양편의 농민들이 맞붙어 피 터지게 싸우기 시작했다. 노자는 타오를 데리고 한 쪽으로 피했다.

"저 사람들 뭐 하는 거예요?"

"보면 모르니? 흉기 들고 싸움질 하고 있지."

"왜 그러는데요?"

노자는 논을 가리키며 물었다. "이것들이 다 무엇이더냐?"

"벼네요. 왜요?"

"벼는 무엇으로 자라느냐?"

"그야 물이 있어야죠."

"물은 어디서 생기느냐?"

"그야 강이겠죠." 이때부터 타오는 의구심이 들기 시작했다.

"이크, 진짜 대책 없는 녀석이로군. 아는 게 없네!" 노자는 한숨을 팍팍 쉬면서 말했다. "하늘에서 비가 오면 빗물은 강으로 모이고 강물은 다시 전답으로 흐르지. 가뭄이 오래 간다고 생각해 봐라. 한 줄기 강에 물의 양은 한계가 있을 테니 당신네 땅엔 많이 댔고 우리 땅엔 요것밖에 못 댔다, 뭐 이런 식으로 두 마을이 서로 붙어 치고 박고 그러는 거지. 그러니까 물 때문에 싸우는 거라고!"

"아하!"

"가자, 저들의 임금이 뭘 하고 있는지 가서 보자꾸나."

"호호, 백성들이 저렇게 자기들끼리 싸우고 난리인 걸 보면 여기 임금도 분명 제대로 하고 있진 않을 걸요? 배울 게 뭐 있겠어요?"

"임금이 잘하고 있다면 제대로 배우면 될 것이고, 만약 형편없이 하고 있다면 넌 그 반대로 배우면 되지 않니!"

이런 얘기를 하면서 두 사람은 어느새 왕궁 앞에 이르렀다. 때마침 왕궁 곳곳에서 한바탕 난리가 벌어지고 있었다. 사람들이 대야며 통이며 항아리며 할 것 없이 죄다 들고서 서로 먼저 뛰어나가려고 법석을 떨고 있었다. 타오는 호기심이 발동해서 물었다. "다들 뭐 하는 겁니까?" 하지만 아무도 대꾸해 주지 않았다.

이때 주방 책임자 같은 내시가 달려오더니 두 사람을 보고 꾸짖었다. "궁내의 모든 사람들에게 단비를 받으러 나가야 한다는 폐하의 명령이 있었다. 거기 두 놈은 뭐 하는 놈들이기에 아직도 한가롭게 놀고 있느냐!"

노자가 재빨리 대꾸했다. "우리는 외국에서 온 도사들이오. 당신들의 폐하를 만나고 싶은데 대감께서 아뢰어 주시겠소?"

내시는 '도사'라는 말을 듣자 귀가 번쩍 뜨여 얼굴에 미소가 돌았다. "하! 먼 곳에서 와주신 도사님들이시군요. 안 그래도 폐하께선 꿈 해몽 때문에 고명한 도사님을 찾고 계셨답니다. 자 두 분, 이쪽으로 오시죠."

타오와 노자는 내시를 따라 임금의 거처로 갔다. 옥좌에는 피곤에 절은 임금이 앉아 있었다. 내시가 임금 곁으로 가서 몇 마디 속삭이자 임금은 희색이 만면이 되어 물었다. "두 분 중 어느 분이 해몽을 하시오?"

노자가 타오를 가리키며 말했다. "이 사람이 해몽 전문입니다."

타오는 기겁하고 노자를 노려보았지만 노자는 희희낙락 타오를 쳐다보며 말했다. "너무 겸손해 할 필요 없잖아!"

"젊은 도사님께서 해몽을 하신다니 그럼 내 꿈 얘기를 하겠소. 어젯밤 꿈에서 만난 도사가 알려주더군요. 오늘 오후 세 시에서 다섯 시 사이에 하늘이 단비를 내릴 것이니 나더러 가서 받으라는 거요. 마시면 장수할 것이라면서 말이오."

타오는 이 말을 듣자 화가 치밀었다. "백성들은 논에 댈 물이 없어서 너 죽고 나 살자 식으로 싸우는 판에 국왕은 단비나 마시면서 불로장생할 생각이나 하다니 이런 얼간이 같은 임금!"

국왕은 옥좌에서 벌떡 일어나 소리쳤다. "감히 짐을 모욕하려 들다니, 무례하구나! 게 아무도 없느냐! 이 놈의 주둥이를 잘라버려라!"

이때 노자가 재빨리 미소를 띠며 말했다. "폐하, 노여움을 거두십시오. 자세히 보십시오. 이 젊은 도사가 폐하 꿈속의 그 도사와 닮지 않았습니까?"

임금은 한참 동안이나 타오의 얼굴을 뜯어보고는 놀라 소리쳤다. "닮았소, 닮았소. 진짜 똑같네, 똑같아. 멀쩡한 눈으로 사람을 못 알아보다니. 도사님, 용서하십시오. 도사님 존함을 알고 싶습니다."

타오는 영문을 모를 지경이고 노자가 잽싸게 말했다. "폐하께 아룁니다. 이 사람이 바로 '도' 그 자체입니다. 이름도 없고 꾸밈도 없는 사람이지요. 나이가 어리지만 아직 어느 국왕도 이 사람을 신하로 쓰진 못했습니다. 폐하께서 능력을 발휘하시어 이 사람을 눌러앉힐 수만 있다면 폐하의 나라는 저절로 잘 다스려질 것입니다."

타오는 노자를 째려보며 귓속말로 속삭였다. "아니 지금 무슨 헛소리예요?"

노자는 타오의 말에 대꾸도 하지 않았다. 임금이 말했다. "짐은 사원을 지어 도사님께 봉헌하고자 하오. 그런데 하늘이 단비를 내린다는 건 어떻게 된 일입니까?"

그러자 노자는 타오에게 쪼르르 가서 귀에 대고 뭔가를 말했는데 타오는 도무지 알아들을 수가 없었다. "무슨 얘기 하는 거예요?"

노자는 이번에도 타오에게는 대꾸하지 않고 임금에게 말했다. "도사님 말씀이 하늘이 단비를 내린다는 것은 오랜 가뭄 끝에 비가 많이 온다는 뜻이랍니다. 이제 천하의 가뭄이 곧 해결될 것이니 폐하께서는 너무 염려하실 필요 없습니다."

"그렇게 된 거로군." 임금은 내시에게 분부했다. "사람들에게 단비를 받으러 가지 말라고 하라."

이어서 노자에게 말했다. "가뭄은 정말이지 짐의 화병 덩어리였소. 휴, 이제야 알 것 같소이다. 오랫동안 비가 오지 않아 짐이 밤낮으로 걱정했더니 그런 꿈을 꾼 모양이오. 쯧쯧. 얼마나 오랫동안 백성들이 물 때문에 싸웠는지."

"이제 안심하십시오. 비가 내리면 누가 명령하지 않아도 백성들은 서로 더 많이 차지하려고 다투지 않을 것입니다."

"아니 뭐라고요?"

타오는 노자와 관점이 달랐다. "동쪽은 해가 쨍쨍이라도 서쪽은 비가 주룩주룩 내린다는 말도 못 들어봤어요? 한쪽에선 말라죽고 또 한쪽에선 물에 잠겨 죽고 그러는 거라고요!"

"도사님 말뜻은……." 임금은 계속 고개를 끄덕이며 말했다. "도사님 좋은 방법이 없겠습니까?"

"저한테……." 말을 제대로 하기도 전에 노자는 타오의 입을 막고 임금에게 말했다. "도사께서는 이렇게 말하셨습니다. 무슨 방법이든 다 쓸 수 있지만 가장 중요한 것은 법제도를 세워서 백성들에게 규정대로 일을 처리하도록 하는 것입니다. 그렇게 하면 제 아무리 큰 재난이 닥쳐도 두려울 것이 없답니다."

임금은 한숨을 쉬며 말했다. "우리나라에도 법률, 법규는 꽤나 많이 있습니다. 하지만 아무도 지키지를 않습니다."

"다른 사람들에겐 지키라고 해놓고 폐하 스스로는 지키셨는지요?" 타오는 정색을 하고 물었다.

"그건……." 임금은 머뭇거리며 말을 하지 못했다.

노자가 말했다. "도사님 말씀이 맞습니다. 한 나라의 임금은 큰 바다에 비유할 수 있습니다. 강물은 모두 바다로 흘러들게 마련이지요. 임금이 모범을 보이면 백성들도 잘 따를 것이고 임금이 정한 법도 어기는 사람이 없을 것입니다."

"백번 지당하신 말씀입니다." 임금은 고개를 끄덕이며 말했다.

타오는 바로 이때라고 생각하고 말했다. "그럼 빨리 저 농민들의 분쟁을 잠재울 조치를 취하셔야지요."

"저를 이렇게 깨우쳐주시다니, 감사합니다. 두 분께서 제 뜻을 대신 전달해 주시기 바랍니다. 일 년간 농민들의 세금을 면제하겠습니다."

타오와 노자는 임금과 작별하고 시골로 돌아갔다. 거의 도착할 무렵 비가 내리기 시작했는데 난리법석으로 싸우던 농민들은 저마다 무기를 던져버리고 땅에 무릎 꿇고 하늘에 감사의 절을 올렸다.

노자는 타오를 데리고 농민들 곁을 지나치면서 이상하게도 한 마디도 하지 않았다. 타오는 노자의 소맷자락을 끌며 물었다. "왜 임금의 뜻을 전하지 않는 거죠?"

노자가 작은 목소리로 말했다. "이젠 그럴 필요 없지. 국왕이 도를 지켜서 하늘이 단비를 내려주신 거고 그러니 백성들도 당연히 무사태평할 수밖에. 국왕의 뜻을 전하나 안 전하나 마찬가지 아니겠느냐!"

일소 박사의 도덕경 읽기

道常無名, 樸, 雖小, 天下莫能臣也. 侯王若能守之, 萬物將自賓, 天地相合以降甘露, 民莫之令而自均. 始制有名. 名亦旣有, 夫亦將知止, 知止可以不殆. 譬道之在天下, 猶川谷之於江海. (32장)

'도'란 이름도 없고 화려하지도 않은 소박한 것이다. 아주 작긴 하지만 그것을 갖고 있다고 생각하는 사람은 없다. 한 나라의 임금이 '도'의 법칙에 따라 일할 수 있다면 천하 만물이 자동적으로 제자리를 찾을 것이다. 하늘과 땅은 서로 협력하여 단비를 내린다. 빗물은 자연적으로 골고루 나눠 내리기 때문에 백성들에게 명령을 내릴 필요가 없다.

인류사회의 제도가 확립되고 나면 사람마다 직분이 생긴다. 각자 직분이 생긴 백성들은 자신이 맡은 본분에 따라 움직인다. 이때 위험을 피하려면 주어진 범위를 넘지 않도록 해야 한다. 세상에 '도'가 있으면 사람들을 '도'가 있는 곳으로 끌어들인다. 마치 시냇물이 강으로 흘러들고 강물이 큰 바다로 흐르는 것처럼.

 **과학 이야기**

천연자원은 골고루 분배된다. 지역적 차이를 고려하지 않는다면 태양이나 공기 같은 천연자원은 골고루 분배된다. 어떤 사람이 지위가 높고 권력이 세다고 해서 태양빛이나 공기를 더 많이 갖게 되는 것은 아니다.

복제인간 타오

타오는 한 가지 문제점을 떠올리면서 입가에 회심의 미소를 지었다. "방금 강물은 항상 큰 바다로 흐른다고 했죠? 꼭 그렇진 않던데."

노자는 찡그리면서 물었다. "무슨 뜻이냐?"

"그야 영감 말에 문제가 있다는 뜻이죠. 실제로 황하는 매년 겨울과 봄이 되면 몇 달 동안이나 물길이 끊긴다고요. 아예 큰 바다로 유입되질 않죠."

"시비 걸 때마다 그래도 꼭 일리는 있구나."

"히히, 그냥 일리가 있는 게 아니라 모든 일리는 언제나 내 편이죠."

노자는 입도 뻥긋 않고 지팡이를 휘둘러 또 하나의 타오를 타오

앞에 만들어놓았다. 복제 타오와 타오는 똑같이 생겼다. 둘러멘 가방까지도. 타오는 기가 막힐 노릇이었다. 노자는 바위 위로 껑충 뛰어올라가서 말했다. "하하하! 그 놈의 일리가 두 사람 중 누구 편인지 구경 좀 해야겠다."

복제 타오가 말했다. "그야 물론 나죠. 방금 황하의 물길이 끊기면 바다로 유입되지 않는다고 그랬죠? 그렇다면 황하의 물길이 끊어지면 강이라고 할 수 없겠네요. 물길이 끊이질 않아야 강이라고 할 수 있고요. 따라서 '강'이라고 하는 것은 바다로 흘러들어가야 강이라고 할 수 있는 거예요." 이렇게 말하는 목소리나 말투가 어쩜 그렇게도 원본 타오와 똑같은지!

타오는 한참을 머뭇거리다가 입을 열었다. "아니 이건 또 무슨 게임이에요?"

"하하, 뭐긴! 바로 복제인간 게임이지."

복제 타오는 타오를 가리키며 말했다. "어떻게 내 동의를 구하지도 않고 마음대로 나를 복제한 거죠?"

타오는 마음이 급해졌다. "너 뭐 잘 못 안 거 아니니? 너야말로 나의 복제인간이라고!"

"누가 누군지 다 구분하는 걸 보니 둘 다 똑똑하군. 그런데 둘 다 자신이 누구인 줄 알고 있느냐?"

타오와 복제 타오는 이구동성으로 말했다. "나는 나죠! 성은 장, 이름은 타오!"

"그걸로는 안돼." 노자가 웃으며 말했다. "각자 자신의 장점을 말해봐라."

"장점은 많죠." 타오와 복제 타오는 앞다퉈 말했다.

"애들아, 그렇게 싸우면 어떡하느냐!" 노자가 둘을 갈라놓았다. "한 사람씩 말해. 똑같이 말할수록 복제가 아니고 비슷하지 않을수록 복제다. 알았지?"

노자는 타오를 향해 말했다. "네가 먼저 시작해라."

이번에는 또 복제 타오를 향해 말했다. "너는 말을 받아봐라."

타오, "난 영리하죠, 즐겨 배우죠, 항상 발전하죠!"

복제 타오, "난 재능이 많죠, 말 잘하죠, 노래 잘하죠!"

타오, "활발하죠, 명랑하죠, 건강하죠!"

복제 타오, "어른 공경하죠, 어린이 잘 보살피죠, 양보 잘하죠!"

"됐다, 됐어!" 노자가 중간에서 말을 끊었다. "이번에는 결점을 말해봐라."

"……."

"……."

"뭐 하는 거야? 결점 말하는 것도 장점 말하듯 해야지. 빨리 해봐!"

"난 먹기만 좋아하고 게으르고 집안일은 안해요."

"난 가만히 앉아서 손 하나 까딱 안해요."

여기까지 말하자 두 사람 사이의 간격이 조금 좁아졌다.

"난 잘난 척하기 좋아해요."

"난 산만하고 규율을 잘 안 지켜요."

"……."

"……."

두 사람은 말하는 데만 신경쓰느라고 둘 사이의 거리가 점점 가까워지는 줄도 몰랐다. 나중엔 아예 한 명으로 합쳐졌다.

"어, 그 인간은요?" 타오가 물었다.

"그 인간이 너야, 네가 바로 그 인간이고."

"어…….." 타오는 얼굴이 빨개졌다. "어쩐지 그 인간의 결점이 내 꺼랑 똑같더라."

"허허. 드디어 자신을 알게 됐구나. 자기 자신을 잘 알 수 있는 사람이야말로 대단한 사람이다. 옛말에 '사람은 누구나 자신을 정확히 아는 게 무엇보다 중요하다'고 했는데 바로 그런 뜻이지."

노자의 지팡이는 복제 타오를 다시 출현시켰다. 타오는 얼른 웃으며 복제 타오에게 악수를 청했다. "내 자신, 안녕!" 복제 타오도 웃으며 타오와 악수했다.

"하하하! 내가 지금 너희한테 형 아우 찾아주는 줄 아느냐. 둘이서 싸워보라니까. 누가 누굴 이기는지 보게 말이다."

타오와 복제 타오는 이구동성으로 말했다. "아니 어떻게 이럴 수가 있어요? 싸움이나 붙이고!"

노자가 웃으며 말했다. "내가 나쁜 게 아니라, 난 그저 검증해 보고 싶을 뿐이다. '남을 이기는 사람은 힘이 센 사람이요 자신을 이기는 사람이야말로 진정한 강자다'라는 말이 있잖니. 너희 둘 중 누가 겁쟁이고 누가 강자인지 보겠다는 거지."

"내가 강자 할래요!" 복제 타오가 이렇게 말하면서 타오의 가슴팍을 쳤다.

"나도 비겁한 겁쟁이는 안한다고!" 타오는 복제 타오의 따귀를 날렸다.

"아야!" 둘은 동시에 소리쳤다. 타오가 노자에게 말했다. "영감, 정말 지독해요. 어떻게 이 지경으로 만들 수 있죠?"

노자가 웃으며 말했다. "너희는 원래 동일한 한 사람이지 않느냐. 네가 그를 때리면 그건 그가 너를 때리는 거고, 또 네가 네 자신을 때리는 것이기도 하지. 아픈 게 싫으면 너희 둘이 서로 화해하고 겁쟁이가 되면 그만 아니더냐?"

"난 겁쟁이 안한다니까요!" 둘은 한 목소리로 소리치고 서로 때리면서 싸우기 시작했다. 얼마 지나지 않아 둘은 지쳐 쓰러지고 말았다.

노자는 바위 위에 서서 신나게 박수치면서 말했다. "좋아 좋아. 이제 누구든 먼저 일어나는 사람이 강자다."

노자의 말이 떨어지기가 무섭게 둘은 서로 먼저 일어나려고 툭탁거렸다. 마침내 타오가 한 발 먼저 일어나는 데 성공했다. 그리고는 복제 타오에게 달려들어 그의 어깨를 발로 걷어찼다. 복제 타오는 일어나려다가 다시 넘어졌다. 그러나 그와 동시에 타오는 어깨에 심한 통증을 느꼈고 복제 타오는 그림자도 보이지 않았다.

노자는 바위에서 뛰어내려와 물었다. "어떠냐? 자신과 싸워 이기는 게 남과 싸워 이기는 것보다 훨씬 어렵지?"

타오는 연신 캑캑거리면서 고개를 끄덕였다. 노자의 지팡이는 타오의 어깨 통증까지도 말끔히 없애주었다.

일소 박사의 도덕경 읽기

知人者智, 自知者明. 勝人者有力, 自勝者強. 知足者富, 強行者有志. 不失其所者久, 死而不亡者壽.(33장)

총명한 사람은 남을 이해할 줄 안다. 그러나 자신을 알 수 있는 사람이어야 진정 지혜로운 사람이라 할 수 있다. 힘 있는 사람은 다른 사람을 이긴다. 그러나 자신을 이길 수 있어야 강하다고 할 수 있다. 만족할 줄 아는 사람은 부유하다. 모든 것을 아랑곳하지 않고 일하는 사람에게는 기개가 있다. 있어야 할 곳을 잃지 않는 사람은 오래 버틸 수 있다. 그러니 육신은 죽어도 정신이 살아 있는 사람이라면 영생할 수 있다.

 과학 이야기

내적 요인이 결정적 요소. 동물이나 사람의 수명은 각자 갖고 있는 유전자에 의해 좌우된다. 현대인은 많아야 110여 살까지 살 수 있지만 바다거북은 보통 120에서 300살 정도까지 살 수 있다.

주인 노릇 하기

어느덧 해가 중천에 걸렸다. 강렬한 햇살에 눈이 부신 타오는 가방 속 선글라스가 생각났다. 타오가 선글라스를 콧등에 걸치고 있는 모습을 본 노자는 신기해 하며 빌려서 써보았다. 그런데 노자가 선글라스를 쓰자마자 말벌 같은 것에라도 쏘였는지 정신없어하며 안경을 떨어뜨리고 말았다.

"아니 뭐 하는 거예요?" 속상한 타오는 애지중지하는 선글라스를 주우면서 원망스럽게 말했다. "부러졌잖아! 물어내요! 우리 아빠가 해외 출장 때 사다주신 거라고요."

이렇게 얘기하면서 타오는 선글라스를 눈 쪽으로 가져갔다. 그런데 웬걸! 타오도 말벌에게 쏘인 것인지 놀라는 바람에 선글라스가 내동댕이쳐졌다. 그런데 순간적으로 선글라스를 통해 본 주변의 사물들이 꼭 활활 타오르고 있는 것 같았다. 참 희한한 선글라스였다. 그때 갑자기 선글라스가 점점 커지더니 커다란 원반이 되었다. 그 원반은 안경다리가 위쪽으로 향한 채 흔들거리며 움직이더니 두 사람을 '슈웅' 날려 렌즈 위로 올려놓았다. 그러더니 하늘로 날아오르는 것이 아닌가. 놀라 졸도할 지경이 된 타오는 두 손으로 안경테를 꼭 붙잡고 떨리는 소리로 물었다. "이건 또 뭐 하는 거예요?"

타오의 선글라스는 계속 커졌고 계속 높이 올라갔다. 타오는 어마어마한 안경렌즈를 통해 아래를 내려다보았다. 땅위는 작열하는 태양의 표면처럼 온통 붉은 빛이었다!

"내가 네 선글라스를 '에너지 투시경'으로 만들었다. 어디든 태양에너지가 있는 곳이라면 항상 불꽃을 볼 수 있지. 이것 좀 봐라, 지구 표면치고 태양에너지가 존재하지 않는 곳은 없단다."

"그런 건 나도 알아요. 지열 출구에서 생활하는 생물들을 빼고는 지구상에 존재하는 유기물들의 에너지는 기본적으로 태양에서 비롯되지요."

"만물은 태양에 의존해 나고 자란다는 말이 있지. 다들 태양한테 기대고 있으니 태양은 분명 죽도록 피곤할 게다."

"우히히히, 정말 웃기시네!"

타오는 두려움도 잊고 깔깔거리며 말했다. "태양이 무슨 사람도 아니고. 영감이 기대든 말든 태양은 에너지를 발산할 텐데 피곤할 게 뭐 있어요?"

"호! 생각보다 영리하단 말이야!" 노자는 심사숙고 끝에 말했다. "네 말이 날 깨우쳐주는구나. 태양은 만물을 키우면서도 원망 한번 하지 않고 자만하지도 않는다는 진리!"

"흐흐, 정리 하나는 끝내주게 하신다니까. 하지만 내가 만약 태양이라면 난 만물더러 내 뜻에 따르라고 할 거예요."

"정말이니? 너 혹시 개 키워본 적 있니?"

"어렸을 때 키운 적 있죠. 그건 왜……"

웬 뚱딴지같은 질문! 타오가 뱉은 말에 마침표도 찍기 전에 생각지도 못한 일이 또 일어났다. 엉덩이 밑에 있던 초대형 선글라스가 갑자기 '비틀' 하더니만 뒤집힌 것이다. 렌즈가 하늘을 향하더니 다리도 아래로 방향을 바꾸었다. 두 사람은 렌즈에서 나가떨어질 지경이었다.

"어서 안경다리를 붙잡아!" 노자가 크게 소리쳤다. 타오는 잽싸게 한 쪽 다리를 잡았고 노자도 다른 한 쪽 다리를 꽉 잡았다. 두 사람은 초대형 선글라스를 낙하산처럼 타고 지면 위로 내려오고 있었다.

그런데 갑자기 '피파피파' 하는 파열음이 들렸다. 아뿔사! 안경 렌즈가 '쩍쩍' 갈라지고 있었던 것이다. 잠시 후 부서진 렌즈 조각들이 아래로 떨어지기 시작했다. 귓가의 바람소리가 점점 크게 들렸다. 아래로 떨어지는 속도가 점점 빨라지고 있는 게 분명했다. 타오는 자기도 모르게 질끈 눈을 감고 비명을 질렀다. "영감, 어떻게 좀 해봐요! 이러다간 우리 둘 다 납작쿵 오징어포가 되겠어요!"

"그럴 리 없으니 걱정 마라." 노자는 가볍게 위로해 주었다.

타오는 문득 귓가의 바람소리가 멈춘 것 같아 정신을 차려 보니 발밑에 뭔가가 밟혔다. 알고 보니 두 사람은 이미 안전하게 착륙해 있었다. 초대형 안경테는 두 사람에게서 떨어져나가 부서진 안경 조각들을 공중으로 높이 날리고 있었다. 바로 그때 신기한 일이 일어났다. 날아오른 안경 조각들 하나하나가 귀여운 강아지들로 변해 타오 곁을 폴짝폴짝 뛰어다니는 것이었다. 타오는 한 마리 한 마리 쓰다듬고 토닥거리며 한창 신이 났다. 강아지들도 타오를 따르는 것 같았다. 타오의 손발을 핥기도 하고 살랑살랑 꼬리도 쳤다. 타오는 신이 나서 말했다. "내가 이 강아지들 주인이면 좋겠어요."

노자는 고개를 설레설레 저으며 말했다. "태양은 자기가 주인이라고 절대 말하지 않는다. 특별한 욕망도 없지. 사람도 나중에 낭패 보지 않으려면 겸허한 마음가짐을 지녀야 해."

타오는 그런 말은 아랑곳하고 싶지 않았다. 그래서 강아지들에게 일일이 이름을 지어주고 뒹굴며 놀았다. 강아지들도 타오의 말을 썩 잘 들었다. 이름만 부르면 쪼르르 꼬리치며 달려올 정도였으니까. 타오는 엄연한 강아지 대장이었다.

"개 주인 노릇쯤이야 나한텐 식은 죽 먹기죠. 보시라니까요, 내가 훈련시켰더니 완전히 강아지 부대가 됐잖아요. 난 이 부대의 사령관이고요."

"제발 잘난 척부터 하지 좀 마라. 고작 그 정도 가지고서 자신이 대단한 줄로 착각하다니. 만물이 모두 태양을 칭송하고 숭배해도 태양은 주인이라고 자처하지 않는다. 물론 사령관이니 뭐니라고 하지도 않지. 진정한 위대함이란 바로 그런 거야."

"난 태양처럼 미련하지 않다고요!"

이렇게 말하며 타오는 강아지 이름을 불렀다. 그리고는 강아지들 줄을 세우려고 구령을 붙였다. 그런데 강아지들이 이리저리 뛰어다니기만 하고 타오의 말을 듣지 않았다. 몇 번이나 구령을 외쳐도 강아지들은 엉망이었다. 화가 치민 타오는 나뭇가지를 집어 들고 채찍처럼 휘두르며 강아지들을 쫓아갔다. 두들겨 맞은 강아지들은 컹컹 짖어대며 이리저리 피하느라고 정신이 없었지만 그래도 끝까지 타오의 말을 듣지는 않았다. 뚜껑이 열린 타오는 그야말로 죽기 살기로 강아지들을 두들겨 팼다. 강아지들은 드디어 견디다 못해 으르렁거리며 타오를 물어뜯기 시작했다.

타오는 채찍을 집어던지고 죽어라 도망갔고 강아지들은 놓칠세라 바싹 뒤쫓았다. 쫓기다 못한 타오는 급기야 나무를 타고 올라갔다. 강아지들은 나무 밑에서 무섭게 짖어대더니 나중엔 점프까지 해서 타오의 엉덩이를 물어뜯었다. 타오는 나뭇가지에 매달려 떨어질 지경이 되자 어렵사리 소리를 질렀다. "영, 영감, 어서요, 사람 살려!"

하지만 노자는 구하러 오기는커녕 한 쪽에서 박장대소하고 있었다. 분을 이기지 못하고 타오가 말했다. "구해주기 싫으면 가만이나 있을 것이지, 고소하다고 박수를 쳐요?"

"어른 말씀 안 듣고 잘되는 놈 못 봤다. 쌤통이다, 요 녀석아!"

이때 나뭇가지 부러지는 소리가 났고 타오는 땅바닥에 '쿵!' 당황한 타오는 본능적으로 머리를 두 손으로 감쌌다. 강아지들이 달려들 줄 알았기 때문이다. 그러나 강아지들은 이미 자취를 감춘 뒤였다.

노자는 타오에게 선글라스를 돌려주며 말했다. "성인은 스스로를 높이 치켜세우지 않는단다. 그렇기 때문에 위대한 거야. 그런데 넌 어땠느냐. 스스로 그렇게 높게 타고 올라가 결국엔 엉덩방아나 찧지 않았느냐."

타오는 씩씩거리며 말했다. "하여간 남이 잘되는 꼴을 못 보죠. 개한테 한번 쫓겨 봐요. 무슨 수가 있나!"

"하하하, 강아지한테 쫓기는 우리 잘난 강아지 대장님, 대장님!"

일소 박사의 도덕경 읽기

大道氾兮, 其可左右. 萬物恃之而生而不辭. 功成不名有, 衣養萬物而不爲主. 常無欲, 可名於小, 萬物歸焉而不爲主, 可名爲大. 以其終不自爲大, 故能成其大. (34장)

웅대한 '도'(총 에너지)는 어디서나 끝없이 존재한다. 행운만을 좇지도 않고 좌우에 연연해 하지도 않는다. 우주 만물은 생존하려면 그것에 의지해야 한다. 큰 공을 세웠더라도 그것이 '무'에서 '유'로 변했음을 의미하지는 않는다. 그것은 별 욕망이 없기 때문에 만물을 양육할 수 있게 비호만 할 뿐 주인 노릇은 하지 않는다. 그것은 '작은 것'(겸허함, 공간을 차지하지 않음)이라고 할 수 있다. 만물은 모두 그것으로 돌아가지만 그것은 절대 주인 노릇을 하지 않는다. 그것은 '큰 것'(대범함, 위력)이라고 할 수 있다. 성인은 스스로가 위대하다고 하지 않는다. 그러기 때문에 그는 위대하다.

과학 이야기

우주의 운동은 목적 없이 자연스럽게 이루어진다. 우주의 운동은 자연발생적이지 어떤 목적을 위해서가 아니다. 예를 들어 태양이 끊임없이 에너지를 방사하여 지구상의 만물을 키우는 것도 태양이 형성된 후 그 내부 핵폭발이 끊이지 않았기 때문이다.

21장
에너지의 위대함

 노자는 타오 때문에 부러진 나무를 보면서 한숨을 지었다. "이그, 멀쩡한 나무였는데. 말렸다가 밥할 때 땔감으로나 써야겠다." 그리고는 타오에게 지팡이를 내밀어 일으켜 세웠다.
 "영감, 우리 집에선 밥할 때 그런 거 안 써요."
 "그럼 어떻게 하느냐?"
 "전기를 쓰죠. 어떤 집은 가스를 쓰고."
 "전기? 하늘에서 번개칠 때 나는 그거?" 노자는 호기심이 발동했다.
 "헤헤, 번개로는 무서워서 밥 못하죠. 우리가 쓰는 전기는 수력발전이에요."
 "수력발전? 물이 전기로 돼? 어떻게 바꾸는데?" 노자는 호기심이 점점 더 커졌다.

타오는 고개를 가로저으며 말했다. "나도 정확히는 몰라요. 전에 사촌형한테 들은 얘기로는, 물을 막아둘 수 있도록 댐을 만든대요. 그 다음에 그 물이 솟구쳐 수력 터빈을 부딪치도록 하면 수력 터빈은 발전기를 움직여 발전하게 대요. 그럼 다시 어떤 전기 네트워크를 통해서 각 가정까지 전기가 보내지고요."

"듣고 보니 진짜 재밌네. 어서 가서 봐야지." 노자는 성큼 달려가기 시작했다. 이번에도 역시 두 사람은 이미 허무호 탑승 완비!

우주선은 수면 위에 내려앉았다. 수력발전 댐이었다. 우주선은 물살을 따라 터널 입구까지 오게 되었는데 철망이 가로막고 있어서 계속 들어갈 수 없었다. 할 수 없이 우주선을 철망 사이를 빠져나갈 만큼 작게 축소시키고 나서야 컴컴한 터널 안으로 들어갈 수 있었다.

터널 내부의 물살은 중력의 가속 때문인지 점점 세차지더니 나중엔 거대한 소용돌이로 솟구쳤다. 소용돌이 속에서 물살이 수력 터빈의 날개에 부딪치자 수력 터빈은 엄청난 속도로 회전하기 시작했다. 우주선도 수력 터빈 날개에 부딪쳤는데 즉시 자성(磁性)이 생겨나 날개를 강력한 힘으로 빨아당겼다. 물살에 딸려가는 것을 방지하기 위해서였다.

나중에 우주선은 수력 터빈의 중심축 쪽으로 움직였고 그 중심축을 따라 위로 타고 올라갔다. 계속해서 우주선은 전자 크기만큼 줄어들어 자꾸 위로 기어올랐고 결국 발전기의 회전부까지 갔다. 우주선은 회전부 코일의 절연층을 뚫고 회전부 밖 전자회로로 들어갔다. 엄청난 전압이 한순간에 우주선을 고압 케이블로 빨아들였다. 우주선은 마치 미궁에 빨려든 것처럼 그물 모양의 케이블 속에서 이리저리 비행을 계속했다.

"우와! 엄청나구나! 굉장해!" 영감은 감탄 연발 끝에 말했다. "그런데 우리가 너무 작게 줄어서 전자망 전체를 제대로 볼 수 없단 말이야. 에, 이번엔 마술쇼나 한번 해볼까?"

그러자 우주선은 전자망에서 튀어나와 공중에 멈췄다. 우주선 밑에서는 삼각형 모양의 광선이 발사되어 대지를 상대로 '스캔'을 했다. 타오는 즉각 모니터를 통해 확인할 수 있었다. 전자망이 통과하는 곳에만 녹색 형광 빛이 반짝일 뿐 나머지 부분은 온통 암흑이었다. 순식간에 스캔은 완료되었고 이제 모니터엔 촘촘한 형광빛 그물만 가득 들어차 있었다. 이번에도 노자는 탄성! "이게 바로 '도'지 뭐냐! 정말 대단해, 전기에너지! 집집마다 다 가서 사람들을 다치게 하지도 않고, 있기만 하면 사람들이 그렇게 편하게 살 수 있다니 말이야."

"헤헤, 그 말도 맞아요. 하지만 전기 사용은 안전이 중요하죠." 타오가 막 이런 말을 하고 있는데 모니터에 스포트라이트가 반짝거리는 것이 보였다. "희한하네, 저기서 누가 감전됐나?"

"설마, 그럴 리가 있겠느냐. 가보자!"

우주선은 어느 대도시 거리의 상공에서 선회하고 있었다 모니터상의 스포트라이트는 갈수록 커지더니 나중엔 모니터 전체를 다 차지했다. 우주선은 전진을 멈추고 고도도 낮췄다. 밖을 내다보니 웬 나이트클럽에서 스테레오 음향기가 귀가 쩡쩡 울리도록 댄스곡을 내보내고 있었다. 사람들은 술을 마시거나 춤을 추고 있었고 문 밖엔 아직도 많은 사람들이 들어가려고 기다리고 있었다. 우주선상의 타오도 흥에 겨워 리듬을 탔다.

노자, "흠! 역시 음악은 사람을 끌어들이는 힘이 있어. 맛있는 음식 같단 말이야."

"여태까지 한 말 중에 제일 정확하군요."

"정확한 것? 그런 건 아직 말도 안 꺼냈는데. 음악이나 맛있는 음식보다 더 대단한 게 에너지지. '도'는 무슨 맛도 없고 볼 수 있는 것도 아니고 들을 수 있는 것도 아니긴 하지만."

"바로 그런 게 부정확하다는 거예요. 클럽의 음악은 전기에너지를 통해서 울리는 거라고요. 그렇게 큰 소리는 귀머거리만 아니면 다 들을 수 있다고요."

"오호, 그래? 그럼 전기에너지가 또 어디어디에 쓰이는지 말해 봐라!"

"많죠. 현대생활은 전기 없이 되는 게 없어요. 형광등, 텔레비전, 전화, 컴퓨터, 지하철, 밥솥, 전기담요, 전기의자······."

노자, "전기의자는 다 뭐냐? 단추 하나만 누르면 자동으로 안마해 주는 거? 내가 하나 만들 테니 앉아볼래?"

"아! 됐어요, 됐어!" 타오는 펄쩍 뛰었다. "그건 사형 집행할 때 쓰는 거라고요."

"하하하! 걱정 마라. 우주선상의 의자는 절연체로 되어 있다. 난 그저 전기에너지의 쓰임이 밑도 끝도 없다는 거다. 앗! 큰일 났다."

"왜 그러세요?"

"우주선의 에너지가 곧 다 소모되려고 한다. 빨리 철수하자꾸나."

두 사람은 눈 깜짝할 사이에 허무계곡에 와 있었다.

일소 박사의 도덕경 읽기

執大象, 天下往, 往而不害, 安平太. 樂與餌, 過客止, 道之出口, 淡乎其無味, 視之不足見, 聽之不足聞, 用之不足旣.(35장)

'도'는 웅대한 모습으로 세상에 다가간다. 세상으로 가서 해를 끼치지도 않을 뿐만 아니라 오히려 사람들을 보호해 주고 평화롭게 해준다. 아름다운 음악과 맛난 음식은 길 가는 나그네의 발걸음을 멈추게 한다. 하지만 '도'가 나타나면 사람들은 아무 맛도 못 느끼고, 눈으로 보지도, 귀로 듣지도 못한다. 하지만 그 용도는 무궁무진하다.

과학 이야기

우리는 에너지 자체를 먹어볼 수도 없고 볼 수도 들을 수도 없다. 그러나 우리는 에너지를 떠나서는 살 수 없다.

22장

소년 CEO의 흥망성쇠

갑자기 비가 내리자 노자는 지팡이로 우산을 만들었다. 노자가 우산을 펼치자 타오도 비를 피해 우산 밑으로 들어왔다. 비는 금세 그쳤고 대신 해가 쨍쨍 떴다. 노자가 우산을 접으려고 했는데 웬걸 우산이 어떻게 해도 접혀지질 않는 것이었다.

"쯧쯧, 아니 어떻게 우산 하나도 못 접어요?" 타오는 우산을 확 뺏어들고 우산 안쪽을 눌러서 접었다.

노자는 우산을 받아들고는 무슨 생각을 하는 것 같았다. "오호! 그걸 접으려면 먼저 밖으로 좀 밀어야 되는구나. 녀석 제법이네!"

"흐흐, 이런 건 아무나 다 한다고요. 이런 일로 날 치켜세우지 말아요. 그런 말 들으면 이제 현기증 난다고요."

노자는 정색을 하고 말했다. "널 그냥 띄워주는 게 아니야. 넌 진짜 대단하다니까! 장차 네가 뭐가 되고 싶든 간에 넌 분명히 성공할 거다."

"또 비행기 태우는군요." 타오는 미간을 찡그렸다.

"내 말을 못 믿겠느냐?" 노자는 타오에게서 눈을 떼지 않았다. "네 장래 희망이 무엇이냐? 내가 미리 연습할 수 있게 해줄까?"

타오는 귀가 번쩍 뜨였다. "뭐라고요? 그게 정말이에요? 난 장차 큰 기업의 CEO가 되고 싶어요."

이 한 마디를 한 것뿐인데 타오는 벌써 큰 회사의 사장님이 되어 있었다. '주식회사 타오'의 대표! 타오가 있는 사장실은 아주 안락한 분위기로 꾸며졌다. 비서가 들어와 말했다. "사장님, 츠츠 회사와의 협상이 곧 시작됩니다."

타오는 어슬렁어슬렁 회의실로 걸어갔다. 협상 내용은 두 회사 간의 공장 건설 합자 문제였다. 츠츠 측의 리 사장이 말했다. "저희 회사는 요즘 자금이 좀 묶여 있는 관계로 우선 40% 정도만 출자하려고 합니다. 자금 면에서는 타오 측이 아무래도 여유가 있으니 60%를 출자하시고 주식 관리도 맡으시면 어떨까요?"

기세등등해진 타오가 입을 열었다. "허허, 뭐 그렇게까지…… 해봅시다. 기왕에 힘드시다니 저희 쪽에서 70%를 출자하도록 하지요."

리 사장은 웃으며 타오에게 악수를 청했다. "과연 장 사장은 소년영웅입니다. 존경합니다! 정말이지 전도양양할 거요."

타오는 그 말을 듣고 좋아서 입이 귀에 걸렸다. 두 회사는 이런 식으로 쉽게 합의를 보았다. 리 사장은 회의실을 나가면서 타오를 한 번 돌아보았는데 타오는 그 눈빛이며 얼굴이 왠지 낯익은 느낌이 들었다. 하지만 도대체 어디서 만난 적이 있는지 감감할 뿐이었다.

합자 공장은 금세 세워졌고 그와 동시에 시장의 반응도 폭발적이었다. 그러나 시장 상황에 변화가 생기더니 순식간에 엄청난 재고가 쌓였고 대출금 상환도 못할 정도로 자금회전에 문제가 생겼다. 타오 회사 대부분의 유동자금이 이 합자 공장에 들어갔으니 회사의 재무 상황이 위기에 직면하는 건 불 보듯 뻔한 일이었다.

일이 이렇게 되자 츠츠의 리 사장이 찾아왔다. "공장이 이 지경이 된 바에야 우리 측의 주식 보유분 30%도 포기하겠소. 공장은 타오 측에서 인수하시오."

타오는 하는 수 없이 이 망할 놈의 공장을 인수했다. 그날 이후로 타오는 단 하루도 편한 날을 보내지 못했다. 직접 영업전선에 뛰어드는 한편 빚쟁이들까지 상대해야 했다. 자신의 투자를 물거품으로 만들지 않기 위해서 타오는 갖은 애를 다 썼지만 결국 공장은 망했고 회사까지도 파산할 지경에 이르렀다.

그러던 차에 리 사장이 또 찾아왔다. 그는 츠츠 측에서 저가로 타오 회사를 사들이겠다는 의견을 피력했다. 이미 막다른 골목에 이른 타오는 어쩔 도리 없이 승낙하고 말았다. 거래 성사 당일 계약서에 서명을 하기 위해 타오는 기가 꺾일 대로 꺾인 채 리 사장의 사무실로 갔다.

그런데 놀랍게도 리 사장은 서명까지 다 끝낸 계약서를 쫙쫙 찢어버리는데, 껄껄거리며 웃고 있는 리 사장은 다른 사람이 아니라 바로 노자였다. 그리고 두 사람은 어느새 허무계곡에 도착해 있었다.

"또 날 골탕 먹였군요!"

"상대방을 약하게 만들려면 먼저 너 자신을 강하게 해라. 상대방을 무너뜨리고 싶으면 먼저 너 자신을 발전시켜라. 상대가 소유한 것이 갖고 싶으면 네가 먼저 주거라. 내 계략이 바로 이런 것이다."

"알고 보니 날 치켜세운 것도 다 날 약하게 하려는 거였군요. 공장 합자 건도 날 무너뜨리려는 거였고, 공장을 나한테 준 것도 내 회사를 빼앗으려는 거였고! 으, 정말 지독해." 타오는 생각할수록 화가 치밀었다.

"이게 바로 능력이라는 거다." 노자는 의미심장하게 말했다. "다시 말해서 약함으로 강함을 이기는 비결이지!"

"우리 다시 한번 해요. 지난번엔 내가 너무 허술했다고요."

노자는 웃으며 말했다. "그래 그럼 또 하지 뭐! 어쨌거나 내 탓은 하지 마라. 계략은 한 가지여도 수법은 천태만상일 수 있으니. 쥐도 새도 모르게 널 걸러들게 할 방법이 또 있지."

"이그, 그럼 그만둬요." 타오는 힘이 빠졌다. "하여간 미꾸라지처럼 잘도 빠져나가시지."

"허허, 내가 왜 미꾸라지냐? 물 속의 물고기지. 물고기는 물을 떠나지 않는다. 승리의 비결도 멋대로 아무한테나 알려줄 수는 없지."

일소 박사의 도덕경 읽기

將欲歙之, 必固張之. 將欲弱之, 必固强之. 將欲廢之, 必固興之. 將欲奪之, 必固與之. 是謂微明, 柔弱勝剛强. 魚不可脫於淵, 國之利器不可以示人.(36장)

한 군데로 모으고 싶다면 우선 일부러 흩어놓아야 한다. 쇠약하게 만들고 싶다면 우선 일부러 강하게 해야 한다. 망하게 하고 싶다면 우선 흥하게 해야 한다. 빼앗고 싶으면 우선 주어야 한다. 이런 것을 미묘한 지혜라고 한다. 유약함이 강한 것을 이기는 지략인 것이다. 물고기는 깊은 물을 떠날 수 없다. 국가의 최고 지략도 함부로´떠벌려서는 안된다.

과학 이야기

유연한 물질은 쉽게 파손되지 않는다. 유연성 있는 플라스틱 제품은 충격에 강하다. 이런 물질을 파손시키려면 그것을 딱딱하게 만들면 된다. 예를 들어 점토는 젖어 있으면 말랑말랑 유연하기 이를 데 없지만 도자기로 제작된 뒤에는 던지면 깨지고 만다.

추장은 아무나 하나

타오는 땅이 꺼져라 한숨을 쉬었다. "요즘 사람들은 너무 피곤해. 원시사회 사람들은 얼마나 좋았을까. 다 함께 산으로 들로 사냥가고 포획물은 나눠먹으면서 옥신각신하지도 않았을 테니."

노자는 고개를 끄덕였다. "그것도 그렇구나. 하지만 포획물이 없으면 굶어죽지 않겠니?"

"설마요. 그 시절엔 도처에 야생동물이었다는데."

노자의 미소와 함께 배경은 어느덧 산 속 동굴로 바뀌었다. 타오는 짐승의 가죽을 걸치고 나무지팡이를 들고 있었는데 한 부락의 추장이었다. 뱃속에서는 꼬르륵 꼬르륵 난리도 아니었다. 너무 배가 고파 눈에 헛것이 보이고 사지가 후들거릴 지경이었다. 그러다가 대번에 돌바닥에 널브러졌고 나무지팡이도 꽝 하는 소리와 함께 멀찌감치 내동댕이쳐졌다. 그 '꽝' 소리는 동굴 속에서 오래오래 울려퍼졌다.

그때 한 늙은 원시인이 웃통을 벗고 풀잎 옷을 두른 채 동굴 입구에 서 있었다. 그는 사슴고기 한 덩어리를 들고 타오 쪽으로 걸어왔다.

"빨리, 어서……." 타오는 맥이 다 풀려서 말했다.

"잠깐!" 갑자기 웬 젊은 원시인들이 동굴 밖에서 뛰어들어와 노인을 가로막았다. 덩치가 건장한 그 원시인은 잽싸게 노인의 손에서 사슴고기를 빼앗으며 소리를 질렀다. "이봐요, 고기 안 먹었다고 하지 않았어요? 어떻게 아직 추장한테 남겨줄 고기가 있죠?"

노인이 날카로운 목소리를 냈다. "이보게, 콰이, 이건 내 몫이라고. 내가 안 먹고 두었다가 추장한테 드리는 것도 안된단 말인가?"

콰이는 건장한 체격의 젊은 원시인이다. "안돼요. 뭐든지 남는 음식이 있으면 똑같이 나눠야 한다고요." 이렇게 말하면서 사슴고기를 몇 등분해 다른 원시인들과 나눠 먹었다.

원시인들은 그래도 양이 차지 않았다. 그들은 노인에게까지 벌떼같이 달려들어 물어뜯기 시작했다. "아예 이 영감까지 먹어치우자."

타오는 화가 치밀었다. 그래서 기를 쓰고 일어나 간신히 동굴 벽에 기대고 소리쳤다. "무엄하다, 이놈들! 아예 날 잡아먹어라!"

원시인들은 추장이 성내는 모습을 보자 하는 수 없이 노인을 놓아주고 동굴 밖으로 나갔다. 그러자마자 타오는 다시 힘없이 털퍼

덕 쓰러졌다. 노인은 얼른 타오를 부축해 침대에 눕혔다. 타오는 젊은 원시인들에게 물어뜯겨 피투성이가 된 노인을 보며 말했다. "정말 미안하오."

노인은 웃으면서 풀잎 치마 속에 숨겨두었던 사슴고기 덩어리를 꺼내 불덩이 속에 넣고 구웠다. 제대로 익기도 전에 타오는 고기 덩어리를 움켜쥐고 허겁지겁 뜯어먹기 시작했다. 하지만 몇 입 먹지도 못했는데 또 원시인들이 몰려들어왔다. 앞장선 사람은 역시 콰이. 타오는 화가 났지만 별 수 없이 남은 고기를 그들과 나눠 먹었다.

도무지 양이 차지 않은 원시인들은 아무도 나가려 하지 않았다. 콰이가 말했다. "추장님, 계속해서 아무런 대책도 마련해 주지 않으시면 우리는 이 노인이라도 잡아먹겠습니다."

"다들 나가서 기다리게나. 추장님께선 지금 대책을 마련 중이네." 노인이 말했다.

모두들 동굴 밖으로 나가자 타오는 울상이 되어 말했다. "어떻게 하면 좋단 말이오? 내가 뭘 할 수 있겠소?"

노인은 신비스런 표정으로 말했다. "추장께선 도(道)에 대해 들어본 적이 있으신지?"

"도? 허구한 날 노자 영감이 나한테 뭐라 뭐라 하는 그거?"

"도, 그건 아무것도 하지 않는 것이죠. 그러면서도 무엇이든 이룰 수 있는 것이고요. 추장께서 만약 이 '도'를 지킬 수 있다면 그 원시인들은 저절로 잘살게 될 것입니다."

타오는 절로 웃음이 나왔다. "말투가 어째 노자 영감하고 똑같…….” 여기까지 말하고 노인을 자세히 뜯어보니, "아! 영감이었군요. 뭐 더 먹을 것 없어요? 좀 내놔 봐요."

노자는 풀잎 치마 속에서 사슴고기 한 덩어리를 또 꺼내놓았다. 타오는 또 원시인들이 들어와 나눠먹자고 할까봐 고기가 익든 말든 입속에 마구 쓸어넣었다. 타오는 입술까지 핥아먹어도 모자라 노자에게 또 고기를 달라고 해서 먹었다. 몇 덩어리를 더 먹고 나니 마침내 배가 부른 느낌이 왔다.

타오는 트림을 하면서 말했다. "사실 난 게으름뱅이라고요. 근데 나더러 추장인지 뭔지를 하라고 이 지경을 만들었으니. 지금 생각해 보니 영감이 말하는 그 '도'가 참 맘에 들어요. 아무것도 하지 않지만 무엇이든 다 할 수 있다. 그렇긴 한데 이제 내가 아무것도 하지 않는다면 그 원시인들이 우리 둘을 그냥 놔둘까요?"

"뭐 하나 물어보자, '도'가 무엇이더냐?"

"도는 에너지죠. 구체적으로 말한다면 그 원시인들에겐 먹을 것 아니겠어요?"

"그렇지! 그러니 네가 도를 지키고 싶다면 우선 도가 있어야 해."

"도가 있어야 한다? 내가 어디 가서 그렇게 많은 식량을 마련한단 말이에요?"

"따라와라!" 노자는 타오를 데리고 살금살금 동굴 밖으로 나갔다.

산중턱에 이르자 노자는 타오더러 땅위의 나뭇잎을 보라고 했다. 타오는 아무리 보아도 뭐가 있는지 알 수 없었지만 노자는 계속해서 타오를 데리고 땅만 보며 걸어갔다. 그러다가 갑자기 타오를 잡고 땅을 더 자세히 보라고 했다. 나뭇잎들이 뭔가에 의해서 마구 짓밟혀 있었다. 어떤 것은 촉촉한 흙이 잔뜩 묻어 있기도 했다.

타오는 흥분했다. "야생동물들이 여기를 지나간 게 분명해요."

"가만 있어 봐, 나무에 올라가서 기다려 보자." 노자는 타오와 함께 나무 위로 훌쩍 날아올라 숨을 죽이고 기다렸다. 해질 무렵 타오가 졸고 있는데 갑자기 나무 아래에서 짐승 울부짖는 소리가 들렸다. 눈이 번쩍 뜨이는 타오! 엄청난 무리의 동물들이 바로 나무 밑을 지나가고 있지 않은가. 얼룩말과 사슴도 한두 종류가 아니었다.

타오는 나무 위에서 지키고 있던 며칠 동안 마침내 가죽 위에 '야생동물 출몰도'를 그리는 데 성공했다.

노자는 타오가 완성한 출몰도를 가리키며 말했다. "이게 바로 너의 '도'다. 이제 문제는 네가 이것을 어떻게 지키느냐에 달려 있다."

이튿날 오후, 타오는 부락 사람들을 다 불러모으고 선포했다. "오늘부터 내가 여러분을 데리고 다니면서 사냥을 하겠다. 만약 아무것도 잡지 못한다면 추장 자리를 내놓겠다."

"그럽시다. 아무것도 못 잡더라도 우릴 원망하지 마시오."

다른 사람들도 거들었다. "맞아, 맞아! 다른 추장을 뽑자고! 콰이가 딱이야!"

타오는 사람들을 데리고 산중턱에 매복했다. 해질 무렵이 되자 예상대로 야생동물들이 나타났다. 사람들은 몰려나가 용감하게 싸웠고 아주 많은 동물들을 포획할 수 있었다. 모두들 포획물을 이고 지고 신이 나서 동굴로 돌아왔다. 그날 이후 부락에선 넉넉한 식량 덕분에 더 이상 문제를 일으키는 사람이 없었다. 나중에는 타오가 직접 사냥을 나가지 않더라도 동굴 안에서 그저 먹기만 하면 될 정도로 너무도 편안한 생활을 할 수 있었다.

그러나 매화도 한철이라고, 어느 날 타오가 노자와 고기를 굽고 있는데 콰이가 사람들을 몰고 들어왔다. "추장! 두 사람이 불로소득 하는 꼴을 더 이상 참을 수 없소. 이 포획물들은 모조리 우리가 힘들여 사냥해 온 것이오. 나도 당신과 추장 자리를 놓고 싸우고 싶지 않소. 그러니 사람들을 데리고 나가 따로 독립하겠소이다."

이 말을 듣고 분을 못 이긴 타오가 소리쳤다. "내가 어디 가서 사냥하라고 가르쳐주지 않았다면 네 놈은 벌써 저세상으로 갔어."

노자가 일어서며 말했다. "추장님 진정하시죠. 본래 편안한 생활이 어느 정도 지나면 여러 가지 욕망이 생기는 법입니다." 노자는 이번엔 콰이한테 말했다. "추장님이 독립을 반대하지는 않을 걸세. 하지만 이런 큰 일을 함부로 결정할 수는 없지 않은가. 내일 사람들을 다 모아놓고 추장께서 정중하게 선포하실 걸세."

이렇게 해서 콰이는 물러갔지만 타오는 초초하기만 했다. "영감, 어떡하면 좋죠? 저들이 독립하면 우리 둘만 남을 텐데 그럼 우린 굶어죽는다고요."

"너무 걱정하지 마라. 저들은 사냥할 만한 곳을 좀 알았답시고 네가 필요 없는 줄 알지. 하지만 동물들도 머리가 있지 않느냐. 매번 같은 장소를 지나갈 때마다 희생되는 동료가 있다는 걸 알아차리면 그들도 길을 바꾸는 법이다."

"그럼 어떻게 할까요?"

"그 '야생동물 출몰도'도 계속 수정판이 나와야지. 그래야 널 따르는 사람들의 행복이 보장되지. 독립한다고 나갔던 사람들도 먹을 걸 찾지 못하면 결국 너에게로 돌아올 것이다. 이게 바로 너의 '도'야. 너의 '도'를 가지고 그 소란 피우는 자들을 진정시키면 그들은 고분고분하게 널 따를 것이다."

이튿날 타오는 부락민들에게 선포했다. "콰이가 독립을 하려고 합니다. 그를 따르고 싶은 사람은 그쪽으로 가시오." 삼분의 일 정도의 사람들이 콰이와 함께하기로 했다. 타오는 계속 말했다. "잘 생각하시오. 한 번 떠나면 다시는 돌아올 수 없으니!"

"우린 벌써부터 결정했소!" 이구동성으로 이렇게 말하고는 콰이를 따라 떠났다.

타오는 아랫사람들에게 말린 고기 비축에 신경쓸 것을 당부하는 한편, 노자와 함께 '신판 야생동물 출몰도'를 새롭게 제작했다. 과연 노자의 말대로 얼마 지나지 않아 기존의 출몰지엔 동물들이 자취를 감추었다. 타오는 자신의 밑에 남아 있는 사람들에게 다른 곳에 가서 사냥을 하도록 해서 충분한 식량을 확보할 수 있었다.

콰이는 원래 사냥하던 그 자리밖에 몰랐으므로 동물들이 자취를 감춘 뒤부터는 모두들 배고픈 나날을 견디고 있었다. 그 중 도저히 견디다 못한 한 사람이 몰래 타오 쪽으로 가서 상황을 보니 여전히 잘 먹고 있는 것이었다. 그 사람은 돌아가 상황을 사람들에게 알렸고 사람들은 하나둘씩 타오 부락으로 다시 돌아오기 시작했다. 콰이 쪽 사람들은 점점 줄어들었고 결국엔 콰이 본인도 견딜 수 없을 정도가 되었다. 하는 수 없이 타오에게 돌아가는 수밖에.

타오는 콰이에게 큰소리 쳤다. "이럴 줄 알았으면 애당초 그러질 말았어야지. 이제 와서 무슨 낯으로 돌아오는가?"

콰이는 고개를 떨구었다. 노자가 말했다. "추장님, 제 얼굴을 봐서라도 저들을 거두시지요."

"흥!" 타오는 대꾸도 하지 않았다.

"어서 추장님께 감사드리지 않고 뭣들 하나?"

콰이와 사람들은 무릎 꿇고 타오에게 감사의 표시를 했다. 노자는 즉시 그들에게 말린 고기를 나눠주었다. 그들은 그것을 받아들고 기뻐하며 물러갔다.

타오는 불쾌해서 말했다. "아니, 독립하고 싶다고 난리칠 땐 언제고 이제 와서 돌아온다고? 순전히 자기들 마음대로라니까."

"추장, 안심하시오. 이제부터 더 이상 말썽 일으킬 사람은 없을 것입니다. 오늘부터는 천하태평!"

"정말이에요? 그렇다면 추장도 하면 할수록 제 맛이 나겠는걸요?"

노자, 이때 타오의 나무지팡이를 잡아채 타오의 등을 친다. "아니, 누굴 죽일 작정이에요?"

노자가 나무지팡이를 던져버리자 '꽈당' 소리와 함께 동굴은 온데간데없었다. 그럼 어디? 역시 허-무-계-곡!

일소 박사의 도덕경 읽기

道常無爲而無不爲, 侯王若能守之, 萬物將自化. 化而欲作, 吾將鎭之以無名之樸. 無名之樸, 夫亦將無欲, 不欲以靜, 天下將自定.(37장)

'도'(에너지)는 평소에 아무것도 하지 않지만 못하는 것도 없다. 한 나라의 임금이 '도'를 지킬 수 있다면(백성들의 에너지인 양식을 제공하는 것), 백성들은 스스로 배우고 발전하게 된다. 백성들이 배우고 발전하면 여러 가지 욕망이 생기게 된다. 내가 만약 통치자라면 이름 없고 소박한 관념인 '도'를 가지고 그들을 가르칠 것이다. 그렇게 하면 백성들의 욕망은 사라질 것이다. 천하가 질서정연하게 다스려지려면 욕망을 버리고 평정심을 가질 수 있어야 한다.

과학 이야기

물체가 운동을 하려면 에너지가 필요하다. 에너지가 큰 물체는 극렬하게 운동한다. 에너지 감쇠법을 통해서 운동하는 물체의 극렬한 정도를 저하시킬 수 있다. 예를 들어 원자력발전소의 원자로 속에 있는 감속제와 제어봉은 핵분열을 완화시키는 작용을 한다.

엑스레이 게임

따분하게 지내던 타오는 길가의 돌을 냇물에 던지면서 놀았다. "아야!" 그러다가 한참 만에 앉아 보니 발에 커다란 피멍이 들고 부어올라서 살짝 건드리기만 해도 아파서 죽을 지경이었다. "영감, 어서 치료 좀 해봐요."

노자는 와서 힐끗 보고는 웃으며 말했다. "내가 의사도 아닌데 어떻게 치료를 해주겠느냐?"

타오는 민첩한 동작으로 두 손을 모아 머리를 조아리며 말했다. "제발 살려주세요!"

타오의 간절한 모습을 본 노자는 결국 지팡이로 '쓰윽' 해서 타오의 통증을 없애주었다. 하지만 피멍 덩어리는 그래도 남아 있었다.

"고마워요! 이제 아프진 않은데 너무 심하게 부었으니 아무래도 병원에 가서 엑스레이를 찍어봐야겠어요. 혹시 골절된 건 아닌지 알아봐야죠."

"엑스레이? 그것이 무엇이더냐?"

"사람 몸속을 꿰뚫을 수 있는 고성능 전자파예요. 몸속 뼈의 사진을 찍을 수 있어요. 만약 뼈가 부러졌다면 석고로 깁스를 하고 집에서 쉬어야 하고요. 휴, 정말 재수가 없어요. 골절일까요?"

"내가 그걸 어떻게 아니? 내가 병원에 데려가주마."

"호의는 너무 고맙지만 이 밑도 끝도 없이 황량한 산골에 병원이 어디 있어요?"

"오, 그건 간단하지!" 역시 지팡이였다. 눈 깜짝할 사이에 병원이 눈앞에 나타났다. 그것도 현대적인 꽤 괜찮은 병원이.

삐뽀삐뽀. 구급차 한 대가 타오 옆에 멈췄고 두 구급대원이 내려와 아무 설명도 하지 않고 타오를 들것에 실어 차에 태웠다. 타오는 병원 수술실로 후송되었다. 수술 가운을 입은 의사 두 명이 타오를 수술대 위에 눕혀놓고 원통형 기계 속으로 밀어넣었다.

타오는 수술대 위에서 몸부림치며 소리 질렀다. "뭐 하는 거예요? 내려놓으라고요!"

그때 어떤 사람이 문을 밀고 들어와 말했다. "환자가 소란을 피우다니 어떻게 된 거야?"

한 의사가 대답했다. "원장님, 이 환자에게 감마선뇌종양제거술을 시술하려는 중입니다. 아마 종양 때문에 통증이 엄청난 모양입니다."

이 말을 듣고 미치지 않으면 타오가 아니지. "아니 당신들이야말로 종양 생긴 거 아니에요? 이 돌팔이들이 사람 잡겠네! 빨리 날 내려놔요!"

리 원장은 마스크를 벗고 웃으며 말했다. "자네들이 확실히 잘못 안 걸세. 이 환자는 그저 발이 좀 이상한 것뿐이니 데리고 가서 엑스레이나 한 번 찍도록 하지. 내가 데리고 갈 테니 내려오도록 해주게나."

수술대가 원통 기계에서 나오자 리 원장은 직접 타오의 고정 장치를 풀어주었다. "망할 놈의 병원! 사람 목숨을 잡초 베듯이 하다니!" 타오가 흥분해서 말했다.

"너무 긴장할 필요 없어요." 리 원장이 해명해 주었다. "감마선 수술을 시행하기 전에 보통 CT와 MRI 촬영을 하게 되어 있어요. 혹시 종양이 보이지 않으면 수술을 하지 않으려는 것이죠."

타오는 뭔가 감이 와서 보니 리 원장은 바로 노자였다. 타오는 소리를 지르려고 했다. "또……." 노자는 타오 입을 막고 귓속말을 했다. "조용히 해, 이 병원 내가 빌려온 거란 말이다."

노자는 타오를 엑스레이실로 데려갔다. 담당 의사는 신속히 타오의 발을 촬영했다. 타오가 노자를 따라 검사실을 나가려고 하는데 한 환자가 들어왔다.

그때 노자가 담당 의사에게 말했다. "우 선생, 내 환자의 사진이 급해서 빨리 현상하려고 하니 내가 직접 좀 하겠네."

우 선생은 허락하고는 자기 일만 했다. 노자가 그 환자에게 말했다. "상의를 벗으시고 기계 앞에 서세요. 자, 가슴을 펴고요."

그러면서 노자가 갑자기 타오를 잡아끌었다. 타오는 어떻게 된 거냐고 묻고 싶었지만 몸은 벌써 우주선 허무호에 와 있었다. 허무호는 순식간에 축소되어 엑스레이 기계의 전원 케이블 속으로 쑤시고 들어갔다. 우주선은 전자회로를 뚫고 엑스레이 발생기의 양극 금속판까지 왔다. 그리고도 우주선은 계속 줄어들고 있었다. 결국 전자 두 개만한 크기까지 줄어들었지만 주위의 전자들에 비하면 상대적으로 너무 둔해 보였다.

"안되겠다. 이렇게 같이 붙어다니는 건 너무 불편해. 아무래도 우리 둘로 나눠야겠다."

말이 끝나자마자 '펑' 하는 소리와 함께 우주선이 두 쪽으로 벌어졌고 벌어진 면은 순식간에 봉합되었다. 두 개로 갈라진 우주선은 동글동글한 전자 한 개 크기만큼 변해서 원자핵을 둘러싸고 운행하고 있었다.

타오는 우주선을 한 대씩 차지하게 된 것이 꽤나 재미있었다. "헤헤, 같이 있어도 아무렇지도 않은데 꼭 이렇게 견우직녀로 만들어놔야 직성이 풀리나 봐요."

그때 갑자기 강력한 전기장(電氣場)이 노자 쪽을 빨아들였다. 홀로 남겨진 반 쪽 타오는 광활한 원자 속에서 원자핵 주위를 돌고 있었다. 따분하던 타오는 갑자기 우주선에 강력한 진동이 발생하는 것을 감지했다. 알고 보니 무수히 많은 전자들이 한 쪽 방향을 향해서 고속으로 날아가고 있는데 그 중 한 전자가 마침 타오의 우주선과 충돌한 것이다.

"하하, 이거 완전히 견우직녀가 까치다리 위에서 상봉하는 거네!" 노자의 낭랑한 목소리가 들려왔다. 타오의 우주선에 충돌한 전자는 노자의 우주선이었다.

타오는 노자에게 뭐라고 몇 마디 하고 싶었지만 우주선에 갑자기 경보기가 작동하는 바람에 그만두었다. "경계 온도를 초과했음." 타오는 더위 미칠 지경이었다. "영감, 쪄죽겠어요!"

"네 의자 오른편 손잡이에 있는 버튼을 눌러라. 거기 대문자 'X'라고 써 있는데 그걸 누르면 너의 열량이 엑스레이로 변해 발사될 거다."

타오는 얼른 그 버튼을 눌렀다. 금세 훨씬 시원해졌다. 이렇게 한숨 돌리기가 무섭게 또 경보음이 울렸다. "본 우주선은 음전하를 띠고 있음. 현재 양전하를 띠고 있는 초대형 별로부터 너무 가까운 곳에 와 있음. 흡수될 위험이 있음!"

"영감, 이게 다 영감이 내 우주선에 너무 세게 부딪쳐서 내가 원자핵에 너무 가까이 가게 됐기 때문이라고요. 이제 어떡해요?"

"경보기를 꺼버리면 되지 않니." 노자는 귀찮다는 듯 말했다. "별 일도 아닌 걸 갖고 이 난리를 치고. 우선 컴퓨터부터 가동시켜라. 그리고 네 우주선의 속도 때문에 생기는 원심력을 계산하도록 해. 그래야 원자핵의 인력에 저항할 수 있는지 알지."

타오는 버튼을 눌러 시스템을 작동시켰다. 컴퓨터가 보고한 결과는 '안전'이었다.

"바이!" 노자는 타오에게 손을 흔들었다. 노자의 우주선은 또 강한 전기장에 빨려갔다.

타오의 우주선도 전기장의 작용으로 서서히 원자핵으로부터 멀어졌고 원래의 궤도로 돌아올 수 있었다. 곧이어 '펑' 하고 또다른 전자가 충돌했고 타오의 우주선은 또다시 원자핵 쪽으로 날아가게 되었다.

"하이!" 노자가 타오를 향해 웃으며 손을 흔들었다.

"또에요? 끝난 거 아니었어요?" 타오는 언짢다는 듯 'X' 버튼을 눌렀다. 우주선은 이렇게 또 한 번 엑스레이를 발사했다.

"하하하, 한도 끝도 없이 되풀이되지. 이게 바로 '도'나 에너지의 운동규칙이야. 바이!"

얼마 지나지 않아 노자의 우주선은 또 돌아와 같은 현상이 반복됐다. 지겨워진 타오. "그만 좀 하자고요."

"그러지 뭐." 그러자 우주선 두 쪽은 다시 하나로 합체되었다. "네 엑스레이 사진이 아직 안 나왔는데. 그냥 돌아가겠느냐, 아니면 다른 데 좀 다녀보겠느냐?"

타오는 방금 감마선 시술을 당할 뻔한 아찔한 일이 생각나서 말했다. "우리 감마선 보러 가요."

"그러자꾸나."

우주선은 전자회로를 따라 감마선 수술기계 속까지 왔다. 그 다음 전자회로에서 튀어나와 방사선 발원체 옆에 멈춰 섰다. 방사선 발원체 상자는 밀폐 상태인데 도대체 어디를 통해서 발사하는지 알 수 없었다. 이때 우주선 앞에서 푸른빛이 발사되어 발원체 상자를 비추자 상자가 금세 투명해지기 시작했다. 이제 보니 그것은 방사성 물질을 담고 있는 아주 두터운 납상자였다. 상자 한쪽 편에는 가늘고 긴 구멍이 있는데 구멍 입구는 얇은 금속판으로 막혀 있었다. 타오는 우주선에서 나오는 푸른빛 덕분에 그 속을 들여다

볼 수 있었다. 구멍 속에는 수많은 입자들이 마치 모래알이 강한 바람에 날리듯 외부로 나가려고 밀치고 올라왔지만 입구를 덮고 있는 금속판 때문에 나오지는 못하고 있었다. 하지만 그 중 단 한 가지 광선만은 그 금속판을 뚫고 나올 수 있었다.

"이게 바로 감마선이겠죠?"

"그래. 아까 내가 좀 늦게 병원에 도착해서 네가 감마선 수술대까지 가게 되지 않았느냐. 지팡이 타고 과학적 자료 좀 찾아보러 갔다가 늦은 거야. 여기 금속판에 의해서 막혀 있는 것들이 바로 알파선과 베타선이다."

"왜 알파와 베타를 막죠? 수술에 같이 참여하면 더 좋지 않을까요?"

"알파선과 베타선의 입자 못 봤느냐? 저렇게 얄팍한 금속판도 못 견디는데 무슨 힘으로 사람의 몸에 들어갈 수 있겠니?"

"아하! 만약 그것들을 막지 않으면 멀쩡한 인체에 유해함만 더해지겠군요, 그렇죠?"

"그렇지! 그러니까 입자 형태가 아닌 감마선과 엑스선이 바로 쓸모 있는 방사선인 게지. '도'나 에너지도 마찬가지야. 유연한 성질과 꿰뚫을 수 있는 능력을 갖고 있기 때문에 유용한 것이지."

"후후, 누가 도사 아니랄까봐, 본업은 못 속인다니깐."

그때 우주선에 경미한 진동이 느껴졌다. 노자는 심상치 않다고 생각하고 큰소리로 지시했다. "방사선 발원체 상자를 떠나라!"

이유인즉 감마선 기계가 수술 한 가지를 끝마치고 두꺼운 납판으로 발원체 상자의 구멍을 밀폐하려는 것이었다. 우주선은 초고

속으로 원자핵을 떠나 곧 닫히려고 하는 두꺼운 납판 틈새를 빠져나왔다.

"우리 우주선은 원자핵도 뚫는 능력이 있는데 납판이 좀 두껍다고 벌벌 떨 건 없잖아요?"

노자가 한숨 돌린 후 말했다. "나야 겁날 게 없지. 문제는 너 아니겠니."

"내가 어떻다고요?"

"내가 아까 조사해 보니 이런 방사선 발원체들은 마지막 수술이 끝나면 갖고 나가서 무슨 처리를 해야 하는데 그게 지각 밑 아주 깊은 곳에 파묻는 거란다. 그렇게 되고 나서 네가 나오려고 해봐라. 그럼 우주선은 원자핵으로 들어가서 저 두꺼운 납판을 뚫는 수밖에 없어. 그렇게 하려면 몇십 년의 세월이 걸릴지도 몰라."

"또 겁주는 거죠?"

"하하, 겁쟁이! 농담 해본 거야." 노자는 웃으면서 타오를 데리고 엑스레이실로 돌아왔다.

엑스레이 기계 앞에 서 있던 환자는 더 이상은 못 견디겠다는 듯 말했다. "선생님, 왜 이렇게 오래 걸려요? 다 됐어요? 안됐어요?"

노자는 촬영 단추를 꾹 누르고 나서 말했다. "자, 됐습니다."

"무슨 꿍꿍이인지 원, 사람을 종일 세워놓고." 환자는 연신 투덜거리면서 웃옷을 걸치고 나갔다.

이때 우 선생도 타오의 엑스레이 사진을 보내왔다. 그는 완전무결한 흰 뼈를 가리키며 말했다. "이 환자 발엔 아무 이상이 없습니다."

"고맙소!" 노자와 타오는 엑스레이실을 나왔고 병원도 이내 사라졌다.

노자가 물었다. "이제 알겠느냐? '도'는 순환을 되풀이한다는 것을!"

"아뇨. 엑스레이는 그럴 수 있겠지만 방사성원소가 붕괴되는 것은 일방적이잖아요."

"만약 이런 단일 방향성이 훨씬 더 긴 주기순환의 일부분이라고 한다면 어떤 결론을 내리겠느냐?"

"어떤 결론을 얻을 수 있을까요? 우라늄-238의 반붕괴 기간이 45억 년이라고 들었어요. 거의 우주 나이의 3분의 1인데 여기에 무슨 주기가 있을 수 있다는 거예요?"

노자는 고개를 끄덕거렸다. "음…… 얘기가 거의 다 나온 셈이네."

타오는 눈이 번쩍 뜨였다. "그러니까 우주가 변화 발전하는 것도 다 순환의 되풀이라는 뜻이죠? 점 하나에서 시작해서 대폭발 후에는 물질 우주를 형성하죠. 우주 팽창은 지금까지도 계속되고 있는데 어느 정도까지 가면 만유인력 때문에 우주 팽창의 속도는 제로 상태로 떨어지겠죠. 그런 다음 또 만유인력의 작용으로 줄어들기 시작해서 결국은 또 점 하나로 되는 거죠. 곧 이어 또다시 새로운 대폭발이 시작되고……."

노자는 묵묵부답 웃으며 가던 길만 계속 갈 뿐.

일소 박사의 도덕경 읽기

反者道之動. 弱者道之用. 天下萬物生於有, 有生於無.(40장)

'도'는 부드러운 특성을 갖고 왕복 순환한다. 세상 사물들은 '실제'(정지된 질량을 갖고 있는 원자)로 이루어졌고 이 '실제'는 또 '허무'(순수에너지)에서 나온다.

 과학 이야기

에너지나 방사선 그리고 우주 자체의 운동 규칙은 계속 순환한다는 것이다. 응용가치가 가장 높은 방사선은 비입자 상태의 전자파 방사능이다.

25장

전진은 후퇴와 같다

"웬일로 아무 말도 안해요?" 타오는 노자 뒤에 바싹 붙어가며 물었다. 노자는 돌아보지도 않고 말했다. "말하는 것과 말하지 않는 것은 무엇이 다르냐?"

"크, 또 시작이시군. 말하는 것은 말하는 것이고 말하지 않는 것은 말하지 않는 것, 바로 이게 차이점이죠!"

"형! 달인은 '도'를 들으면 그대로 하려고 열심히 노력한단다. 보통 사람은 '도'를 들어도 보통 때랑 다를 게 없지. 그렇다면 소인은? 소인은 '도'를 들으면 웃느라고 정신이 없는 사람이지."

"아니 아무한테나 무조건 덮어씌우는 법은 언제 배웠어요? 영감이 한 말이 '도' 같으면 나도 당연히 진지하게 듣고 생각한다고요. 만약 그게 따분한 것이다, 그러면 뭐 말한 거나 말하지 않은 거나 다를 게 없죠. 그럴 땐 한 귀로 듣고 한 귀로 흘리면 되죠. 배꼽 잡도록 웃긴 내용이다, 그러면 당연히 배가 아파 터질 때까지 웃어야죠."

노자는 멈춰 서서 돌아보았다. "이그, 말은 참 좋구나! 세 가지 유형을 조금씩 다 갖고 있단 말이야. '도'도 때로는 상식적인 이치와 거리가 멀기도 하단다. 그렇지 않으면 '도'가 되지 않거든. 그러니까 네가 웃긴다고 생각하는 것 또한 인지상정이다. 고개 그만 갸웃거리고 내 얘기나 들어봐라. 명명백백한 이치도 때때로 사람을 헷갈리게 한다."

"영감, 너무나 분명한 사실이 왜 영감 입만 거치면 헷갈리게 될까요?" 타오는 벌써 어리벙벙해졌다.

"나는 분명하다고 생각하고 너는 어리둥절하다고 생각한다면 그것이 바로 '도'야. 이를테면 내가 '인류는 반드시 소멸한다'고 말했다 치자, 넌 어떻게 생각하느냐?"

"말도 안돼요! 과학기술이 하루가 다르게 발달하는 마당에. 나중엔 태양이 없어지더라도 다른 별로 이사 가서 살게 될걸요!"

"하하하. 이게 바로 명백한 것이 어리둥절한 것으로 취급되는 경우다. 네가 우주 밖으로 이주하지만 않으면 인류는 반드시 소멸될걸."

"순 억지!"

"너 정말 멍청이냐 아니면 멍청이인 척을 하는 거냐? 너 아까는 우주의 변화 발전도 되풀이된다고 하지 않았느냐? 우주가 줄어든 다음엔 언젠가는 온도와 밀도 모두 한없이 올라갈 텐데 생명체가 생존할 수 있겠니? 우주가 줄어들지 않더라도 한없이 팽창할 텐데 그러면 또 한없이 냉각될 거다. 결국 우주의 온도는 절대 0도에 근

접하게 되고 어떤 생명체도 생존하지 못해."

"후후, 일리 있는 얘기지만 다 기우예요."

"장기적인 관점에서 볼 때 기우도 이치 없는 건 아니지. 그러다 보니 보통 사람들이 이해를 잘 못해. 전진하는 '도'는 후퇴와 같다는 것을!"

"갈수록 태산이군요. 아니 영감이 앞으로 걸어가는데 내가 어떻게 뒤로 물러나고 있다고 생각할 수 있죠?"

"휴우! 내가 어떻게 말해야 되겠느냐?" 노자는 한숨만 푸욱. "똑똑할 땐 총명지존이더니만 멍청해지니까 대책이 없으니 말이다."

노자는 지팡이를 날려 눈앞에 깊은 도랑을 만들었다. "건너가!"

도랑의 폭이 꽤 넓어 보였기 때문에 타오는 원래 있던 자리에서 뛰었다간 어림없겠다 싶어서 뒤로 몇 발짝 물러섰다.

"앞으로 뛰라고 했지 누가 뒤로 물러서라고 했느냐?"

"아니 사람 죽일 작정이에요? 폭이 이렇게 넓은 도랑을 도움닫기도 안하고 어떻게 뛰어서 건넌단 말이에요?"

노자가 지팡이를 거두며 말했다. "전진은 후퇴와 같다는 이치를 이제 알겠지?"

"어휴, 정말 사람 맥빠지게 하는 데 뭐 있다니까요."

"헤헤, 내가 사람 맥빠지게 하는 진짜 히든카드는 아직 안 나왔는데."

노자가 지팡이를 앞으로 떨어뜨리자 이번에는 작은 자동차 한 대가 나타났다. 타오는 경솔하게 올라타지는 않았다. 노자는 웃으면서 먼저 조수석에 앉았다. "왜? 내가 널 또 어떻게 할까봐 겁나느냐?"

"겁은 누가 겁을 내요?" 타오는 즉각 운전석에 앉아 안전벨트를 맸다. 유리를 통해 본 전방은 울퉁불퉁한 돌길이었다. 타오는 시동을 걸고 핸드브레이크를 풀었다. 기어를 전진에 놓고 오른발로 액셀러레이터를 가볍게 밟았더니 차는 서서히 앞으로 달리기 시작했다. 도로 상황은 정말 최악이었으므로 속도를 낼 형편이 아니었다. 몇 분을 쫘당거리면서 운전하다 보니 타오는 사지가 다 해체되는 느낌이었다.

"제발 좀 봐줘요."

"이제 곧 평지야."

과연 얼마 지나지 않아 자동차는 안정을 찾았다. 타오는 속력을 냈고 라디오를 켜고 느긋하게 음악도 들을 수 있었다. 하지만 맘을 놓은 지 채 2분도 안되어 급커브길이 나타났다. 타오는 서둘러 브레이크를 밟고 핸들을 마구 돌렸다. 그런데 어찌된 영문인지 브레이크와 핸들이 말을 듣지 않았다. 타오가 있는 힘을 다해 손발을 동원하고 있을 때 앞 범퍼는 이미 길가의 가드레일을 무지막지하게 들이받았다. 에어백이 작동되어 두 사람의 얼굴을 뒤덮었고, 자동차는 다행히 뒤집히진 않았다. 타오는 간신히 차문을 밀고 기어나왔다. 그런데 발밑이 미끌 하면서 바닥에 넘어지고 말았다. 이상해서 보니 바닥은 온통 반질반질한 얼음판이었다.

타오는 얼음판 위에서 고개를 설레설레하며 쓴웃음을 지었다. "정말 졌어요. 두손 두발 다 들었다고요."

노자 손에 다시 지팡이가 쥐어졌고 자동차와 얼음길은 모두 사라졌다. 노자는 지팡이를 내밀며 말했다. "어떠냐? 너무나도 평탄한 길과 너무나도 험한 길 사이에 별 차이가 없다고 내가 말해도 이제 반대 안하겠지?"

타오는 지팡이를 붙잡고 일어났다. "더 이상 신출귀몰하듯이 날 못살게 굴지만 않는다면 뭐라 말하든 난 반대 안해요."

"하하하, 반대 안한다니까 말해주지. 고상한 인격은 얕은 연못과 같단다. 남을 도와주는 것은 남의 물건을 훔치는 것과 같단다. 정말로 진짜라고 하는 것은 가짜와 같고, 지나친 결백은 오히려 억울함을 당하는 것과 같고……."

"크크."

"왜, 뭐 잘못된 거 있니?"

"없어요, 계속하시죠. 훗."

"나도 너한테 억지로 동의하라는 건 아니다. 고매한 인격자는 늘 겸손하게 마련이지. 그러니 비굴하게 보일 수도 있어. 마음이 넓은 인격자는 자연의 순리에 따라 살지. 그러다 보니 생로병사엔 관심이 없어. 그러니 사람들은 그를 몰인정하게 느낄 수 있어. 부자들에게 세금을 많이 내도록 하면 사회 안정에 유익하고 부자 본인의 안전에도 좋지만 부자들은 항상 세금을 탈루하려고 하지. 또 어떤 아가씨가 너한테 잘해 주면 넌 오히려 그 아가씨가 딴 뜻이 있는 것으로……."

"그걸 어떻게 알아요?"

"허! 난 그냥 추측해 보는 거야. 아까 네가 웃은 건 분명 이 말 때문인 것 같은데. '지나친 결백은 억울함을 당하는 것과 같다'는 말!"

"바로 그거예요! 예를 들어 다른 나라에서 강도 사건이 일어났어요. 영감은 여기 허무계곡에 살고 있으니 당연히 결백하죠. 그런데 어떻게 억울함 당하는 것과 같다고 말할 수 있냐고요?"

이때 갑자기 하늘에서 헬리콥터 소리가 요란하게 들려왔다. 세상에! 무장헬기가 몇 대씩이나 상공을 선회하면서 확성기를 통해 외쳤다. "경찰이다. 너희는 포위됐다. 즉각 무기를 버려라. 두 손을 머리에 얹고 바닥에 엎드려라. 반항하면 발사하겠다."

놀란 두 사람은 시키는 대로 두 손을 머리에 얹고 바닥에 납작 엎드렸다.

"무기를 버려라!" 또 확성기 소리가 들렸다.

"뭐가 무긴데?" 노자는 경황없이 타오에게 물었다.

"저도 모르죠." 타오는 죽을 맛이었다.

"다시 한 번 말하겠다. 무기를 버리지 않으면 발사한다!"

노자 손에 있는 지팡이가 눈에 띈 타오는 냅다 집어던졌다. 멀리 머얼리. 이어서 헬리콥터는 즉시 착륙했고 무장 경찰들이 몰려왔다. 그들은 노자를 붙잡아 수갑을 채웠다.

노자가 타오를 향해 경멸하듯 내뱉었다. "네 녀석이 날 배신하느냐?"

"영감, 억울해요." 타오는 암담하기만 했다. "난 그저 예를 들었을 뿐이고 농담 좀 한 것밖에 없는데, 영감이 정말 악명 높은 대도일 줄이야."

"우하하하." 노자의 박장대소.

고개를 돌려보니 헬리콥터와 경찰은 온데간데없었다. 아무튼 한숨 돌리게 된 타오는 노자가 너무도 원망스러웠다. "입장 바꿔

보라고요. 정신병 안 걸릴 수 있나."

"알았다, 알았어, 이제 그만 하마. 하지만 내 말이 다 끝난 건 아니다. 넓은 곳에서는 구석을 찾을 수 없지. 큰 인물은 뒤늦게 성공할 수 있고."

"맞습니다, 맞아요." 타오는 행여 노자가 또 무슨 수라도 쓸까 봐 연신 동의하는 말만 했다.

노자의 설교는 계속되었다. "극도로 큰 소리는 아무런 소리도 안 나는 것과 같고, 극도로 큰 형상은 형상이 없는 것과 같다."

놀라는 데 만성이 된 타오는 이번에도 노자가 기습적으로 놀라게 할까봐 얼른 귀부터 막았다. "나도 알아요. '귀청 떨어질 정도로 소리가 크다,' '진면목을 모른다' 뭐 이런 뜻 아닌가요?"

"틀렸어! '도'는 들을 수도 없고 볼 수도 없는 거야."

"들을 수도 없고 볼 수도 없다는 그런 '도'는 나도 알아요." 타오는 노자 앞에서 유식한 척하며 말했다. "예를 들어 초음파와 아음파 같은 것이죠. 그리고 방금 얘기한 그 큰 형상은 보이지 않는 빛의 적외선과 자외선을 말하는 거죠? 하지만 한 가지 모르시는 게 있더군요. 현대과학이 더 발달하면 보이지 않는 빛도 형상을 이루게 될 거라고요."

"그런 간접적인 건 인정할 수 없지."

일소 박사의 도덕경 읽기

上士聞道, 勤而行之, 中士聞道, 若存若亡, 下士聞道, 大笑之, 不笑, 不足以

爲道. 故建言有之, 明道若昧, 進道若退, 夷道若纇, 上德若谷, 大白若辱, 廣德若不足, 建德若偸, 質眞若楡, 大方無隅, 大器晩成, 大音希聲, 大象無形. 道隱無名, 夫唯道善貸且成.(41장)

품행과 재능이 일등급인 사람은 '도'를 들으면 열심히 실천한다. 이등급이라면 '도'에서 배운 것이 있는 것도 같고 없는 것도 같다. 최하등급은 '도'를 듣고 나면 크게 웃는다. 이런 사람이 만약 웃지 않았다면 그 '도'는 '도'가 아니다. 뚜렷한 '도'는 흐릿한 것과 비슷하다. 전진하는 '도'는 '후퇴하는 것과 비슷하다. 평탄한 '도'는 울퉁불퉁한 것과 같다. 고상한 덕은 나지막하고, 넓은 덕은 꼭 모자라는 것 같다. 타인에게 유리한 덕은 타인의 물건을 훔치는 것과 같다. 진실은 진실하지 않은 것과 같다. 결백은 억울함과 같다. 광활한 곳에는 구석이 없다. 대들보로 쓰이는 재목은 오래 지나야 자란다. 웅대한 소리는 아무 소리도 나지 않는 것과 같다. 거대한 형상은 아무런 형상이 없는 것과 같다. '도'는 이름 없이 가려져 있다. 그러나 베푸는 것에 익숙하여 성공할 수 있는 것엔 '도' 밖에 없다.

 **과학 이야기**

우주와 에너지 사이의 거시적 규칙은 우리들 상식과 정반대이다. 인류의 활동 공간은 대단히 한정적이다(주로 지구 표면). 때문에 우리가 갖게 되는 일반 상식이라는 것도 우주의 거시적 규칙을 늘 반영할 수는 없다. 가장 좋은 예로 "남쪽으로 가려는 사람이 북쪽으로 수레를 몰고 간다"는 말이 있다. 목적지와는 점점 멀어지니 결국 의도와는 전혀 딴판이 되고 만다는 뜻이다. 고대에는 지구가 둥글다는 사실을 인식하지 못했음을 알 수 있다 지구는 둥글다. 설령 남쪽으로 가려는 사람이 수레를 북쪽으로 몰고 가더라도 목적지에는 도착할 수 있다. 훨씬 더 많은 시간이 소요될 뿐이다.

26장

우주 영화 감상

"영화 보고 싶지 않니?"

"그야 어떤 영화냐가 문제죠."

"헤헤." 두 사람은 초대형 영화관 안에 들어와 있었다. 영화관 내부엔 스크린 같은 것도 없고 좌석도 딱 두 개뿐이었다.

타오는 싱글벙글. "영화가 별로일 것 같으면 미리 말씀하시죠."

"겁나거든 지금 나가서도 돼." 노자는 타오 말투를 흉내내며 말했다.

"누가 겁난다고 그래요?" 타오는 퉁명스럽게 대꾸했다.

곧이어 영화관 안은 온통 깜깜해졌다. 영상도 없고 음향도 없었지만 타오는 어떤 분위기를 감지했다. 볼 수도 없고 만질 수도 없고 냄새도 온도도 없었다. 곧이어 마음속에서 어떤 평온함이 느껴졌다. 마치 고요한 바다 위에 누워 있는 것처럼, 또 끝없이 펼쳐진 상쾌한 초원에 누워 있는 것처럼, 근심 걱정 없이 엄마 품속에 안겨 있는 것처럼 평온했다. 그러다가 갑자기 온기가 느껴졌다. 온기는 서서히 열기로 변했고 나중에는 무더위로 변했다. 온도는 점점 높아져서 타오는 자신이 타들어가는 느낌이 들었다. 그러던 중 갑자기 반짝이는 스포트라이트가 나타났다. 그것은 갈수록 밝아졌고 뜨거워졌고 또 커졌다. 타오는 그것의 엄청난 인력을 감지하자마자 순식간에 빨려들어갔다.

"살려줘요!"

하지만 타오는 이미 스포트라이트 속으로 빨려들어가고 말았다. 타오는 몸이 기화되는 것 같았지만 그래도 사고와 관찰능력은 있었다. 스포트라이트 속에는 계수기가 있었는데 그 위에는 '1'이 나타나 있었다. 타오는 자신의 몸이 사방에서 발산되고 있는 방사선으로 변한 것을 느꼈다. 하지만 어마어마하게 강한 인력의 영향 때문에 아주 작은 범위조차도 지나갈 수가 없었다.

온도는 서서히 내려갔고 방사선은 수증기처럼 천천히 미립자로 응결되었다. 미립자들에는 꼬리표가 붙어 있어 크기가 구분되어 있었다. 작은 것에서 큰 것까지 각각 '광양자, 전자, 핵'이라고 쓰여 있었다. 이 미립자들은 꼭 걸쭉한 죽처럼 매우 빽빽하게 뒤섞여 있었는데, '죽' 속의 입자들은 한데 엉겨붙어서 좀더 큰 입자를 만들었다. 좀 작은 입자들의 꼬리표에는 '수소 원자핵'이라고 쓰여 있었고, 좀 큰 것의 꼬리표에는 '헬륨 원자핵'이라고 쓰여 있었다. 이때 계수기상의 숫자가 '2'로 바뀌었다.

온도는 계속해서 급격히 떨어지는 것 같았다. 수소 원자핵과 헬륨 원자핵은 빠른 속도로 한데 모여 더 큰 원자핵을 만들었다. 각종 원자핵들과 전자들은 또 한데 모여 형형색색의 물질을 만들었다. 인력이 떨어지면서 공간은 신속하게 확대되었고 물질들도 빠르게 한데 모여 방대한 체적을 가진 구름 모양의 성체가 되었다.

구름 모양의 성체는 고속으로 선회하면서 동시에 타고 있는 무수히 많은 별들을 떨쳐버렸다. 그것들이 모여 '항성계'라는 글씨를 만들었다. 타고 있는 별들에도 다 '항성'이라고 쓰인 꼬리표가 붙어 있었다. 어떤 항성은 충돌과 폭발을 일으켜 또 무수히 많은 작은 별들을 만들어내기도 했다. 그 중 아홉 개의 작은 별들이 한 항성 옆을 날아가자 즉각 이 항성(태양)의 인력에 포획되었고 그곳을 둘러싸고 선회하는 태양의 행성이 되었다. 이때 계수기의 숫자가 '3'으로 변했다.

곧이어 엄청난 굉음과 함께 계수기가 산산조각이 났다. 꼬리표에 '지구'라고 쓰여 있는 행성의 표면 도처에서 화산폭발이 일어난 것이다. 자욱한 연기와 수증기가 떠다니며 구름층을 형성했다. 구름층이 점점 두터워지더니 갑자기 천둥번개가 치고 폭풍우가 쏟아졌다. 지구 표면에서 움푹 팬 곳은 바다를 이루었고 바다 속에선 생명체가 나타났다. 마침내 지구상에 생명체가 만연해지기 시작한 것이다. 도처에 식물들이 무성하고 여기저기 동물들이 뛰어다녔다.

그때 작은 별 하나가 지구를 향해 날아오더니 지구의 인력에 의해 포획되었다. 그리고 지구의 위성이 되었다. 바로 달. 이때부터 지구에는 낮엔 태양이, 밤엔 달이 비추게 되었다. 해는 양이고 달은 음이다. 한 해엔 사계절이 있고 달에는 상현달, 하현달, 보름달, 초승달이 있는데 이 모두가 자연스럽게 조화를 이루었다. 타오는 자신이 달을 등지고 태양을 마주하면서 지구에 우뚝 서 있는 거인처럼 느껴졌다.

그런데 멀리서부터 들려오던 어떤 소리가 점점 가깝게 느껴졌다. 낭랑한 음성이었다. "도는 1을 낳고, 1은 2를 낳고, 2는 3을 낳고 3은 만물을 낳는다. 만물은 음을 등지고 양을 향한다. 음과 양은 상부상조하면서 조화롭게 평형을 이룬다."

노자의 음성이 분명했다. "영감! 어디 있어요?"

앗! 그런데 상상도 못할 일이 벌어지고 있었다. 태양이 광채를 잃고 진홍색으로 변하더니 나중엔 광채를 완전히 상실한 채 암흑별이 된 것이다. 지구도 점점 추워졌다. 모든 물은 얼음이 되었고 생명체도 종적을 감추었다. 마침내 모든 별들이 빛을 내지 않는 암흑별이 되었다.

이어서 우주는 팽창현상을 멈추고 줄어들기 시작했다. 암흑별들 사이의 거리도 점점 가까워졌고 선회하는 속도도 갈수록 빨라졌다. 그러다가 별들이 서로 충돌하고 끊임없이 폭발하더니 결국 모든 별들이 산산조각으로 흩어졌다. 하지만 거대한 인력이 작용해서 흩어진 파편들은 빠르게 한데 모였다. 온도도 재빨리 상승해서 물질들은 모두 유동체가 되었다. 우주는 계속 급격히 축소되었다. 동시에 원자가 해체되어 핵자와 기타 입자를 만들었고 결국엔 방사선으로 변했다. 방사선은 순간적으로 소실되었다.

타오에게 또다시 평온하고 흡족한 느낌이 밀려왔다. 아무 생각 없이 편안히 있다 보니 또 어떤 열기가 느껴졌다.

"으악! 영감, 제발 살려줘요. 더 이상 반복하고 싶지 않다고요."

"왜 소리를 지르고 그러느냐? 눈 좀 떠라."

타오, 눈을 떠보니 허무계곡이었다.

"영화 어땠느냐? 별로였느냐?"

"정말이지 누굴 죽이려고 작정한 거 아니에요? 나 혼자만 달랑 우주에 남겨놓고, 죽일 생각이 아니고서야 어떻게……. 어디다 하소연하고 싶어도 누가 있어야 말이지."

일소 박사의 도덕경 읽기

道生一, 一生二, 二生三, 三生萬物. 萬物負陰而抱陽, 沖氣以爲和. 人之所惡, 唯孤寡不穀, 而王公以爲稱. 故物或損之而益, 或益之而損. 人之所敎, 我亦敎之. 强梁者不得其死. 吾將以爲敎父. (42장)

우주의 어머니 '도', 이것은 둥글기만 했던 초기 우주를 만들었다(1장과 6장을 참고하자). 이어서 두 가지 원자핵 수소와 헬륨이 주도하는 우주를 만들었다. 다음으로 세 가지 우주의 물질 구조 은하계, 항성 그리고 행성을 만들었다. 마지막으로 행성 가운데서 생명체들이 탄생했다. 생명체들은 음을 뒤로 기대고 양을 향하고 있다. 음과 양은 조화와 균형을 유지하기 위해서 서로 충돌하면서도 교류한다.

사람들은 고독하거나 환영받지 못하는 사람이(이것은 음이다) 될까봐 두려워한다. 그런데 높은 자리에 있는 임금은 이런 것이 조화로움을 유지하는 것이라고 생각한다. 그러니 사물은 균형 유지를 위해서 그를 먼저 해쳤다가 높여주는 것이 아니라 우선 높여주었다가 그를 해친다(36장). 남들이 이렇게 설교하면 나도 이렇게 설교한다. 잔악무도한 짓을 하는 사람은 끝이 좋을 수가 없다(이런 사람은 음양의 조화를 모르기 때문이다). 나는 이런 사람을 훈계의 아버지로 삼는다.

 **과학 이야기**

우주 대폭발 이론에 따르면 유형의 물질로 구성된 우주는 비입자 형태의 순수에너지에서 태어난다. 먼저 순수에너지가 광양자, 전자, 핵자를 만들고 핵자는 서로 결합해 처음엔 수소원자와 헬륨원자를 만들고 이 두 원자는 한데 모여 더 무거운 원자핵을 만든다. 원자핵과 전자가 결합하면 원자를 낳고 원자는 우주 만물을 만든다.

내겐 너무 비싼 자동차

"만약 너를 전국도교연합회 명예회장을 시켜준다면 할 생각이 있느냐? 밤낮으로 힘들게 일해야 하지만."

"안해요!" 타오는 생각해 볼 필요도 없다는 듯 대답했다.

"그럼 하루 24시간 내내 가서 돈 벌라고 하면 할 테냐?"

"그것도 안해요!"

"보아하니 넌 건강한 몸을 돈과 명예로 바꾸는 게 손해라고 생각하나 보구나."

"당연히 손해죠. 내 몸은 딱 하나뿐인데 몸이 망가지면 돈이 아무리 많은들 무슨 소용 있겠어요? 그 지긋지긋한 병원도 가야 하고, 심지어 병원 갈 시간조차 없을지 모르죠. 그런 짓을 왜 해요?"

"허허! 그 녀석 과연 도를 좀 알긴 안단 말이야. 돈과 명예 그리고 건강 중에서 어떤 게 더 중요한지 알고 득실을 따질 줄도 알다니 기특해."

"헤헤."

"넌 가장 갖고 싶은 게 무엇이냐?"

"자그마한 자동차요."

지팡이는 '휘잉' 잘 빠진 고급차 한 대를 대령했다.

"자, 너 가져라!"

"정말요? 날 또 골탕 먹이는 건 아니겠죠?" 타오는 자신의 눈과 귀를 의심할 정도였다.

"싫으면 관두고."

"그럴 리가요, 감사합니다!" 타오는 행여 노자가 차를 없애버리기라도 할까봐 얼른 차에 올라탔다. 여기도 보고 저기도 만져보는데 정말 맘에 쏙 들었다.

노자는 잘 뻗은 큰 길도 나타나게 했다. 타오는 시동을 걸고 차를 몰았다. 드라이브를 해보니 차가 더욱 맘에 들었다.

차에서 내렸더니 길가엔 상점들이 즐비했다. 주유소, 세차장, 자동차용품점, 보험회사, 전용차고 제작회사 등등, 있을 건 다 있었다. 이 모든 상점들은 한 사람이 경영하고 있어서 원 스톱 서비스를 받을 수 있었다. 물론 결제도 한 번에 할 수 있으니 대단히 편리했다.

타오는 우선 기름을 가득 채우고 세차에 광택까지 냈다. 그리고 차내 인테리어를 다시 하고 최신형 음향기기, 에어컨에 GPS도 장착했으며 값비싼 보험에도 가입했다. 마지막으로 호화로운 차고도 주문해 놓았다. 계산할 때 주인이 재빠른 손동작으로 수납기의 건반을 두드리자 명세서가 족히 1미터는 될 만큼 길게 나왔다. 총액은 5,323만 5,000원! 세상에! 타오는 눈이 돌 지경이었다. 주머니엔 3만 5,000원밖에 없는데.

주인은 타오의 차를 힐끗 보면서 말했다. "제가 전당포도 운영하고 있는데, 이렇게 하시죠. 손님 차는 최신형이라 기본적으로 오늘 나온 비용을 충당할 만큼의 가격은 나가겠네요. 우선 저희 전당포에 맡겨놓으시고 나중에 돈을 지불하신 다음에 찾아가시죠."

너무나도 익숙한 이 음성, 다름아닌 노자! 타오는 고래고래 소리쳤다. "정말 너무해요! 자동차 가지라고 해놓고 2분도 안돼서 또 뺏어가요?"

"하하하하!" 노자는 실컷 웃고 나서 말했다. "왜 내 탓을 하느냐? 다 네가 너무 좋아해서 그렇게 된 거지. 원래 너무 좋아하면 분명히 크게 손해보게 돼 있어. 재물도 너무 많이 모으면 잃는 게 훨씬 많게 되지. 어떤 사람은 심지어 목숨을 잃기도 해. 그러니 적당한 선에서 만족할 줄 알아야 망신도 당하지 않고 목숨도 잃지 않고 오래 갈 수 있는 거야."

"네, 그렇군요. 이제 알겠어요. 아까 주문했던 물건들은 다 필요 없으니 자동차는 저한테 돌려줄 수 없나요?"

"허허, 되고말고!"

타오는 거듭 고맙다는 인사를 하고 서둘러 차를 보러 갔다. 하지만, 하지만 어디를 봐도 자동차는 없었다. 땅바닥엔 커다란 나뭇잎들만 널브러져 있을 뿐.

일소 박사의 도덕경 읽기

名與身孰親. 身與貨孰多. 得與亡孰病. 是故甚愛必大費, 多藏必厚亡. 知足不辱, 知止不殆, 可以長久.(44장)

명예와 내 몸 중 어느 것이 더 중요한가? 내 몸과 돈 중 어느 것이 더 많은가? 얻음과 잃음 중 어느 것이 더 불리한가?
애석함이 지나치면 크게 낭비하게 된다. 많이 쌓아놓을수록 잃는 것은 더 많아진다. 그러므로 만족을 아는 사람은 모욕당하지 않으며 적당한 곳에서 멈출 줄 아는 사람은 위험할 것이 없다. 자연히 오래도록 번성할 수 있다.

 과학 이야기

질량이 큰 물체는 관성도 크다. 그래서 운동하기 시작하면 멈추기 어렵다. 예를 들어 기차가 급브레이크를 잡는 일은 상당히 위험하다.

멍청함과 총명함은 통한다

노자는 작은 집 한 채를 출현시켰다. "들어가서 구경하자."

타오는 노자를 따라 들어갔다. 집이 크진 않았지만 실내장식은 너무 마음에 들었다. 노자가 옆으로 난 문을 밀쳐 보니 두 사람 앞에 장관이 펼쳐졌다. 정원이 딸린 삼층집! 꽃밭, 수영장, 차고에 애완동물용 통나무집까지 있었다. 두 사람은 문 안으로 들어갔다. 그런데 정원은 좀 어질러진 느낌이 들었다. 수영장 방향이 이상한 것 같기도 하고 부엌이 너무 넓은가? 아니면 거실이 너무 좁은가? 어쨌든 여기저기 맘에 안 드는 구석이 한두 군데가 아니었다.

구경을 하고 나오자 노자가 물었다. "방금 보니까 꽤나 불만이 많던데, 만약 큰 집과 작은 집 중에서 선택할 수 있다면 넌 어떤 걸 원하느냐?"

"당연히 큰 집이죠." 타오는 생각도 하지 않고 대답했다.

"풋, 너 이런 거 아니? 뭐든지 크게 만들면 꼭 결점이 튀어나온다는 이치를. 같은 이치인데, 병에 물을 가득 채우면 꼭 빈 것처럼 보이지 않니. 아주 멍청해 보이는 방법도 실제로는 아주 절묘할 수 있단다."

"정말 황당무계 그 자체군요. 그럼 가장 절묘한 방법을 생각해서 이 시냇물을 건너보시죠. 얼마나 멍청한지 좀 보게요."

노자는 대꾸도 하지 않고 신부터 벗었다. 그리고 바지 밑단을 걷어올리고 시내를 건넜다가 다시 건너왔다. 이어서 걷어올린 바지 단을 내리면서 말했다. "이게 바로 내가 생각해 낸 가장 훌륭한 방법이다."

"헤헤! 진짜 멍청하기 짝이 없는 방법이네요."

"네가 더 좋은 방법을 생각해 낸 다음에 웃어도 늦지 않아."

"자, 내가 하는 걸 보라고요." 타오는 끙끙대면서 큰 돌들을 하나씩 옮겨왔다. 그리고 돌들을 시냇물에 던졌다. 온 몸에 흙탕물 투성이가 될 때까지 하고 나니 마침내 디딤돌 몇 개가 수면 위로 드러났다. 타오는 디딤돌을 밟고 시내를 건너갔다 돌아왔다. 돌아올 때는 돌 하나가 삐끗 해서 결국 물에 빠진 병아리 신세가 되었다.

"하하하! 말 잘하는 달변가도 때로는 형편없는 말을 하지. 사실이란 아예 말하지 않는 거야. 그러니 사실을 말하는 것이 가장 말 잘하는 거지. 빨리 올라와, 남의 물 더럽히지 말고! 그리고 저 돌들도 다 치워라."

별수 없이 타오는 온종일 돌을 치우느라고 온 몸이 축축하게 젖었다. 여름이긴 하지만 산 속에서는 바람이 불면 위아래 이가 부딪칠 정도로 추웠다.

"좀 뛰어봐, 그럼 춥지 않을 게다."

타오가 뛰기 시작했는데 뒤에서 노자가 소리쳤다. "뛰다가 너무 더우면 가만히 안정을 취하도록 해라. 세상 사람들은 조용히 있는 걸 너무 못한다니까."

"여, 여, 영감, 도대체 뛰라는 거예요, 조용히 있으라는 거예요?"

"하하하, 내가 언제부터 여여영감이 되었느냐? 그렇다면 너의 평온을 위해 내가 움직이도록 하지."

노자는 지팡이로 타오의 젖은 옷을 뽀송뽀송하게 말려주었다.

일소 박사의 도덕경 읽기

大成若缺, 其用不弊. 大盈若沖, 其用不窮. 大直若屈, 大巧若拙, 大辯若訥. 躁勝寒, 靜勝熱. 淸靜爲天下正.(45장)

크나큰 성취는 결함이 있는 것 같으면서도 완벽하게 그 힘을 발휘한다. 지극한 충만은 빈 곳이 있는 것 같으면서도 무궁무진하게 쓸 수 있다. 허리를 반듯하게 펴고 있으면 비굴하게 아첨하는 것과 같고, 영리함은 우둔함과 같고, 달변가는 말주변 없는 사람과 다를 바 없다. 방정맞을 정도로 뛰면 추위를 이길 수 있고 차분하게 있으면 더위를 이길 수 있다. 우리가 가야 할 바른 길은 고요하고 평온한 길이다.

 **과학 이야기**

에너지가 큰 물체라고 해서 반드시 질량도 큰 것은 아니다. 0.001킬로그램의 핵연료 우라늄이 생산할 수 있는 전기에너지는 석탄 12킬로그램이 내는 에너지와 같다.

좀 무질서하면 어때

두 사람은 걷고 또 걸어서 수백 년 전의 어느 옛날 도시에 이르렀다. 길거리는 흥성흥성 매우 번화했다. 장사하는 사람, 묘기 구경하는 사람, 한가롭게 거니는 사람 등등, 전체적으로 아주 유유자적한 모습들이었다.

그런데 웬 말 한 마리가 타오 앞을 지나가면서 똥을 쌌다. 타오는 급히 코를 틀어막으며 말했다. "어휴, 여긴 또 무슨 해괴망측한 곳이에요? 크, 더러워."

"말이 길에서 똥을 싸도 간섭하는 사람 하나 없는 걸 보니 여긴 분명 '도'가 살아 있는 좋은 곳이다."

"관두시죠! 그냥 다른 데 데려가줘요. 여긴 너무 엉망이에요."

노자는 타오를 데리고 그 도시를 빠져나왔다. 조금 가다 보니 또다른 옛날 도시가 나타났다. 저잣거리로 막 들어서려고 하는데 사람들이 '우우' 몰려나오는 게 보였다. 타오는 좀 선량해 보이는 행인을 붙잡고 물었다.

"다들 뭐 하러 가는 겁니까?"

"시골 마을 어느 집 암말이 골격 좋고 윤기나는 송아지를 낳았는데 관청에서 아주 훌륭한 군마 감이라고 하여 데려가려는 거요. 모두들 그 신기한 말을 보려고 가는 거죠."

노자는 그 말을 듣고도 계속 가던 길만 걸었다. 타오는 노자의 소맷자락을 잡고 말했다.

"어디 가요? 우리도 구경 가는 거 맞죠?"

"뭐 볼 게 있겠느냐? 시골 한적한 곳에서 어떻게 군마가 태어나! 이곳을 다스리는 관리 작자가 무도하고 싸움을 좋아해서 그런 거지. 또 여긴 곧 전란이 일어날 거다. 피할 시간도 모자라는 판에 불구덩이 속에 뛰어들겠다고?"

이 말을 듣게 된 행인이 속삭이듯 작은 소리로 말했다. "선생께선 외지에서 오신 것 같은데 말씀 좀 가려가며 하시죠. 관원들 귀에 들어가는 날엔……."

그때 갑자기 시끄러운 소리가 들려왔고 노자와 타오는 우르르 달려온 병사들에게 포위되었다. 도망가기엔 이미 늦었다. 두 사람은 포승줄에 묶이는 신세가 되었다. 대장이 큰 소리로 외쳤다. "이 두 사람이 유언비어를 퍼뜨리고 있다. 끌고 가서 폐하의 처분을 기다리도록!"

타오와 노자는 왕궁으로 압송되었다. 대장은 어떤 대신의 귀에 대고 속삭였고 그 대신은 또 임금에게 귓속말을 했다. 국왕은 노발대발했다. "내가 이웃나라를 공격하려던 참에 시골마을에서 군마를 생산했다니 이 같은 길조가 어디 있겠느냐. 그런데 이 미치광이들이 감히 나더러 무도하다고 했겠다! 거기 누구 없느냐? 끌고 나가 목을 쳐라!"

호위병 네 명이 쏜살같이 달려와 두 사람을 밀어내려고 하자 노자가 큰 소리로 말했다. "잠깐! 할 말이 있소."

놀란 토끼가 된 타오는 노자만 뚫어지게 바라보고 있었다. "영감, 이거 진짜 아니죠? 우리 여기서 죽는 거 아니죠?"

노자가 호탕하게 웃었다. "하하하하! 우리가 죽는 게 아니라 저 극악무도한 임금이 곧 죽게 되지. 가진 게 이미 많은데도 만족을 몰라. 죽음이 코앞에 닥쳤는데도 모르겠는가 보구나."

노발대발한 국왕은 옥새를 집어던졌고 옥새는 산산조각이 났다. "저 놈의 목을 쳐라, 목을 쳐!"

호위병이 미처 손을 쓰기도 전에 노자는 몸을 '휙' 날렸고 끊어진 포승줄만 땅에 떨어졌다. 노자는 타오를 데리고 몸을 날려 궁궐문 밖으로 나갈 수 있었다. 두 사람은 공중에 떠서 아래를 내려다봤다. 임금은 곧 군대를 소집해 이웃나라를 공격했지만 그의 군대는 얼마 못 가 반란이 일어났다. 국왕도 그 혼란 중에 죽음을 당했다.

노자는 타오를 데리고 처음 갔던 그 도시로 돌아왔다. 그곳은 여전히 무질서하면서도 자유분방했다.

"역시 이곳이 최고예요. 무질서하면 무질서한 대로 살죠 뭐."

"허허, 충분함을 알면 만족할 줄 알게 되지. 게다가 영원토록 만족할 수 있어."

"알았어요, 알았다고요. 내 머리만 날아가지 않으면 난 벌써 대만족이라고요. 그나저나 제발 내 포승줄이나 풀어줘요."

그러고 보니 타오 몸엔 아직도 포승줄이 칭칭 감겨 있는 게 아닌가. 노자는 히죽거리며 타오를 풀어주었다.

일소 박사의 도덕경 읽기

天下有道, 却走馬以糞. 天下無道, 戎馬生於郊. 禍莫大於不知足, 咎莫大於欲得. 故知足之足, 常足矣.(46장)

세상은 '도'의 규율에 따라 돌아가게 되어 있다. 말이 똥오줌을 누면서 다닌다면 그것은 평화의 징조이다. 세상이 '도'의 규율에 맞지 않게 돌아가면 황폐해지고 전투마가 태어나게 된다(이것은 재앙의 징조다). 육욕에 빠지는 것보다 더 큰 죄는 없다. 만족을 모르는 것보다 더 큰 재앙은 없다. 뺏고 싶은 마음보다 더 큰 과실은 없다(이런 것들은 모두 무도無道의 표현이다). 그러므로 만족할 줄 아는 사람이 얻은 만족이 가장 오래 지속되는 만족이다('도'가 있기 때문이다).

과학 이야기

재료의 국부적 열팽창은 재료를 쉽게 파괴시킨다. 예를 들어 약한 유리병에 끓인 물을 부으면 병의 밑부분은 갑자기 열팽창을 받고 윗부분은 그렇지 않기 때문에 유리병이 깨진다. 그러나 처음부터 유리병에 찬물에 넣고 서서히 끓이면 전체적으로 골고루 팽창되기 때문에 유리병은 아무런 손상을 입지 않는다.

앉아서도 다 보여

"휴우, 너무 피곤해요. 어디서 좀 쉬었다 가면 안돼요?"

"안될 것 없지." 두 사람 앞에 작은 집이 등장했다.

두 사람은 집 안으로 들어가 보았다. 노자는 벽 쪽에 있는 나무 의자에 앉았고 타오는 다른 소파에 편하게 누워 뒹굴었다.

타오는 갑자기 요즘 열광하는 축구시합이 생각났다. "텔레비전 한 대 마련해 줄 수 없어요?"

"텔레비전?" 노자는 지팡이를 휘둘러서 탁자 위에 텔레비전을 올려놓았다.

타오는 텔레비전을 켜고 볼륨을 높였다. 그리고 자신이 응원하는 블루팀을 큰소리로 응원했다. 시끄러워 견딜 수 없던 노자는 집을 두 칸으로 나누었다. 그래서 노자 혼자 한 쪽 편에서 조용히 있을 수 있었다.

오래 지나지 않아 타오 쪽에서 함성이 터졌다. "영감, 정말 너무 멋져요. 블루팀이 벌써 2점 앞서고 있어요."

"너무 좋아하지 말아라." 노자는 벽으로 가로막힌 반대쪽에서 말했다. "결국은 그린팀이 역전승할걸?"

"말도 안되는 소리! 보지도 않고 어떻게 결과를 알아요?" 타오는 씩씩거리면서 계속 경기를 보았다. 끝나기 5분 전에도 블루팀은 1점 앞서 있었다. 그린팀은 파상공세를 퍼부었고 블루팀의 수비도 매우 조직적이었다. 타오는 주먹을 불끈 쥔 채 숨도 못 쉬고 텔레비전 앞에서 긴장하느라 심장이 터질 지경이었다.

경기 종료 2분 전! 그린팀의 포워드가 오프사이드를 무시하고 공격을 시도해 골을 넣었다. 심판은 휘슬을 불었다. '골 인정!' 블루팀 선수들은 승복하지 못하고 심판에게 항의했다. 그러자 주심은 블루팀 선수에게 옐로카드를 꺼내들었다. 화가 치민 타오는 텔레비전 앞으로 다가가서 화면 위의 주심에게 주먹질을 했다. "사이비 주심!"

휘슬 소리와 함께 경기 재개! 블루팀 선수들은 전열을 가다듬지도 못하고 각자의 수비 위치로 흩어지고 있는데 그린팀 선수가 오른쪽 포워드에게 재빨리 공을 날렸다. 블루팀 수비수가 앞에서 가로채려 했지만 그림팀의 포워드는 계속해서 드리블, 그리고 롱슛을 날렸다. 공은 이미 블루팀의 페널티에어리어 오른쪽 전방까지 굴러와 있었다. 그린팀에서 왼쪽 포워드가 달려나와 그 볼을 찼고 너무나 멋진 포물선을 그리며 블루팀 골문을 뚫었다.

그때 주심의 휘슬 소리. 경기 종료! 잔뜩 화가 난 타오는 텔레비전을 쾅 때리면서 꺼버렸다. 노자의 지팡이가 '휘익' 소리를 냈고 중간 벽도, 텔레비전도, 집도 다 사라졌다.

노자는 계속해서 길을 재촉했고 타오도 묵묵히 뒤따라갔다. 아주 한참이 지나고서야 타오가 입을 열었다. "그린팀이 역전승할 거라는 걸 어떻게 알았죠?"

노자는 돌아보지도 않고 말했다. "쌍방이 백중지세인데 그린팀은 거칠게 나오고 심판까지도 편파적이니 블루팀이 잠시 앞섰더라도 결과는 뻔한 일이었어."

"크크, 분석 꽤 잘하시네요."

"어디 그뿐인 줄 아니? 난 집 밖에 나가지 않고도 세상 돌아가는 일을 다 알 수 있단다."

"어휴, 좀 띄워드렸더니만 점점. 어떻게 아무 준비도 없이 허풍을 떠세요? 아니, 땅 한 번 안 보고도 동서남북을 알 수 있어요? 아니면 하늘 한 번 안 보고도 별들의 위치를 알 수 있냐고요?"

"허허, 나한테는 정말 그런 능력도 있는데. 난 하늘의 태양을 보면 땅의 방향을 알 수 있지. 땅 위의 내 그림자를 보면 태양의 방위도 알 수 있고."

"난 별을 얘기하는 거예요, 별! 태양이 아니라고요."

"태양은 항성이 아니냐? 태양도 수많은 별 중의 하나잖아. 사실 난 천문 관찰을 하지 않고서도 천체의 운행 궤도를 알 수 있어."

"그렇게 비현실적이고 허무맹랑한 수법은 벌써 한물갔다고요. 천문 관찰은 천문학자들이 연구하는 데 꼭 필요한 과정이잖아요. 게다가 이젠 무인우주관측선까지 우주 공간으로 보낸단 말이에요."

"그게 뭐 어쨌다는 게냐? 내가 보기에 지금 세상의 우주 이론엔 한계가 많아. 이런 이론에 기초한다면 아무리 멀리 가봤자 알게 되는 건 별로 없을 게야."

"세상에! 그런 말은 영감 자신한테도 설득력이 없지 않나요?"

"설득력이 없긴 왜? 사람들이 우주 공간에 가서 하는 게 뭐가 있는데? 무중력상태 조금 체험하고, 돌 몇 개 가져오고, 사진이나 몇 장 찍었지."

"더 많은 걸 알려고 그러는 거죠. 과학자들은 화성 표면 사진에 근거해서 과거 화성에 바다도 있었고 생명체도 있었다는 사실을 알아냈잖아요. 그 정도면 대단한 발견 아닌가요? 집안에만 갇혀 있으면 그런 걸 알 수 있겠어요?"

"사람들의 그런 발견은 아무 의미가 없어. 우주에서 지구와 조건이 비슷한 별이라면 어디든 생명체가 존재하리라고 본다. 사람들은 시간과 노력을 이런 아무 의미 없는 연구에 쏟아붓기만 하지. 심층부 지각의 구조나 깊은 바다에 대해서는 몰라도 너무 몰라. 그러니 멀리 가봤자 아는 것도 별로 없다는 말이다."

일소 박사의 도덕경 읽기

不出戶, 知天下. 不闚牖, 見天道. 其出彌遠, 其知彌少. 是以聖人不行而知, 不見而名, 不爲而成.(47장)

(과학 지식과 정확한 분석력을 갖고 있는 사람은) 집안에 가만히 앉아서도 세상 돌아가는 일을 다 알 수 있다. 창밖을 내다보지 않아도 천체의 운행 규율을 알 수 있다. (그러나 사고력과 분석력이 부족한 사람은) 집 밖으로 아무리 멀리 가도 알 수 있는 것이 적다. 그러므로 성인은 돌아다니지 않고서도 세상일을 알고, 관찰하지 않고서도 진상을 알며, 하지 않고서도 성과를 이룰 수 있는 사람이다.

 **과학 이야기**

과학 이론을 이용해서 실천해 보라. 적은 노력으로 많은 효과를 거둘 것이다.

학문이냐, 도 닦기냐

"영감이 연구하는 그 '도' 말이에요. 그건 학문이라기보다는 어떨 땐 꼭 이리저리 굴러먹은 사기꾼의 농간 같아요."

"넌 학문이 어때야 된다고 생각하느냐?"

"학문, 학문이라…… 물론 공부를 아주 많이 해야겠죠. 뛰어난 학식과 경륜이 있어야 되니 무슨 사서오경이라든지 역사, 지리, 문화, 철학 같은 것까지 모르는 게 없어야 하지 않겠어요? 그래야 누가 뭘 물어봐도 척척이겠죠."

노자는 지팡이를 좌우로 한 번씩 휘둘렀다. 좌우 양쪽에 각각 집이 한 채씩 들어섰는데 왼쪽 집 문에는 "학문의 집"이라고 써 있고 오른쪽 집 문에는 "도 닦는 집"이라고 써 있었다. 노자는 먼저 왼쪽 집으로 들어갔다. 집안에는 아주 오래 묵은 죽간(竹簡) 서적

들로 가득 차서 아주 진한 향기가 퍼져나왔다. 하지만 대나무에서 나는 맑은 향은 아니었다.

"이게 무슨 냄새죠?"

노자는 웃기만 하고 대답해 주지 않았다. 그런 다음 오른쪽 집 문을 열었다. 집안엔 몇 가지 물건이 있을 뿐 거의 텅 비어 있었다. 간단한 필기도구와 백지 그리고 책 몇 권이 전부였다. 노자는 전처럼 복제 타오를 출현시켰다.

"너희 둘 중 누가 학문을 하고 누가 도를 닦겠는고?"

타오와 복제 타오는 둘 다 공부는 아무리 해도 끝이 없을 거라고 생각했기 때문에 서로 도를 닦겠다고 다투었다. "평소에 저더러 도사 기질이 있다고 그랬죠?" 이런 말까지 했다.

"너희 둘 다 학문의 좋은 점을 모르는 것 같구나." 노자는 이렇게 말하고 곧장 '학문의 집'으로 들어갔다. 그리고 죽간 뭉치를 덥석 안아들고 입으로 와작와작 씹어먹기 시작했다. 뜨악! 그 죽간들은 다름아닌 초콜릿으로 만든 과자였다.

"내가 학문할게요!" 타오와 복제 타오는 이구동성으로 외쳤다. 노자는 고개를 설레설레 저으며 쓴웃음을 지었다. "언제는 둘 다 안한다고 그러더니, 이제는 서로 학문을 하겠다니. 그럼 가위바위보로 정하자. 이기는 사람이 학문하기다."

타오가 이겼다. 타오는 신바람이 나서 '학문의 집'으로 들어가 문을 닫았다. 그리고 주저없이 죽간을 한 묶음씩 움켜잡고는 재밌으면 다 보고 먹었고 재미없는 내용이면 그냥 먹어치웠다. 이런 식으로 몇 날을 보내고 나니 타오는 학문만 성장한 게 아니라 체중까지도 많이 불어난 것 같았다.

한편 '도 닦는 집'에 있는 복제 타오는 노자와 함께 있게 되어 신날 일이 없었다. 노자는 지팡이를 이용해 그 빈 집을 각종 모형들로 가득 채워주었다. 산과 들, 바다, 하늘, 동식물, 은하계 등등 모두 진짜처럼 생동감이 넘쳤다. 그랬더니 복제 타오는 두 눈을 반짝이며 관찰도 하고 기록도 해보느라고 잠자고 먹는 것도 뒷전이었다. 이렇게 몇 날을 보내고 난 복제 타오는 수많은 자연계의 법칙을 터득하게 되었을 뿐만 아니라 불룩하게 나왔던 배도 쏙 들어갔다.

노자는 이쯤 하면 됐다고 생각하고 두 집 사이의 벽을 없앴다. 왼쪽 집의 타오는 여전히 굶주린 사람처럼 공부하면서 먹어대고 있었고, 오른쪽의 복제 타오는 미동도 않고서 바닥에 앉아 눈을 감고 명상에 잠겨 있었다.

타오는 복제 타오를 가리키며 낄낄 웃었다. "크크, 애당초 영감 따라 도 닦지 않은 게 다행이지. 저 맹하게 말라비틀어진 꼴 좀 봐. 바람 불면 날아가겠다. 사람들을 어떻게 만나려고, 쯧쯧."

노자, "그래, 타오가 읽은 책이 수레 다섯 대는 될 거고, 복제 타오는 거의 신선의 경지에 왔으니 이제부턴 내가 너희들을 테스트 해 보겠다. 누가 더 용한지 보자."

"테스트를 어떻게 해요?" 타오가 물었다.

"알지도 못하면서 무턱대고 외운 것들에 대해선 물론 묻지 않을 거다. 학문을 하고 도를 닦는 목적은 다 어떻게 사용하느냐에 있으니 말이다. 자, 그럼 공중에 누각을 짓는 방법에 대해 말해봐라."

타오는 문제를 듣자마자 경전의 문투를 흉내내어 대답했다. "영감이 말한 바 적절하지 못합니다. 공중누각은 현실에 존재할 수 없습니다. 선인들께서 말씀하시기를 '규율을 지키면서 한 걸음씩 앞으로 나아가라', '지나치면 모자라는 것과 다름없다', '구층탑도 한줌 흙부터 쌓는다'고 하셨습니다. 크크, 영감까지도 이렇게 말했잖아요. 공중누각은 불가능하다고요."

반면 복제 타오는 침착하게 미소지으며 말했다. "내가 보기에 넌 아는 게 많아질수록 더 멍청해지는 경우다. 흠, 공중에 누각을 짓는 방법은 한두 개가 아니에요. 간단한 것부터 말씀드리죠. 기둥 네 개를 자르고 기둥 위에 바닥이 될 만한 받침대를 걸쳐놓은 다음 그 위에 누각을 지으면 됩니다. 좀 복잡한 것으로는, 지반 공사를 하지 않고 누각을 먼저 지은 다음 불화살을 이용해 그것을 지구 궤도로 쏘아올리는 겁니다."

난감해진 타오는 씩씩거리면서 복제 타오의 가슴팍을 향해 주먹을 날렸다. 하지만 민첩한 복제 타오는 옆으로 잘도 피했고 그러면서 다리를 비스듬히 뻗어 타오의 다리를 걸어 넘어뜨렸다.

노자는 이 광경을 재미있게 구경하고는 타오를 땅에서 일으켜 세웠다. 그리고 지팡이를 휘둘러 두 타오를 하나로 합체시켰다. 뚱보와 날씬이를 하나로 합쳐 놓으니 딱 보기좋게 되었다. "학문하는 것과 도 닦는 것의 차이점을 이제 알겠느냐? 학문을 하면 하루가 다르게 네가 발전한다는 것을 느낄 것이다. 하지만 사실은 끝까지 '발전'하고 나면 아무것도 할 줄 모르게 된다. 컴퓨터도 저장용량을 초과하면 결국 터져버려 아무 문제도 해결할 수 없게 되잖니. 그거랑 같아. 하지만 나와 도를 닦게 되면 해야 할 일이 나날이 줄어든다는 것을 느낄 것이다. 결국 나중엔 아무것도 할 필요가 없게 되지. 다시 말하면 넌 무엇이든 다 한 거나 마찬가지야."

"아무것도 하지 않으면서 무엇이든 다 한다? 그렇게 끔찍이 좋은 일을 누군들 원하지 않겠어요? 특히 나처럼 게으른 사람이라면 말이에요. 숙제도 하기 싫고, 시험도 청소도 다 귀찮고 놀고만 싶은데. 제발 그 비법 좀 알려주시죠. 어떻게 하면 손 하나 까딱 않고 이 모든 일을 다 완성할 수 있나요?"

"간단해. 내가 로봇 하나를 주지. 하지만 로봇은 너를 에너지원으로 쓸 거다. 로봇은 네 몸 한 덩어리를 떼어먹으면 한 가지 일을 해줄 거고 두 덩어리 먹으면 두 가지 일을 해줄 거야. 널 전부 다 먹어치우는 날 로봇은 네가 되어 너의 모든 일을 하게 될 거다."

"아니, 또 날 갖고 노는 거네요?"

"알았다, 알았어. 어쨌거나 도를 닦는 일은 자연의 법칙에 정통하는 것이다. 자연의 법칙에 정통한 사람이 하려는 일은 그렇지 못한 사람에 비해서 훨씬 적단다. 그리고 이리 와서 좀 봐라."

노자는 지팡이를 휘둘러 탁자를 만들었다. 탁자 위에는 저울이 놓여 있었는데 저울 왼쪽에는 10킬로그램짜리 추가 놓여 있고 오른쪽엔 금속물질이 가득 들어찬 투명 상자가 놓여 있었다. "이건 슈퍼핵연료라는 건데……."

타오는 기겁을 하고 노자 뒤로 숨었다.

"겁낼 것 없다. 이 상자도 슈퍼방사능 차단제니까. 이 슈퍼 핵연료가 슈퍼일 수 있는 까닭은 바로 그것이 단시간 내에 완전히 붕괴

되기 때문이야. 단시간 내에 모든 질량이 완전히 에너지로 변한다는 얘기야. 이리 와봐라."

노자가 타오에게 한 쪽 접시를 건드려 보도록 시켰다. 저울의 평형대가 좌우로 몇 번 흔들리더니 수평 위치에 정지했고 슈퍼 핵연료는 붕괴되기 시작했다. 먼저 상자의 한 쪽 구석이 비더니 서서히 상자 전체가 텅 비게 되었다. 하지만 저울의 평형은 조금도 기울지 않았다. 타오가 저울을 몇 번 건드려 보았지만 좀 흔들흔들 하다가 곧 멈추었다.

"이 상자 속의 에너지 정도면 지구상의 모든 사람들이 10년은 족히 쓸 수 있지."

"그러니까 '도'가 에너지란 말이죠. 질량이 에너지로 변한 다음 에너지는 어떠한 임무도 다 완성할 수 있나 보죠?"

"음, 요 며칠 헛일 하지는 않았군!" 노자는 만족스러운 표정을 지었다.

"그럼 보통 사람은 어떻게 도를 닦죠?"

"간단해, 자연의 법칙을 깨닫고 무슨 일을 하든지 최대한 에너지 낭비를 하지 않으면 되지."

일소 박사의 도덕경 읽기

爲學日益, 爲道日損. 損之又損, 以至於無爲, 無爲而無不爲. 取天下常以無事, 及其有事, 不足以取天下. (48장)

학문하는 사람은 나날이 학식이 쌓인다. 도 닦는 사람은 나날이 할 일이 줄어든다. 결국 나중에는 아무것도 하지 않게 되지만 무엇이든 다 성공할 수 있게 된다. 통치자가 세상의 신임을 얻으려면 무사평온해야 한다. 크고 작은 일이 끊이지 않는다면 세상 사람들의 신임을 받을 수 없다.

 **과학 이야기**

원자력(핵에너지)의 원리. 핵분열 또는 핵융합 과정 후 질량이 감소되면서 새로운 원자핵이 생겨나는데 감소된 질량을 핵에너지로 전화(轉化)시켜 방출하는 것이다.

과학자들 사이에서

허무계곡을 하염없이 걷고 또 걷는데 돌연 타오의 눈앞에서 숲이 사라졌다. 숲을 메웠던 장대 같은 나무들은 온데간데없고 고사리 같은 양치식물이 그 자리를 대신 채우고 있었다. 땅도 축축하고 이끼가 잔뜩 끼어 있었다. 좀더 앞으로 가다 보니 그런 원생식물들마저도 보이지 않고 땅이 드러나더니, 곧이어 천둥번개가 치면서 억수같은 비가 쏟아졌다. '우르르쾅쾅' 하며 천지가 흔들리더니 나중엔 도처에서 화산이 분출되는 게 아닌가. 맙소사! "영감, 살려줘요!"

하지만 타오는 이미 노자와 함께 허무호에 타고 있었다.

"이번엔 또 무슨 영화를 찍는 거죠?" 타오는 혼이 나간 상태에서도 원망부터 했다.

"어, 이번 작품 제목은 「생명의 기원과 발전」이야. 방금 네가 본 건 서막 「생명의 기원을 찾아서」지. 이제부터 제1편 「생명과학자의 번뇌」를 감상하게 될 거다."

허무호는 최고 속도로 상승했다. 지면 위의 풍경이 점점 작게 보이더니 나중엔 우주선이 어떻게 되었는지 보이지도 않았다. 알고 보니 두 사람이 도착한 곳은 한 대형 실험실이었다. 방금 봤던 지면 위의 풍경은 실험실 속에 있는 모형에 불과했다. 모형은 투명한 밀폐 공간인데 36억 년 전 생명 탄생 시기의 지구 표면을 본 뜬 것이었다. 타오는 과학자들 사이에서 남색 재킷을 걸치고 서 있었다.

"자, 됐습니다. 방전 정지!" 어떤 과학자가 소리쳤다. 그는 감정이 약간 격앙되어 있었고 목소리도 떨리는 것 같았다.

그의 명찰을 보니 바로 그 유명한 미 박사였다. 한 연구원이 전원을 끄고 모형 내의 방전기를 밀폐시키면서 작업을 끝냈다.

미 박사가 말했다. "허 박사께서는 팀원들과 함께 해수 모형에서 샘플을 취해 분석해 주십시오. 나머지 분들은 회의실로 가서 결과를 기다려주시기 바랍니다."

타오도 사람들과 어울려 회의실로 갔다.

"방전 실험에 들인 한 달이라는 기간은 길다면 길고 짧다면 짧다고도 할 수 있습니다." 어떤 말라깽이 같은 과학자가 한 말이다.

어디서 듣던 목소리? "그게 무슨 뜻이죠?"

타오는 이 말라깽이 과학자의 목소리가 어쩐지 익숙하게 느껴졌고 궁금하기도 해서 물었다.

"캬! 실험 경비를 갖고 말한다면 너무 긴 시간이죠. 하지만 자연 생명체의 형성과정이라는 측면에서 볼 때 한 달은 너무 짧은 시간이죠. 그냥 짧은 정도가 아니라 짧아도 너무너무 짧은 겁니다."

이때 허 박사와 팀원들이 들어왔다. 허 박사는 미 박사에게 보고서를 제출했고 미 박사는 긴장된 표정으로 보고서를 검토했다. 미 박사의 눈이 유난히 빛났다. 그는 단상으로 성큼 올라가 떨리는 목소리로 "실험 성공!"이라고 선포했다. 미 박사는 계속해서 칠판에 실험 해설에 필요한 조건과 결과 등을 상세히 쓰고 그렸다.

그들이 만든 것은 육지 모형이었고 거기에 해양을 꾸미며 밀폐 공간을 집어넣은 것이다. 그런 다음 이 밀폐 공간 안으로 고농도의 메탄, 암모니아, 수소를 함유하고 있는 원시 대기를 주입한다. 실험이 시작된 후 해수에 열을 주면서 방전을 실시해서 원시 기후 상태처럼 꾸민다. 이렇게 한 후 한 달이 지나자 해수 속에서 마침내 생명체의 기초 물질이 발견된 것이다. 바로 아미노산!

"이것은 우리가 생명의 기원을 찾아가는 첫걸음이며 대단히 성공적이기도 합니다." 미 박사는 감개무량하게 발표를 마쳤고 단상 아래에선 우레와 같은 박수가 터졌다.

"다음 단계는 어떻게 해야 합니까?" 말라깽이 과학자가 물었다.

회의실 분위기가 순식간에 식어버렸다. 미 박사는 고개를 숙이고 생각하더니 말을 이었다. "다음 단계는 더 감격적일 것입니다. 그러나 한층 더 어렵기도 합니다."

그는 칠판 위에 원을 두 개 그렸다. 그리고 왼쪽에는 '핵산', 오른쪽에는 '효소'라고 썼다. 그리고 사람들을 향해 계속 말했다.

"모두들 잘 아실 겁니다. 현재 생명체 안에서의 핵산은 오로지 효소의 촉매작용이 있어야만 합성됩니다. 효소는 일종의 특수 단백질입니다. 그리고 단백질은 핵산이 그것의 코드를 지정해 준 다음에야 합성될 수 있다는 사실도 분명합니다."

미 박사는 다시 칠판을 향해 돌아섰다. 그리고 좌우 두 원 사이에 교차선 두 개를 그려넣고 이어서 말했다. "생명체의 양대 요소, 즉 핵산과 단백질은 상호간 상대방 합성의 선결조건이 됩니다. 다시 말해서 핵산이 존재하지 않는다면 효소는 존재할 수 없고 또 효소가 없으면 핵산의 합성도 불가능하다는 얘깁니다. 이게 또 문제이기도 합니다."

"한 종류를 먼저 만들어낼 가능성은 없습니까?" 타오가 질문했다.

"좋은 질문입니다." 미 박사가 말했다. "우리는 가능하다고 봅니다. 특별한 이유는 없지만 핵산이 먼저 만들어질 것이라는 강한 예감을 갖고 있습니다. 그래서 우리의 다음 단계 실험은 단백질 효소의 작용이 없는 상황에서 핵산을 복제하는 것입니다. 어느 정도 시간이 지난 후 여러분께 우리의 실험 결과를 브리핑할 수 있게 되길 바랍니다."

타오는 회의실을 나왔지만 머릿속엔 온통 미 박사가 방금 한 말에 대한 생각뿐이었다. 그러다가 옆에서 걷고 있던 말라깽이 과학자에게 물었다. "단백질 효소가 먼저 생성될 가능성이 있나요?"

"물론 가능하죠. 하지만 모두들 효소는 자가 복제도 안되고 불안정하다고 생각합니다. 만약 그것이 먼저 생성되더라도 생성된 후 얼마 있다가 핵산을 못 만나면 곧 죽게 됩니다."

타오는 복도에서 커피 한 잔을 마시고 있다가 사람들과 함께 다시 회의실로 들어갔다.

미 박사는 풀이 죽은 모습으로 강단에 섰다. 그는 목청을 가다듬고 말했다. "반 년이란 세월이 지나 여기서 여러분을 다시 만나게 되다니 너무 기쁩니다. 하지만 여러분께 이런 말씀을 드리게 되어 대단히 유감입니다. 이번 실험 결과는 매우 실망스럽습니다. 우리는 제1단계 무효소 핵산 복제를 성공했지만 관건이 되는 제2단계에서 실패했습니다. 무효소 상태에서는 어떻게 해도 최종적인 복제를 할 수가 없었습니다."

"하하하!" 말라깽이 과학자가 큰소리로 웃었다. 모두들 그를 주시했다. "자연을 연구한다는 사람들이 자연의 기본 법칙조차 이해하지 못하고 있으니 성공 못하는 게 당연하지요."

모두들 말라깽이 과학자에게 힐난의 눈빛을 보냈다. 하지만 미 박사는 겸허하게 물었다. "자연의 기본 법칙이 무엇인지 고견을 듣고 싶군요."

"자연의 법칙은 바로 자연이오." 말라깽이는 말하면서 강단으로 걸어갔다. "별 특별한 견해는 없습니다. 다만 한 가지 문제, 만약 핵산이 먼저 존재하고 나서 단백질이 생성된다면 핵산 내 단백질 구조에 대한 코드는 어디서 오는 것일까요? 핵산 스스로가 창조되는 겁니까? 아니면 하느님이 창조하는 겁니까?"

그때 단상 아래에 있던 한 대머리 과학자가 일어나서 말했다. "만약 단백질이 먼저 존재한다고 생각하신다면 나중에 생성된 핵산은 먼저 생산된 단백질을 규정하게 될 것입니다. 이는 마치 아들이 그 아비의 외모에 책임을 져야 하는 것처럼 황당한 일입니다."

단상 아래는 웃음바다가 되었고 말라깽이 과학자는 '히히' 웃으면서 밖으로 물러갔다. 저 웃음! 저 몸짓! 타오의 직감은 정확했다. 바로 노자!

타오는 사람들을 비집고 노자에게 달려갔다. "영감, 같이 가요!"

미 박사가 크게 외쳤다. "리 박사, 이곳은 학술 토론장이오. 화가 난다고 그런 식으로 도중에 나가시면 곤란합니다."

노자는 가다가 멈춰서 아까 그 대머리 과학자를 쳐다보며 말했다. "미 박사님, 내가 화를 내는 게 아니라 저 사람의 말에 문제가 있기 때문입니다." 이렇게 말하고는 밖으로 나가버렸다.

"리 박사, 말씀을 확실히 하고 가셔야죠!" 다들 큰소리를 지르면서 노자를 에워싸려고 했다.

사람들이 타오의 앞을 막았는데 노자는 거의 문 밖으로 나가고 있었다. 어떻게 해도 빠져나갈 수 없었던 타오의 머릿속에 떠오른 것은 바로 허무호.

회의실과 사람들은 모두 사라졌고 두 사람은 허무호로 돌아왔다. 우주선 밖에선 아직도 화산이 분출 중이어서 연기만 자욱했다. 또 한편에선 천둥번개와 폭우가 계속되었다.

"영감, 방금 한 말 그게 무슨 뜻이에요?"

"가만 있어 봐. 이제 제2편 「대자연의 절묘한 지혜」를 볼 차례다."

우주선 앞부분에서 보라색 불빛이 발사되자 전방엔 즉시 하늘에서 내려온 광선이 펼쳐졌다. "이게 다 무슨 광선이에요? 볼 수 있는 빛은 아니겠죠?"

"한 가지 물어볼 게 있다. 지구를 보호하는 차원에서 대기층은 무슨 작용을 하느냐?"

"우주의 방사선을 막아주죠. 아! 알겠어요. 원시 대기층은 아주 얇죠. 그것들이 바로 우주의 방사선이군요."

"맞았어! 이제 분자 세계로 가서 보자."

우주선은 바다 표면까지 날아가 급속히 축소되어 바닷물 속을 뚫고 들어갔다. 수없이 많은 큰 분자들이 물 분자와 염분 분자 사이에 떠 있는 모습이 보였다. 타오는 우주선의 식별장치를 통해서 이 분자들이 아미노산임을 알 수 있었다. 우주 방사선의 영향 아래서 어떤 아미노산은 자기들끼리 결합해서 더 큰 분자를 만들었고 더 큰 분자도 또 서로 뭉쳐서 결국 단백질 분자를 만들었다.

타오는 흥분해서 말했다. "호! 우주 방사선의 영향을 받을 때는 단백질이 먼저 탄생되는 거였네요."

하지만 이런 단백질 분자는 안정적이지 못해 금세 분해되었다. 마침 그때 우주선 모니터에 아미노산 분자 두 개가 잡혔다.

"무엇이 다른지 두 개를 잘 비교해 봐라. 왼쪽 것은 방금 새로 생긴 단백질에서 분해된 것이고 오른쪽 것은 천연 합성된 것이다."

타오는 자세히 관찰했다. 왼쪽 아미노산 분자는 특이한 흔적이 있었지만 오른쪽 것에는 없었다. 그때 강렬한 우주 방사선이 또 한 번 비쳐왔다. 아미노산 분자 무리와 기타 여러 가지 분자들이 함께 합성되어 한 개의 핵산 분자를 만들었다. 타오는 경이로운 발견을 했다. 단백질에서 분해된 그 아미노산 분자들이 한 개의 단백질 코드로 가지런히 정렬되어 있는 것이었다.

　타오는 탄성을 지르지 않을 수 없었다. "대자연은 정말 할 말을 잃게 만드는군요."

　"응. 바로 우주의 복사에너지야. 이게 바로 생명의 탄생을 가능하게 해주지. 그리고 지구상의 물질들은 생명체 자체를 구성하게 되고. 이것은 자연스런 결과지만 그 무엇과도 견줄 수 없는 훌륭한 지혜라고 할 수 있다."

　"확실히 우리 인류 중에는 대자연에 견줄 만한 과학자는 한 명도 없어요."

　"자, 그럼 이제 제3편「유전과 변이」를 감상하자."

　"큭, '감상'이란 말을 꼭 쓸 필요는 없지 않아요? '적자생존'이라고 다윈이 벌써 얘기했는데."

　"그럼 말고. 다윈이 벌써 내가 할 말을 다 했다지? '만물은 환경에 적응하면서 천태만상으로 끊임없이 번식한다'고 말이다."

　두 사람은 다시 허무계곡으로 돌아왔다.

일소 박사의 도덕경 읽기

道生之, 德畜之, 物形之, 勢成之. 是以萬物莫不尊道而貴德. 道之尊, 德之貴, 夫莫之命而常自然. 故道生之, 德畜之, 長之, 育之, 亭之, 毒之, 養之, 覆之. 生而不有, 爲而不恃, 長而不宰, 是謂玄德.(51장)

'도'는 만물을 낳고 '덕'은 그것들을 키워서 각각의 외형을 만들고 자연히 번성하여 뻗어나가게 된다. 그러니 '도'를 존경하지 않을 수 없고

'덕'을 중시하지 않을 수 없다. 만물은 누가 시키지 않아도 '도'와 '덕'을 존경하고 중시한다. 이것은 매우 자연스런 일이다. 그러니 '도'는 만물을 낳고 '덕'은 만물을 키워 성장하게 하고 보호한다. 소유하기 위해서 낳고 기르는 것이 아니며, 자랑하기 위해서 일을 하는 것도 아니고, 도살하기 위해서 키우는 것도 아니다. 이것이 바로 높은 경지의 덕이다(2장과 10장을 참고하자).

 **과학 이야기**

지구는 46억 년 전에 탄생했다. 그로부터 10억 년 후 지구상에 생명체가 생겨났고 점점 진화하면서 번식했다. 생명의 탄생은 자연스런 과정이다. 자연계는 생물을 낳지만 그것들의 자유로운 생장과 경쟁에는 결코 관여하지 않는다. 하지만 생물도 자연재해나 자연 법칙의 구속은 비켜가지 못한다. 과학이 발달한 오늘날에도 만물의 영장인 인류는 여전히 허리케인이나 홍수, 지진 등 생명 탄생 이래로 존재하는 자연재해에서 벗어나지 못하고 있다.

도덕천 가는 길에

"영감, 벌써 한나절이나 걷기만 했다고요. 도대체 어디까지 데리고 가는 거예요?" 타오는 노자와 함께 시냇가를 따라 오래도록 걸었더니 힘들고 지쳐서 볼멘소리가 절로 나왔다.

"가기 싫어진 거냐?" 노자는 지팡이로 앞쪽 어딘가를 가리키며 말했다. "저 콸콸 물 흐르는 소리 들리느냐? 저 앞 멀지 않은 곳에 폭포 하나가 있단다. 폭포 꼭대기가 바로 이 시냇물의 원천이고 내 집이기도 하지. 어떠냐? 가보고 싶지 않으냐?"

"헤헤, 왜 이제 얘기하는 거예요? 집이라고 해봐야 분명히 먹을 만한 건 없을 테고, 그래도 주변 경치 하나는 끝내줄 것 같네요."

타오는 노자를 쫓아 종종걸음으로 물소리가 들리는 쪽을 향해 출발했다. 잠시 후 한 줄기 폭포가 눈앞에 펼쳐졌다. 폭포는 암벽 위에서부터 아래로 세차게 흰색으로 떨어지고 있었다. 물줄기는 튀어나온 암석과 폭포 아래 연못으로 꽂히면서 물안개를 날리고 우레와 같은 소리를 냈다. 촉촉한 물안개 속에 공기까지 맑으니 초목이 푸를 수밖에.

이렇게 잠시 폭포를 감상하던 타오는 노자를 따라 폭포 꼭대기까지 올라갔다.

"먼저 도덕천(道德川)에 가서 샘물을 좀 받아가지고 가자. 집에 가서 맛있는 차를 끓여주마."

"좋죠! 도덕천이 어딨어요?"

노자는 뒤편에 있는 폭포를 가리키며 말했다. 이건 자연폭포고, 도덕천은 이 폭포의 원천이야. 바로 요 앞이지."

"그럼 우리 빨리 가요!"

"그래. 근데 우리 시합 한번 하면 어떨까?"

신이 난 타오, "어떻게요?"

노자는 앞쪽 큰길을 가리키며 말했다. "여긴 큰 길이지. 좀 멀긴 해도 길을 잃지는 않을 거야." 이번에는 작은 길을 가리키며, "이건 작은 길인데 좀 가깝긴 하지만 길을 잃기 십상이지. 너한테 먼저 선택권을 주마. 난 네가 선택하지 않은 길로 가겠다. 샘까지 늦게 도착하는 사람이 물 길어와서 차 끓이기다. 어떠냐?"

"하지만 그건 불공평해요. 난 아예 길을 모르는데 어느 길을 가더라도 영감한텐 못 당할 거라고요."

"그렇다면 네가 큰 길로 가거라. 똑똑한 사람이라면 다들 큰 길을 택하지. 적어도 길을 잃지는 않으니까."

"형! 그럴 순 없죠. 그 말을 어떻게 믿어요?" 그렇게 말하며 타오는 작은 길을 택했다. 노자는 타오의 뒷모습을 보면서 씁쓸한 표정을 지었다. "평탄한 큰길을 놔두고 저렇게 꼬불꼬불한 길을 가겠다고 우기니 고생 좀 하겠군."

타오는 작은 길을 따라 씩씩거리며 걸었다. 길 양편은 빽빽한 대나무 숲이고 예쁜 새소리까지 들리는 고요한 오솔길이었다. 그런데 갑자기 앞에서 시끄러운 소리가 들려왔다. 웬 옛날 병사들이 우르르 몰려오는 것이었다. 병사 여덟 명이 커다란 가마를 메고 와 타오 앞에 멈췄다. 그리고 아무 설명도 없이 타오를 가마 안으로 밀어넣다시피 했다.

가마에 태워진 타오는 왕궁까지 가게 되었다. 임금은 타오를 '양곡독려장관'에 임명하고 도포 한 벌을 하사했다. 도포 앞뒤에는 아주 커다랗게 '양곡'이라고 쓰여 있었다. 도포를 걸친 타오는 거들먹거리면서 왕궁을 나왔다. 그런데 왕궁 밖으로 나와 보니 타오와 똑같은 도포를 입은 사람이 한두 명이 아니었다. "맙소사, 양곡독려장관이 뭐 이렇게 흔하담!"

그들은 모두 보검까지 차고서 위풍당당하게 농촌으로 가서 양곡을 내놓으라며 농민을 핍박했다. 농촌에서 타오가 본 것이라곤 쩍쩍 갈라진 농토와 기근에 시달리는 농민뿐이었는데도 말이다. 하루 종일 독촉해서 걷은 곡식이라곤 몇 자루 되지도 않는데 그것마저도 자기들끼리 나누어 가지면 임금에겐 빈손으로 돌아가야 했다.

타오는 어떤 뚱보 장관과 창고로 순시를 갔는데 창고는 쥐 한 마리 얼씬거리지 않을 정도로 썰렁했다. 그러던 어느 날 뚱보 장관이 타오를 자기 집으로 초대했다. 초대에 응해 가보니 집에는 상다리가 휘어질 정도로 산해진미가 가득 차려져 있었다. 막 젓가락을 들려는 순간 바깥에서 시끄러운 소리가 들렸다. 구걸하러 온 거지와 쫓으려는 하인 사이에 입씨름이 벌어진 것이다. 거지는 기어이 가지 않고 오히려 집안으로 뛰어들었다. 그런데 뜻밖에도 뚱보 장관은 화를 내지 않고 하인에게 말했다. "이 자를 곳간에 데려가 눈요기라도 시켜줘라!"

하인은 거지를 창고에 데리고 가서 과연 한 바퀴 빙 돌기만 했다. 거지는 애원했다. "나리께선 재산을 이렇게 많이 갖고 계시니 저한테 아주 조금만 적선해 주십시오."

뚱보는 냉소로 대답했다. "허허! 꿈도 꾸지 말거라."

거지는 한 상 가득 차려진 술과 음식을 보고 침을 삼켰다. "그럼, 나리! 밥 한술만이라도 나눠주시죠."

"눈요기 한 것만으로도 운 좋은 줄 알아라." 뚱보는 경멸의 투로 말했다.

그런데 더 뜻밖의 일이 일어났다. 거지가 갑자기 뚱보를 덮친 것이다. 그는 뚱보의 도포를 한 손에 잡아쥐고 보검을 뽑아 그 투실투실한 목에 대고 고함쳤다. "이놈의 떼강도들! 조정이 너희에게 장관 자리를 주었더니 아무 일도 하지 않고 놀면서 밥이나 먹고 있구나. 전답은 다 갈라졌고 국고도 네 놈 같은 강도들 때문에 텅 비었다. 그러고도 이런 사치스런 옷이나 입고 보검까지 차고, 먹어도 끝이 없는 산해진미에 금은보화가 넘쳐흐르다니. 이런 자들이 강도가 아니면 무엇이냐? 세상의 도가 다 무엇이란 말이냐?"

그리고 거지는 일찌감치 졸도해 버린 뚱보를 팽개치고 이번에는 타오를 붙잡고 소리쳤다. "그리고 너! 나이도 아직 어린데 벌써부터 이런 자들하고 어울려?"

거지가 칼을 뽑아 타오의 목을 치려 하자 타오가 소리 질렀다. "영감, 제발 구해줘요!"

"구해주긴 누굴 구해!" 거지 손 안의 보검은 어느새 지팡이로 변해 타오의 머리 뒤에서 탁탁 소리를 내고 있었다. 거지는 바로 노자였다. 노자는 아직도 화를 못 참고 소리 지르고 있었다.

"컥컥. 영감, 그만해요. 안 그래도 하루 종일 배고팠는데 뚱보집에서 밥 한 숟가락 못 얻어먹었다고요."

일소 박사의 도덕경 읽기

使我介然有知, 行於大道, 唯施是畏. 大道甚夷, 而民好徑. 朝甚除, 田甚蕪, 倉甚虛, 服文綵, 帶利劍, 厭飲食, 財貨有餘, 是爲盜夸. 非道也哉.(53장)

순리를 아는 사람은 큰 방향에서 벗어날까봐 반드시 큰 길을 간다. 그런데 보통 사람들은 평탄한 큰 길을 두고 작은 길을 선택한다. 조정에서는 무사안일한 관리들을 수도 없이 뽑으니 논밭엔 잡초만 무성할 뿐 국고는 텅 빈다. 그래도 이 벼슬아치들은 화려한 옷을 입고 날이 시퍼런 보검을 차고 산해진미를 질리도록 먹으며 집안에는 금은보화가 흘러넘칠 정도이다. 이것이야말로 떠벌리기 좋아하는 강도다. '도'를 거스르는 일이다!

과학 이야기

뇌혈전의 발병 메커니즘. 뇌혈전은 두개골 내부 뇌동맥에서 동맥경화가 일어나는 것을 말한다. 이것은 혈액 속의 유형 성분과 섬유소들이 거친 내막에 엉겨붙어 부벽혈전(혈관 벽에 붙은 혈전)을 형성하고 혈관을 좁게 만들어 심지어는 혈관 폐쇄를 초래하는 뇌혈관 질환이다. 이 질환의 사망률은 5~10% 정도다. 흡연, 음주, 비만, 운동 부족, 나쁜 식습관 등이 뇌혈전의 발병률을 높이고 있다.

아기와 호랑이

두 사람 앞에 마침내 샘물이 나타났다. 샘가 돌에는 '도덕천' 이라고 쓰여 있었다. 너무도 반가운 나머지 타오는 뛰어가려 했지만 노자의 손에 저지당하고 말았다. "잠깐!"

"아니, 왜요?" 타오는 이해할 수 없다는 표정으로 노자를 쳐다보았다. 노자는 지팡이로 앞을 가리키며 물었다. "봐라, 저것들이 다 무엇이냐?" 자세히 보고 난 타오는 놀라서 온 몸의 털이 쭈뼛쭈뼛 섰다. 돌 위에 독수리 한 마리가 앉아서 시커먼 눈으로 타오를 노려보고 있었던 것이다. 아래쪽에는 굵은 독사가 칭칭 감고 앉아 머리를 샘물까지 밀어넣고 좌우로 흔들고 있었고, 앞에는 얼룩무늬 호랑이가 타오를 향해 입을 쩍 벌리고 있었다.

타오는 노자의 등 뒤로 몸을 숨기고 이를 바들바들 떨었다. "여,

영, 영감, 영감은 자신을 보호할 줄도 알고 죽음도 두려워하지 않는댔죠? 맹수들도 영감을 해치진 않을 테니 가서 물을 길어오시죠. 난 여기서 기다릴게요."

"푸하하하! 벌벌 떠는 모양새하고는! 맹수가 절대 해치치 않는 사람은 딱 두 종류야. 하나는 후덕한 사람이고 또 하나는 갓 태어난 아기지.* 넌 아직 어린애 아니냐? 뭐가 무서워? 내가 여기서 기다릴 테니 가서 물 떠와."

"장난하지 말아요. 이렇게 커버렸는데 갓난아기라뇨."

"갓난아기는 엉덩이를 쏙 까고 있지 않니? 너도 옷을 벗고 있어봐."

"영감은 정말 호랑이랑 친척 아니에요? 내가 옷을 벗고 있어 봐요, 호랑이가 잡아먹을 때 일 한 가지 덜기나 하겠죠."

"알았다, 알았어. 내가 갔다 오마."

노자는 아무렇지도 않게 웃으면서 앞으로 갔다. 호랑이는 노자에게 꼬리를 흔들어 주었고, 독사는 꼼짝도 안하고, 독수리는 날갯짓을 할 뿐이었다. 노자가 샘에서 죽통에 물을 담고 있을 때 뒤에서 째지는 듯한 소리가 들렸다. "영감! 나 죽어요! 살려줘요!"

맹수 세 마리가 한꺼번에 타오에게 덤비려 하고 있었다. 타오는 벌써 땅바닥에 나뒹굴고 있었다. 보다 못한 노자가 지팡이를 날려 타오를 발가벗은 아기로 바꾸어놓았다. 아기는 강보 위에서 팔다리를 흔들면서 울어댔다. "응애 응애."

아기가 하도 울어대니 독수리는 그 소리에 질려 달아났고 독사도 옆에서 넋을 잃고 바라보기만 했다. 호랑이만 주위를 서성였다. 아기가 더 크게 울자 호랑이는 아기 곁으로 가서 입을 벌렸다.

겁에 질린 타오는 눈을 질끈 감았다. "이젠 끝장이다!" 그런데 호랑이가 타오를 잡아먹는 게 아니라 부드럽게 핥아주는 것이었다. 타오는 천천히 눈을 뜨고 웃었다.

물을 다 뜬 노자는 죽통을 메고 아기 타오 곁으로 와서 호랑이를 돌려보냈다. 아기 타오는 또 울기 시작했다. 오동통하고 귀여운 아기를 보니 노자는 절로 웃음이 나왔다.

"우히히히! 요 야들야들한 손도 그렇게 주먹을 꼭 쥘 수 있구나. 하루 종일 울어도 목도 안 쉬고, 정말 부드러움의 극치군. 하하하!"

"웃지 말아요. 빨리 원래대로 돌려놓기나 해요." 화가 난 타오는 소리가 더 커졌다. 하지만 여전히 아기 소리였다. 짜증이 날 대로 난 타오는 바닥에서 뒹굴기까지 했다. 그제야 노자는 지팡이를 날려 다시 잘생긴 소년 타오로 되돌려놓았다.

"어떠냐? 아기의 좋은 점을 이젠 알겠지? 아기는 피부와 살이 부드러워서 오래 갈 수 있지. 그럴 수 있는 사람이야말로 현명한 사람이고."

"현명하든 말든 뭐 어쨌다는 거예요? 사람을 이리저리 바꿔놓기나 하고."

"넌 왜 그렇게도 남의 호의를 몰라주느냐. 널 아기로 바꾼 건 네 목숨을 보호해 주기 위해서잖아. 다 생각해서 그런 것을 갖고 고마워하지는 못할망정 오히려 화를 내다니!"

"맞아요. 화가 하늘 저 끝까지 치민다고요. 어쩔래요?" 타오는 도저히 화가 풀리지 않았다.

"그래? 그렇다면 내가 하늘까지 띄워주지. 얍!"

34장 아기와 호랑이 211

눈앞엔 즉시 첨탑이 나타났다. 노자가 지팡이를 날리면서 소리쳤다.

"올라가라!" 이 소리와 함께 타오는 첨탑 꼭대기에 앉아 있는 신세가 되었다.

첨탑은 3층 건물 높이는 되었다. 꼭대기에 앉아 있다 보니 어지럽기도 하고 두 손으로 엉덩이 밑에 있는 난간을 꽉 붙들고 있느라고 식은땀이 났다. 그래도 타오는 억지로 웃으며 말했다. "크크, 영감, 난 그저 장남삼아 한 말인데 진짜로 이렇게 하면 어떡해요?"

"거기서 시원한 바람이나 실컷 쐬고 있어라. 내가 가서 차 끓여 오마." 노자는 이내 사라졌다.

＊ 맹수가 아기를 해치지 않는 것에 대해서는 서양에도 유사한 이야기들이 있다. 이탈리아 로마 시 정부 박물관에 소장되어 있는 유명한 조각품「암늑대」가 바로 좋은 예다. 그것은 높이 85미터의 청동상으로 본체는 기원전 500년 전쯤 만들어졌다. 이「암늑대」는 야성이 충만하고 젖가슴이 아래로 늘어져 있을 정도로 몸집이 건장한데 배 아래 부분에 인간 아기 두 명이 붙어서 젖을 빨고 있다. 인간 아기 부분은 16세기 무렵 붙인 것이다. 이 조각상은 동떨어진 두 시기에 걸쳐서 만들어졌지만 로마 건국의 전설을 매우 완벽하게 전달해 준다. 트로이 전쟁이 끝난 후 트로이 왕자는 이탈리아 반도로 도망쳐 와서 알바 시를 세웠고 대대로 이어졌다. 훗날 누미토르라는 왕이 있었는데 그의 동생 아물리우스에게 왕조를 찬탈당하고 아들까지 잃었다. 누미토르에게는 딸도 있었는데 그 딸은 전쟁의 신과 사랑하게 되어 쌍둥이 형제 로물루스와 레무스를 낳았다. 이 일을 알게 된 아물리우스는 쌍둥이 형제가 커서 복수할 것이 두려워 쌍둥이를 바구니에 담아 테베레 강에 띄워 보냈다. 쌍둥이를 실은 바구니는 나무에 걸리게 되었고 그후 암늑대가 형제를 발견해 젖을 먹여 키웠고, 그후 두 형제를 발견한 사냥꾼이 데려다 키웠다. 형제가 성장한 후 원수를 죽이고 외조부를 구해 새로운 도시를 건설했다. 나중엔 로물루스가 레무스까지 죽

이고 자기 이름을 따서 이 도시를 '로마'라고 명명했다.

또다른 기록에 의하면 1920년 자카르타 서남부의 한 작은 마을 부근에서 어떤 목사가 늑대에 의해 키워진 두 명의 '여자 늑대 아이'를 발견했는데 7세와 2세 남짓이었다.

일소 박사의 도덕경 읽기

含德之厚, 比於赤子. 蜂蠆虺蛇不螫, 猛獸不據, 攫鳥不搏. 骨弱筋柔而握固, 未知牝牡之合而全作, 精之至也. 終日號而不嗄, 和之至也. 知和曰常, 知常曰明. 益生曰祥, 心使氣曰强. 物壯則老, 是謂不道. 不道早已.(55장)

덕을 쌓은 사람은 갓난아기와 같아서 독충과 맹수에게도 물리지 않는다. 근육과 뼈는 유연하지만 주먹은 단단히 쥘 수 있다. 아직 남녀간의 일은 모르지만 정력도 왕성하다. 하루 종일 울어대도 목이 쉬지 않는다. 이 모든 것이 다 유연함 때문이다. 부드러움을 알면 오래 간다. 오래 갈 수 있다면 그것이 바로 명석한 지혜다. 생명을 연장할 수 있다면 좋은 일이다. 주관적 의지를 통해서 객관적 환경에 영향을 줄 수 있다면 그것은 강하기 때문이다. (그러나) 사물은 강대해지고 나면 쇠락하게 된다. 그러니 강한 것은 '도'에 맞지 않다. '도'에 맞지 않은 사물은 금세 사라진다.

과학 이야기

질량이 큰 물체의 운동량은 바꾸기 어렵지만 질량이 작은 물체의 운동량은 쉽게 변화시킬 수 있다. 농구공 한 개와 포환 한 개를 서로 부딪쳐 보라. 포환은 기본적으로 변힘없이 속도를 유지하지만 농구공은 튕겨나간다.

사기죄로 감옥에 가다

노자는 찻잎을 다 우려내고 나서야 타오를 첨탑 꼭대기에서 내려주었다. 타오는 차를 세 대접이나 연거푸 마셨다.

기분이 한결 좋아진 타오가 물었다. "이제 뭐 하죠?"

노자가 지팡이를 휘두르자 두 사람은 어느새 한 번화가에 와 있었다.

대로변에는 장사하는 사람이나 돌아다니는 사람이나 너 할 것 없이 바쁘면서도 서로 간섭하지 않고 자유로웠다. 두 사람은 여기저기 돌아다니다가 관아 앞을 지나게 되었다. 입구에 아무도 지키는 사람이 없기에 타오는 슬그머니 들어가 둘러보았다. 관아의 대청 안에는 긴 탁자가 있고, 그 위에는 의사봉이 놓여 있었다. 탁자 뒤 의자엔 관원이 앉아 꾸벅꾸벅 졸고 있었다.

장난기가 발동한 타오, 살금살금 다가가 탁자 위의 의사봉을 들고 탁자 위를 '탁' 내리쳤다. 졸다가 놀란 관원은 의자에서 튕겨 오르다시피 했고 모자도 땅에 떨어졌다.

당황해 하는 관원의 모습을 보면서 타오는 배꼽을 잡고 웃었다. "와하하하."

타오를 본 관원은 모자를 주워 쓰고 타오를 향해 손을 흔들면서 말했다. "이보게 젊은이, 법정에서 소란피우지 말고 볼일 없으면 어서 나가시오."

"아이고, 실례했습니다. 물러가겠습니다." 타오는 두 손을 모아 제대로 머리를 조아리고 나왔다.

타오는 노자를 만나자마자 말했다. "이곳 관원은 쿨쿨 잠밖에 안 자요."

"쿨쿨 잠만 잔다고? 그래야지. 이곳이 인심 좋고 사람 살 만한 곳이라는 증거야." 노자는 이런 얘기를 하면서 문가에 걸려 있는 큰 북을 가리켰다. " 허구한 날 사람들이 억울하다고 찾아와서 저 북을 두드리면 시끄러워서 낮잠이 오겠느냐?"

"말이야 맞는 말이네요. 그래도 여긴 너무 심심해요. 우리 다른 곳으로 구경 가요."

"그러자."

잠시 후 두 사람은 다른 곳으로 갔는데 이곳 사람들은 영 딴판이었다. 사람들이 겉으로는 웃고 있었지만 눈빛들이 음흉스럽게 느껴졌다. 이런 사람들 틈에서 걸어다니는 것도 꽤 힘든 노릇이었다.

"손님!" 한 포목 장수가 타오를 부르는 소리였다. "우리집 비단 좀 보시죠. 보세요, 얼마나 고운데요. 촉감이 아주 좋죠? 게다가 아주 쌉니다. 한 자에 20냥인걸요."

타오가 비단을 만져보니 정말 감촉이 아주 좋았다. 비단을 보자 갑자기 누나 생각이 난 타오가 노자에게 물었다. "돈 있으면 좀 빌려줘요."

노자가 소매 춤에서 동전 한 꾸러미를 꺼내 건넸고 돈을 받아든 타오는 비단 열 자를 샀다. 그런데 얼마 못 가 또다른 비단 장수가 타오에게 손짓을 했다. "젊은 양반, 방금 저기서 한 자에 20냥 주고 사는 걸 내가 봤는데, 우리집 비단은 한 자에 10냥밖에 안해. 좀 더 안 사겠소?"

타오는 사기당했다는 생각에 아까 그 포목 장수를 찾아갔지만 헛걸음만 쳤다. 한창 씩씩거리던 차에 관아의 아속들이 어떤 사람을 밀면서 오는 게 보였다. 가까이서 보니 아까 그 포목 장수였다. 잘됐다 싶어 가서 따지려는데 웬걸, 아속들이 타오에게 달려들어 잡아 묶는 것이었다. 또다른 아속들은 노자를 포박했다. 아속들은 타오와 노자를 포목 장수 앞으로 끌고가 물었다. "위조화폐를 쓴 자들이 바로 이들이냐?"

"맞습니다!" 포목 장수가 대답했다.

"가자!" 아속들은 두 사람과 포목 장수를 관아로 압송해 갔다.

사또가 나와 사안을 심사하더니 잠시 후 사건의 진상이 밝혀졌다. 포목 장수는 가짜 비단을 고가에 팔았고 타오와 노자는 위폐를 사용했다는 것. 세 사람은 모두 같은 감옥에 갇히는 신세가 되었다.

감옥에서 타오는 노자를 원망했다. "어휴, 정말! 돈이 없으면 그냥 계실 것이지. 안 사면 안되는 것도 아닌데 사람을 이렇게 갇히게 하냐고요."

그러자 노자가 웃으며 말했다. "로마에 가면 로마법을 따르라며? 그자가 너한테 판 게 가짜니까 네가 그자한테 주는 것도 위폐여야 공평한 것 아니냐?"

이번엔 타오가 포목 장수에게 물었다. "이곳은 관리들이 저렇게 무시무시한데 당신은 어떻게 사기칠 생각을 하죠?"

포목 장수가 웃으며 말했다. "관리들은 교활한데 백성들이 정직하기만 하면 굶어죽어요. 우리들이 하루에 얼마를 버는지 저들이 정확히 꿰고 있다면 우리가 내야 될 세금은 아마 한도 끝도 없을 거요."

"허허!" 노자가 웃으며 말했다. "똑똑한 관리가 있으면 교활한 백성이 있게 마련이지. 성인은 그렇지 않아. 정직하고 반듯해도 사람들에겐 위협이 안돼. 모가 나 있어도 사람들을 다치게 하지 않지. 단도직입적으로 행동해도 남들은 경솔하게 보질 않아. 광채가 나지만 사람들을 누부시게 하지도 않고 말이다."

"됐어요, 됐어. 성인이 어떻다 이런 얘기 좀 그만하자고요. 어서 빨리 나가게나 해줘요."

노자는 차분하게 말했다. "뭘 그렇게 서두르는고? 감옥에서 좀 살아보는 것도 좋은 점이 있을 거야. 불행이 복을 불러오지 말란 법은 없다."

"알았어요, 알았다고요. 변방 사는 노인이 말을 잃어버린 것이

35장 사기죄로 감옥에 가다

잘된 일인지 아닌지 미리 알 수 없겠죠. 새옹실마(塞翁失馬), 언지비복(焉知非福)* 아닙니까? 우리 옥방 바닥이 뚫어질 때까지 어디 한번 살아보자고요."

그때 바닥에서 뚝딱뚝딱 소리가 들려오더니 다음엔 우르르 소리와 함께 바닥에 커다란 구멍이 뚫렸다. 구멍 안에서 어떤 사람이 뛰어나오며 말했다. "어서 나갑시다!" 그리고는 세 사람을 데리고 구멍 안으로 들어갔다. 그 사람을 따라 꼬불꼬불 가다 보니 어떤 큰 동굴까지 가게 되었다.

동굴에는 강도떼들이 금은보화를 서로 나눠 갖고 있었다. 타오와 노자도 금화를 한 무더기나 받았다. 신이 난 타오가 말했다. "영감, 우리 이제 부자예요!"

노자는 오히려 냉소적으로 말했다. "너무 그렇게 좋아하지 마라. 복 뒤에 불행이 숨어 있을지 또 아느냐? 이런 일은 누구도 장담 못해."

"걱정 말아요, 영감. 이 장타오도 그렇게 심한 욕심쟁이는 아니라고요. 가방에 들어갈 만큼만 챙겨넣을 게요." 타오는 즉시 가방 속에 들어 있던 물이며 간식을 다 끄집어낸 후 금화를 담았다.

타오와 노자는 동굴을 빠져나와 단숨에 산을 내려왔다. 내려오다 보니 두 갈래 길이 나왔다. 큰 길과 작은 길! 지난번 작은 길로 갔다가 된통 혼이 났던 타오는 이번엔 큰 길을 선택했다. 목에 힘을 주고 어깨까지 으쓱거리면서 큰 길을 걷고 있는데 이 큰 길이야 말로 아주 희한한 곳이었다. 가도 가도 사람 그림자 하나 보이지 않는 것이었다. 금화 때문에 가방은 또 얼마나 무거운지. 피곤하고 배고프고 목까지 마르다 보니 아까 간식이랑 물을 꺼내버린 게 내심 후회스러웠다. 나중엔 정말 꼼짝도 못할 지경이 되어 길가 풀밭에 주저앉고 말았다.

같이 가던 노자가 길을 살펴보다가 말했다. "길을 잘못 들었다. 여기는 전쟁할 때나 이용하는 군용로라서 결국엔 산 속으로 통하지. 곧 날이 저물 텐데 빨리 걸으려거든 우선 가방부터 가볍게 비워라. 이런 황량한 곳에서 밤에 맹수라도 만났다가는 끝장이야."

타오도 이젠 별 수 없었다. 금화를 몽땅 쏟아버리는 수밖에. 그래도 너무 아쉬웠던 타오는 금화 한 닢은 챙겨넣고 노자를 따라나섰다. 천근같은 다리를 질질 끌면서. 그리고 마침내 어두워지기 직전 한 여관에 들어갈 수 있었다.

이튿날 날이 밝자마자 타오는 밖에서 들려오는 시끄러운 소리에 잠을 깼다. 웬 상인이 숙박을 하고도 장사에 밑졌다는 이유로 여관비를 내지 않자 여관 주인과 시비가 붙은 것이다. 타오는 상인이 불쌍한 생각이 들어서 전날 챙겨두었던 금화로 대신 여관비를 내주었다. 그런데 은혜를 원수로 갚을 줄이야! 그자는 타오의 금화를 보더니 타오의 멱살을 움켜쥐며 소리쳤다. "이 놈이 내 돈을 훔쳤군! 여러분이 증인이 되어주시오. 관아로 끌고 가겠소."

"아니, 이봐요! 어떻게 이런 말도 안되는 소리를 하죠? 금화는 분명 내 것이라고요. 그게 어째서 당신 것이냐고요?"

"네 것이라고? 너 그 금화 어디서 났냐, 엉?" 상인이 소리쳤다. 타오는 그것이 강도의 장물이라고 말도 못하겠고 그저 답답하기만 할 뿐이었다. 주위엔 이미 구경꾼들로 가득했다. 노자를 발견한 타오는 곧 구조요청 신호를 보냈다. "영감! 어서요, 살려줘요!"

노자는 도저히 이해할 수 없는 말만 했다. "허허! 호의를 악의로 바꿨구먼. 이런 일은 자주 생기지. 이유가 뭘까? 휴, 여태껏 아무도 알아내지 못했군."

"영감, 비웃지 말아요, 네? 빨리 어떻게 좀 해보라고요."

노자의 지팡이 한 방에 시끄러운 광경은 이내 사라졌다. 그리고 대나무 숲.

* 새옹실마, 언지비복. 변방 지역에 사는 한 노인이 키우던 말이 영문도 모른 채 북쪽으로 달아났다. 이웃 사람들이 애석해 하며 위로해 주자 노인은 이렇게 말했다. "이것이 잘된 일이 될지 누가 알겠소." 몇 달 후 도망갔던 말이 준마 한 마리와 함께 돌아왔다. 이웃들이 축하해 주자 노인이 이번엔 이렇게 말했다. "이것이 나쁜 일이 될지 누가 알겠소." 말 타기 좋아하는 노인의 아들은 어느 날 그 준마를 타다가 떨어져서 다리를 절단하게 되었다. 이웃 사람들이 모두 위로해 주었지만 노인은 이번에도 "이것이 잘된 일이 될지 누가 알겠소"라고만 말했다. 일 년 후 오랑캐가 침략해 오자 변방 지역 젊은이들은 모두 전쟁터에 나가야 했는데 열의 아홉은 살아 돌아오지 못했다. 그러나 노인의 아들은 다리를 쓰지 못하기 때문에 군대에 가지 않았고 그 때문에 목숨을 보전할 수 있었다. 담고 있는 의미가 노자 사상과 일맥상통한다.

🍭 일소 박사의 도덕경 읽기

其政悶悶, 其民淳淳. 其政察察, 其民缺缺. 禍兮福之所倚, 福兮禍之所伏. 孰知其極. 其無正, 正復爲奇, 善復爲妖. 人之迷, 其日固久. 是以聖人方而不割, 廉而不劌, 直而不肆, 光而不燿.(58장)

관청이 형식에 구속되지 않게 일을 처리하면 민심이 순박해진다. 관청에서 사사건건 캐고 따지면 백성들도 속임수를 쓰게 된다. 그러므로 성인은 상대방이 바르지 못하다고 해서 절대로 그들을 깔보지 않는다. 명백한 사실이지만 절대로 타인에게 해를 끼치지도 않고 경거망동하지도 않는다. 빛이 사방에서 환하게 비쳐도 절대 눈부시도록 하지 않는다.

불행은 복을 드러나게 하고 복은 불행을 감싸줄 수 있다. 이 속에 얼마나 깊은 뜻이 있는지 누가 알겠는가. 이런 것은 어떤 기준도 없다. 바른 '도'도 때로는 비뚤어진 것이 되기도 하고 호의가 악의로 바뀔 수도 있다. 사람들은 이미 오래전부터 이 문제에 의문을 품고 있었다.

과학 이야기

진동은 평형 위치에 있던 물체가 외부의 영향을 받아 평형 위치로부터 별도의 극단적 위치로 갔다가 다시 평형 위치로 돌아오고 또다른 극단적 위치로 향하는 순환성 왕복운동이다.

솔선수범하는 임금

"피곤해 죽겠어요. 우리 어디서 좀 쉬었다 가요." 타오는 대나무 숲에 돌아온 것을 두 눈으로 확인하고서야 길게 심호흡을 할 수 있었다.

"이 숲만 지나면 노송 한 그루가 있는데 우리 그 소나무 아래서 좀 쉬도록 하자."

두 사람은 도란도란 얘기를 나누면서 소나무 아래까지 왔다. 타오는 솔잎이 뒤덮인 바닥에 가방을 베개삼아 누워 잠이 들었다.

"폐하, 일어나실 시간입니다." 누군가 타오를 흔들어 깨웠다.

"뭐 하는 거냐?" 타오는 느릿느릿 몸을 뒤집고 다시 잠이 들었다.

"폐하, 일어나십시오." 그 목소리가 또 재촉했다.

하는 수 없이 부시럭거리며 일어난 타오는 눈도 제대로 못 뜬 상태에서 사람들한테 떠밀려 제단까지 갔다. 제단에는 이미 각양각색의 제례품들이 가득 차려져 있었다. 어느 백발 노인의 사회로 타오는 천지신령께 제사를 지냈다. 제례가 끝나자 이번에는 휘황찬란한 궁궐이 기다리고 있었다. 타오는 옥좌에 앉아 대신들의 끝없는 입씨름을 들었고 그들이 올린 지겨운 공문에 일일이 회답해 주었다.

이런 식으로 하루를 보내고 나니 타오는 허리도 펴지 못할 지경이 되었고 침상에 눕자마자 코를 곯았다.

잠든 지 얼마 되지도 않은 것 같은데 사람들이 또 일어나라고 재촉이었다. 타오, 이번엔 죽어도 일어나지 않을 작정이었다. "폐하께선 대국의 임금이십니다. 이토록 늦잠을 주무시고 조정을 돌보지 않으시면 장차 이 나라가 어찌되겠습니까?"

타오는 그 말을 듣자 일어나지 않을 수가 없었다. 그런데 정신이 혼미하다 보니 문턱에 발이 걸려 넘어질 뻔하기도 했는데 내시가 부축해 주면서 말했다.

"국사께서 벌써 어화원에서 기다리고 계십니다. 폐하께 아뢸 말씀이 있다 하옵니다."

"망할 놈의 리얼! 천지와 선조께 제사지내는 것보다 중요한 게 어디 있다고." 타오는 귀찮다는 듯 투덜거리면서도 내시를 따라 어화원으로 갔다.

어화원에서는 노자가 농민 복장을 하고서 화초에 물을 뿌리고 있었다.

"네 이놈 리얼! 짐이 천지와 선조께 제사지내는 일은 보좌하지 않고 이런 곳에 와서 쓸데없는 짓이나 하고 있어? 제례가 끝나거든 네 관직부터 박탈해 주겠다."

노자는 하던 일을 멈추고 물었다. "폐하께서 웅장하게 제례를 지내시고 궐내를 이처럼 호화롭게 꾸미는 것은 다 무엇 때문입니까?"

"그야 물론 조정의 영원한 융성을 위해서지."

"조정의 영원한 융성을 바라신다면 제사를 지낼 것이 아니라 근검절약하셔야 합니다."

"설마 나더러 꼭두새벽부터 일어나 밭에 나가 일하라는 뜻은 아니겠지? 그렇다면 체통이 서겠느냐?"

"꼭 그러실 필요는 없지만 그래도 근검절약은 일찍 일어나서 일하는 것에 비할 만합니다. 물론 폐하께서 일찍 일어나 일하실 수 있다면 백성들 모두 폐하를 존경하게 됩니다. 그렇게 된다면 천하에 폐하께서 이기지 못할 적은 없을 것입니다."

"음, 민심을 얻는 자 천하를 얻는다······. 그저 근검절약과 노동만으로 민심을 얻을 수 있겠는가?"

노자는 꽃에 물을 뿌리면서 말했다. "근검절약이란 폐하께서 백성들이 피와 땀으로 낸 세금을 낭비하지 않음을 말합니다. 또 만약 폐하께서 백성들과 함께 밭을 일구신다면 비록 흉내내는 정도지만 그래도 백성들과 한 가족이 되어 그들의 어려움을 이해하신다는 것을 뜻합니다."

"그렇군. 가족끼리는 당연히 서로 도와야지." 타오는 자신의 턱을 매만지며 말했다.

노자는 또 화초에 물을 뿌리고 말했다. "백성은 폐하의 힘의 원천입니다. 폐하께서 얼마나 큰 힘을 갖고 계신지는 아무도 알 수 없습니다."

"알겠소." 타오는 즉시 용포를 벗어 내시에게 주고 노자의 물뿌리개를 빼앗아 연거푸 화초에 물을 뿌렸다.

"골고루 뿌리십시오. 한 군데만 물이 가면 화초가 썩어 죽습니다." 노자는 타오 곁에서 계속 이래라 저래라 지적했다. "그렇죠, 바로 이렇게. 나라를 다스리는 것도 같은 이치입니다. 자연의 법칙을 따라야만 오래 지속될 수 있습니다."

어느덧 궐내의 대신들이 너나 할 것 없이 어화원으로 몰려와 화초에 물을 주고 있었다. 노자는 타오 옆까지 비집고 와서 귀에 대고 속삭였다. "따라와!"

타오는 노자를 따라 조용히 어화원을 빠져나왔다.

일소 박사의 도덕경 읽기

治人事天, 莫若嗇. 夫唯嗇, 是以早服, 早服謂之重積德. 重積德則無不克, 無不克則莫知其極, 莫知其極, 可以有國. 有國之母, 可以長久, 是謂深根固柢, 長生久視之道. (59장)

통치자는 백성들을 단속하거나 천지신명에게 제사지내는 것보다 근검절약을 실천해야 한다. 그 실천이란 일찍 일어나서 노동하는 것에 비유할 만하다. 이른 아침부터 일한다는 것은 덕을 쌓는 일이다. 덕 쌓는 일에 열중하면 해내지 못할 일이 없다. 이런 사람의 인내력이 얼마나 되는지 아무도 모를 정도다. 그의 인내력이 얼마나 대단한지 아무도 모른다면 그는 통치자로서의 자격이 있다. 그는 국가의 어머니(道)를 찾을 수 있게 되고 그의 국가는 오래도록 존재할 수 있다. 뿌리 깊은 나무가 잎이 무성해지고 국운이 무궁무진하게 되는 이치가 바로 이것이다.

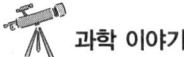 **과학 이야기**

장기간의 진화를 거치면서 동물들의 표피도 주변 사물과 비슷한 색으로 변했다. 이것이 보호색이다. 보호색은 동물들이 환경과 일체가 되도록 하여 식별하기 어렵게 만든다. 이 때문에 천적으로부터 자신을 보호할 수도 있다.

37장
생선국 끓이기

어화원을 나온 타오는 이해할 수 없다는 듯 물었다. "한참 재미있는데 왜 불러내는 거예요?"

"강대국의 지도자가 되어가지고 어떻게 하루 종일 그런 일만 할 수 있겠습니까?" 노자가 빙그레 웃으며 말했다.

"아니, 내가 그런 일을 하는 것도 영감이 하라 그래서 한 거고, 하지 말라는 것도 영감이 한 얘기라고요." 타오는 기분이 상했다.

"으흠, 폐하, 온종일 힘드셨을 텐데 뭐 먹을 것을 좀 마련해 드리지요."

이런 말은 듣기만 해도 신이 난다. "뭔데요?"

노자는 대답도 하지 않고 타오를 데리고 호숫가로 갔다. 노자의 지팡이는 그물로 변해 물속으로 던져졌다. 잠시 후 그물은 혼자 날아올랐다. 노자가 손을 뻗어 잡고 들여다보니 그물 안엔 붕어 몇 마리가 잡혀 있었다. 타오는 인상을 쓰며 말했다. "이게 나한테 마련해 주겠다는 그 먹을 거예요?"

"맞습니다요."

"이걸 무슨 맛으로 먹어요." 타오는 소맷자락을 털면서 가버리려고 했지만 노자에게 잡히고 말았다.

노자는 허공에서 화로와 솥을 만들어냈다. 먼저 화로에 둥근 냄비를 올려놓았다. 그리고 맑은 물 몇 대접을 붓고 붕어들을 다 집어넣었다. 잠시 후 끓기 시작하자 젓가락으로 생선 한 마리의 머리 부분을 집더니 가볍게 털었다. 그랬더니 생선살이 모두 쑥쑥 떨어져 나와 다시 국물 속으로 들어갔다. 노자가 젓가락을 타오에게 주며 말했다. "폐하도 한번 해 보시죠."

"히히, 이렇게 간단한 걸 가지고 뭘." 타오는 젓가락을 받아들고 노자가 했던 것처럼 했다. 쑥쑥쑥쑥. 냄비 속 붕어들의 뼈와 살이 순식간에 분리되었다.

그러자 노자는 소금과 기름을 조금씩 넣은 다음 호숫가에 식탁과 의자를 마련했다. 거기에 국그릇과 숟가락까지. 마침내 두 사람은 생선국을 한 그릇씩 담아 먹게 되었다.

"우와! 정말 맛있네요." 타오는 먹으면서 감탄 연발이었다. "요리 솜씨가 보통이 아닌걸요?"

"과찬의 말씀!"

"또 겸손은…… 장단 좀 맞춰줄 수 없어요?"

"그건 그렇고 강대국의 지도자라면 이런 생선국을 자주 끓여 먹어봐야 한다고 생각하는데 폐하의 고견은 어떠신지?"

"헤헤, 무슨 뜻인지 알겠어요. 우리나라는 땅이 넓고 사물도 다양하니 힘도 세고, 사람이 많다 보니 그만큼 인재도 많죠. 이런 강대국을 다스리려면 생선국 끓이는 것처럼 아주 합리적이고도 정교한 방법을 찾아야 한다는 거겠죠."

"과연 고견이십니다. 자연의 법칙에 따라 나라를 다스리다 보면 귀신이나 신선, 성인까지도 다 와서 도와주게 됩니다."

일소 박사의 도덕경 읽기

治大國若烹小鮮. 以道莅天下, 其鬼不神, 非其鬼不神, 其神不傷人, 非其神不傷人, 聖人亦不傷人. 夫兩不相傷, 故德交歸焉.(60장)

큰 나라를 다스리는 일은 생선국을 끓이는 것만큼이나 간단하다. '도'로 다스린다고 해서 온갖 잡귀들이 신선으로 변하는 것은 아니다. 신선이나 성인 모두 사람을 해치는 일은 없다. 신선과 성인은 서로 해치는 사이가 아니니 그들의 덕은 하나로 융합될 수 있다.

과학 이야기

우주 공간에 떠다니는 별들의 궤도는 만유인력과 우주 팽창 관성의 영향을 받는다. 질량이 큰 별(항성 같은 것)은 항성계 중심을 둘러싸고 운전하지만 그것에 대한 행성의 영향은 크지 않다. 반면 실량이 작은 별(행성 같은 것)은 항성을 둘러싸고 운전하면서도 동시에 항성을 따라 항성계 중심을 둘러싸고 운전하기도 한다.

암행 감찰에 나서다

속국의 사신이 와서 알현을 청한다는 보고가 들어왔다. 타오는 귀찮은 생각뿐이었지만 노자가 강대국으로서 겸손할 줄 알아야 한다고 하도 그래서 알현에 응해주기로 했다.

사신 접견을 마친 타오는 따분해지자 노자를 어화원으로 불러냈다. "우리 보통 사람처럼 옷 입고 나가서 민심을 살핀다든지 뭐 이런 것 좀 해보면 어떨까요?"

노자는 곰곰이 생각하고 말했다. "한 가지 일에 대해 폐하께서 제가 하자는 대로 하신다면 가고 그렇지 않다면 가지 않겠습니다."

"무슨 일인데요? 어서 말해보세요."

노자는 자기가 속임수를 써서 남을 속이는 걸 보더라도 절대 탄로나게 하지 말라고 했고 타오는 그러겠다고 약속했다.

두 사람은 평민 복장으로 바꿔 입고 거리로 나가 여기저기 쏘다니기 시작했다. 다니다 보니 어떤 곳에 떠들썩하니 사람들이 모여 있는 곳이 눈에 띄었다. 두 사람도 물론 비집고 들어갔다. 사람들 틈에서 술장수가 한창 선전 중이었다. 그는 일단 술을 잔에 부어 마신 다음 그 술잔을 엎어 보이고 잔 밑바닥까지 사람들에게 보여주었다. "손님 여러분, 여러분도 보셨죠? 제가 먼저 한 잔 마셨습니다. 보신 바와 같이 이 술은 가짜 술도 아니고 독주도 아니니 안심하시고 사드십시오. 공업용 알코올과 물을 섞어 만든 것도 아닙니다. DDVP 같은 살충제도 절대 들어 있지 않습니다."

그 사람은 그렇게 말하면서 술을 한 잔 부어 사람들 앞까지 가져가 보여주면서 말했다. "이것 좀 보세요. 얼마나 깨끗한지 직접 보세요. 최상급 쌀과 누룩을 원료로 썼죠. 물도 전부 저희 동네 뒷산에서 나는 약수를 썼다고요. 시음 좀 해보시죠."

한 구경꾼이 그의 술을 받아 마셔보고는 고개를 끄덕이며 말했다. "음, 좋은데." 또다른 사람도 술잔을 받아 한 모금 마시고는 좋은 술이라고 호평했다. 얼마 못 가 술잔은 비었고 술장수는 또 한 잔을 따랐다. 그 잔도 사람들이 금세 다 마셔버렸다. 그때부터는 아예 술을 사는 사람들이 생겼다.

타오도 가까이 가서 술을 시음해 보았다. 그런데 타오는 한 모금 마시자마자 술잔을 돌려주고 노지를 끌고 한적한 곳으로 나왔다. 그리고는 입안의 술을 다 토해냈다. "아니, 이게 무슨 술이라고. 세상에! 참외 장수치고 자기 참외 달지 않다고 하는 사람 없다지만 이 술은 아니어도 한참 아니라고요."

"아직 어려서 술맛을 모르는구나." 노자가 웃으며 말했다.

"내가 아무리 술맛을 몰라도 청주와 식초는 분간할 수 있다고요."

"푸하하! 말재주만 좋으면 식초를 가지고도 술장사를 할 수 있는 거야."

그곳을 벗어나 조금 더 가다 보니 이번엔 사람들이 웬 사내가 칼이며 창을 휘두르는 광경을 구경하고 있었다. 비집고 들어가 보니 아주 가볍게 칼과 창을 쓰는 폼이 보통 솜씨가 아니었다. 힘 하나 들이지 않고 묘기를 선보일 때마다 구경꾼들은 아낌없이 찬사를 보냈다. 그 사내는 돈도 받지 않았다. 그저 자루에서 마른 나무 조각 같은 것을 한 줌 꺼내더니 그 중 하나를 입 속에 넣고 씹어먹는 것이었다. 그는 자근자근 씹으면서 가슴팍을 두드리며 말했다.

"자, 여기 모이신 여러분, 건장한 몸을 원하십니까? 그렇다면 이 '장골편'을 술에 띄워 드십시오. 병이 무서워서 도망갈 겁니다. 제가 보장합니다."

그의 말을 듣던 구경꾼들은 하나 둘씩 약을 사기 시작했다. 타오도 그 사내에게 가서 한 조각을 얻어 노자에게 보여주었다. "이게 뭔지 아세요? 먹고 죽는 건 아니에요?"

노자는 나무 조각을 받아보고는 웃으며 말했다. "그 사람도 먹고 있는데 죽기야 하겠느냐? 이런 건 밥반찬이나 해먹지, 칡뿌리구나."

둘은 계속 걸었다.

"칡뿌리도 뼈가 튼튼해지는 약으로 팔 수 있나 보죠? 사람들이 다 믿을까요?"

"그럴듯한 무술 시범이 사람들을 다 넘어가게 한 거지."

"참, 나! 사기를 치면서 얼굴색 하나 안 변할 수 있다니, 심장도 안 떨리나 보네."

"그러니까 임금이 필요한 거야. 임금이 관리들을 뽑아 다스려야 하는데 폐하께서는……."

"쉿! 잊었어요? 우린 지금 암행 중이라고요."

노자는 서둘러 소맷자락으로 입을 가리고 작은 소리로 말했다. "아이고 제가 맞을 짓을 했습니다. 제가 드리고 싶은 말씀은 폐하께서 임명한 관리들이 자기 재산만 모으고 호의호식하는 데 혈안이 되어 있어 나라가 아직도 혼란스럽다는 겁니다. 그런 관리들을 뽑느니 차라리 저의 '도' 이야기를 들으시죠."

"크크, 맨날 그 얘기만 하면서 새삼스럽기는. 귀에 굳은살 박일 정도로 들었지만 나라는 아직도 이모양 이꼴 아닌가요? '도'를 제대로 가르쳐주기나 하는 거예요?"

"저한테 분명 모자라는 점은 있습니다. 하지만 옛날 도사들은 누가 뭘 원하면 그 원하는 것을 주었고, 잘못을 저지른 자가 용서를 구하면 그를 사면받게 해줄 수 있었습니다."

"우하하! 그럼 완전히 점쟁이 아니에요?"

"점! 그건 내가 제일 반대하는 건데. 나랑 같이 다녀봐서 도 닦는 게 뭔지 너도 감 좀 잡았을 거다."

"영감을 따라다니다 보니 나도 좀 알긴 해요. 하지만 난……."

이런 말을 하고 있는데 갑자기 배경이 사막 한가운데로 바뀌었다. 타오가 사람들과 측량작업을 하고 있는데 어떤 노인이 다가와 다급하게 묻는다. "장 기사님, 이곳에 물이 있을까요?"

"걱정 말아요. 우리 측량 결과에 따르면 이곳 단층지대 밑에 풍부한 지하수가 있는 게 확실해요."

곧이어 착정기가 도착했다. 인부들은 굴착 기둥을 세우고 착정기를 가동시키는 작업에 들어갔다. 잠시 후 맑은 물이 펑펑 솟구쳐 올랐다. 사람들은 너도 나도 물을 받아 마시며 말했다. "장 기사님 감사합니다. 대대손손 이렇게 맛있는 물은 처음입니다. 정말이지 우리의 은인이십니다."

"······은인이십니다!" 몇몇 사람들이 타오를 둘러싸고 희비가 교차되는 중이었다. 배경은 법원 앞문으로 바뀌었다. 한 중년남자가 타오의 손을 꼭 잡고 떨리는 소리로 말했다. "장 박사님의 탐구 방법이 제 십 년 묵은 억울함을 풀어주셨습니다. 감사합니다."

"허허! 엔지니어 장, 닥터 장!" 노자의 웃음소리는 그 많은 감격의 인파를 다 보내버렸다. "어떠냐? 점쟁이보다도 네가 더 용하지 않냐?"

"히히, 앞으로도 이렇게 용하면 돈 많이 벌겠는걸요."

"네가 돈을 많이 벌지 못 벌지는 모르겠다만 확실한 건 내 '도'는 분명 값을 매길 수 없는 보배라는 거다. 순리대로 하다 보면 무슨 일이든 성공할 거다."

일소 박사의 도덕경 읽기

道者萬物之奧, 善人之寶, 不善人之所保. 美言可以市, 尊行可以加人, 人之不善, 何棄之有. 故立天子, 置三公, 雖有拱璧以先駟馬, 不如坐進此道, 古之所

以貴此道者何. 不曰以求得, 有罪以免邪, 故爲天下貴.(62장)

'도'는 우주 만물의 공통적 본질이다. 그것은 착한 사람에게는 보배가 되고 악한 사람에게는 방어막이기도 하다. 감언이설로 (저급한) 술을 팔 수도 있고 그럴듯한 동작으로 사람들을 속일 수도 있다. 그런 것은 사람들에게서 흔히 볼 수 있는 나쁜 행위이지만 받아들이는 사람이 있다면 누가 그만두겠는가. 그러니 임금을 옹립하고 각종 관청을 세우고 관리를 뽑아 나라를 다스리는 것이다.

진기한 보배가 넘치고 멋진 마차를 타더라도 '도'를 존중하는 것만 못하다. 옛날 사람들은 왜 '도'를 존중했는가? 이런 말이 있다. '도'에서 도움을 구하면 성공할 수 있고 잘못을 저질렀더라도 용서받을 수 있다. 그러니 가장 소중한 것은 '도'이다.

 **과학 이야기**

기차는 길고 질량도 크기 때문에 커브가 어렵다. 때문에 커브를 합리적으로 설계하면 기차의 안전운행뿐만 아니라 철로의 수명 연장까지도 보장받을 수 있다. 사실 원심력을 이용하면 아주 간단하다. 커브의 반경은 충분히 커야 하고 커브길 바닥은 바깥쪽은 높고 안쪽은 낮게 그리고 안쪽으로 경사져야 한다.

노자의 돌멩이 실험

"뚝딱뚝딱!"

계속되는 뚝딱 소리에 깨어난 타오는 자신이 소나무 아래에서 남가일몽을 꾸었다는 것을 깨달았다.

일어나 앉은 타오의 눈에 망치로 돌멩이를 두드리고 앉아 있는 노자가 보였다. 타오는 기지개를 켜면서 투덜댔다. "아니 대체 뭐 예요? 잠 좀 자자고요!"

"뭐 한 가지 실험 중이다." 노자는 뒤도 돌아보지 않고 자기 일만 했다. 그는 절구통에 돌멩이 하나를 넣고 잘게 부수었다. 곧이어 노자의 쇠망치가 화염방사기의 분사꼭지로 변해 거기서 뿜어 나온 파란 화염이 부서진 돌조각들을 가루로 만들었다. 분사꼭지는 또 수도꼭지로 돌변하더니 노자가 수도꼭지를 틀자 절구통 속으로 물이 들어갔다. 수도꼭지는 다시 노자의 지팡이가 되어 돌아왔고 노자는 그것으로 물과 돌가루를 뒤섞었다. 절구통 속에선 진흙반죽이 만들어졌고 그것은 또 서서히 굳어지면서 딱딱한 돌멩이로 변했다. 지팡이는 다시 쇠망치로 변했고 노자는 그걸 들고 또 뚝딱뚝딱 그 돌을 두들겼다.

타오는 뚝딱의 '뚝' 소리만 들어도 불쾌해졌다. "도대체 언제까지 할 건데요? 귀가 먹을 지경이라고요. 심심하다 못해 이젠 별걸 다 하시네요. 이런 게 뭐가 재미있다고 하고 또 하고 그러는 거예요?"

노자는 하던 일을 멈추고 웃으며 말했다. "허허! 말 한번 잘했다. 맞아, 심심하다 못해 별일 다 하는 거야. 아무 맛도 없는 것을 맛있는 것으로 여기는 거지. 근데 사실 이거 아주 별미다. 적어도 널 데리고 노는 것보다 훨씬 별미지. 한번 해보겠느냐?" 이렇게 말하면서 또 뚝딱거리기 시작했다.

타오는 얼른 귀를 틀어막고 성내며 말했다. "흥! 그 놈의 도사인지 뭔지. 누가 같이 놀고 싶댔어요? 이제 집에 갈 거라고요." 그리고는 휙 가버렸다. 그런데 앞으로 몇 발 가지도 못했는데 길이 없어졌다. 그래서 뒤로 갔더니 거기에도 길이 없었다. 왼쪽으로 가도 오른쪽으로 가도 통하는 길은 없었다. 할 수 없이 제자리로 돌아온 타오는 배시시 웃으며 말했다. "헤헤, 뭘 화를 내고 그러세요? 방금 제가 한 말은 제가 더 이상 집에 돌아가지 않으면 우리 부모님이 애가 탈 거라는 뜻이에요."

노자는 망치질을 멈추고 빙그레 웃으며 말했다. "너도 나한테 돌아와서 애원하는 건 알고 있구나. 중대한 문제는 사소한 것으로, 복잡한 문제는 단순한 것으로 하자? 너도 그리 어리석진 않구나. 내가 왜 그 돌에 직접 불을 쓰지 않는지 아니? 바로 너무 크기 때문이야."

"헤헤, 방금 일은 제가 사과할게요. 탁월한 성품의 소유자시니까 이런 소인의 잘못을 일일이 따지시진 않겠죠. 제발 좀 나가게 해주시죠, 네?"

노자는 쇠망치가 변한 분사꼭지로 푸른 화염을 뿜어 돌을 부수고 있던 참이었다. 그는 돌가루에 물을 붓고 지팡이로 그것을 골고루 섞었다. "얘야, 서두를 것 없다. 집에 돌아가고 싶다니, 쉬운 일도 아니고 그렇다고 작은 일도 아니구나. 어려운 일은 쉬운 곳부터 찾아서 시작해야 하고, 큰일은 작은 곳부터 시작해야지. 성인이 하는 일도 항상 작은 일들이란다. 그 작은 일들이 합쳐져서 큰 일이 되지." 그러는 동안 가루는 진흙반죽이 되었고 그것은 또 돌멩이가 되었다.

일소 박사의 도덕경 읽기

爲無爲, 事無事, 味無味, 大小多少. 報怨以德, 圖難於其易, 爲大於其細, 天下難事, 必作於易, 天下大事, 必作於細, 是以聖人終不爲大, 故能成其大. 夫輕諾必寡信, 多易必多難. 是以聖人猶難之, 故終無難矣.(63장)

득도한 사람은 언제나 하지 않은 것과 똑같은 일을 한다. 그의 일은 아무 것도 하지 않는 것이다. 그는 맛있는 것은 맛없다고 생각한다. 큰일은 작은 일로, 많은 것은 적은 것으로 바꾼다. 타인에 대한 원한도 항상 자연의 순리를 따를 뿐 일일이 따지지 않는다.

어려운 일이 있으면 쉬운 일부터 시작하고 큰일은 작은 일부터 시작한다. 그렇게 하면 세상 모든 어려운 일은 쉬운 일부터 풀리고 모든 위대한 일은 작은 일부터 흥하기 시작할 것이다. 그래서 성인은 큰일을 해내면서도 이런 이유로 기뻐하는 일은 없다.

쉽게 약속하는 사람은 반드시 신용을 잃게 된다. 일을 너무 쉽게 생각하는 사람은 반드시 더 많은 어려움을 만나게 된다. 성인은 어떤 일에 직면하면 항상 어려운 점부터 고려한다. 때문에 언제나 어려움이 없다.

 **과학 이야기**

과학실험은 실험실에서 자연현상을 재현하는 과정이다. 그러나 자연현상은 각종 복잡한 요소들을 포함하고 있기 때문에 실험실이 이것들을 완벽하게 재현한다는 것은 불가능하다. 그러므로 어떤 자연현상에 대해서 분해 과정을 거쳐 실험한 다음 최종적으로 종합하고 분석해야 한다.

타오 장군의 세 가지 복숭아

길을 가다 보니 외나무다리가 나왔다. 타오는 나무가 벌써 썩어 들어가는 것을 보았지만 일부러 노자에게 먼저 건너라고 너스레를 떨었다. 타오는 노자에게 신통한 능력이 있다고 믿었기 때문에 이 정도는 아무것도 아닌 것 같았다. 그런데 노자가 다리에 발을 올려놓자 다리가 '우지직' 소리를 내며 두 동강이 나버렸다.

노자는 다리 밑으로 떨어졌지만 물속으로 빠지지는 않았다. 대신 아래로 떨어질수록 작아져 몸이 수면에 닿으려는 순간 자취를 감추었다.

타오는 목청을 높였다. "영감, 어디 숨은 거예요? 놀라게 하지 말고 빨리 나와요!"

"하하하!" 갑자기 뒤에서 노자의 웃음소리가 들려왔다.

타오는 기겁을 했다. "아니, 영감! 떨어지지 않았어요? 어떻게 내 뒤에 와 있을 수가 있죠?"

"이런 게 바로 이 도사님의 크나큰 능력 아니겠느냐. 내려가는가 하면 올라오고, 떠나는가 하면 돌아오고. 때론 내가 거만하다고 생각하겠지만 그건 어디까지나 나한테 진짜 능력이 있기 때문이야. 그러니까 거들먹거릴 수도 있는 것이고. 사람이 너무 성실하기만 하고 어리석게 굴면 무슨 대단한 능력이 있다고 할 수 있겠느냐."

타오는 노자가 잘난 척하는 게 마음에 들지 않아 말했다. "영감한테 얼마나 대단한 능력이 있는지 정확히는 모르겠지만 오이 가지고 참외라고 파는 그 능력 하나는 내가 인정하죠."

노자는 타오 코앞까지 다가가서 말했다. "녀석아, 거들먹거리는 것도 그냥 되는 게 아니야. 진정한 능력말고도 세 가지 호신용 보배를 갖고 있어야 하거든."

이 말에 타오는 정신이 번쩍 들었다. "보배라뇨? 어디 좀 봐요."

말이 끝나자마자 타오는 위풍당당한 장군으로 변했다. 그는 육중한 말을 타고서 군대의 행군을 인솔하고 있었다.

그런데 병사들이 갑자기 행군을 멈추었다. 버럭 화를 내려고 하는 타오 앞에 장교가 말을 타고 달려나와 큰 소리로 보고했다. "장군님께 보고드립니다. 행렬 앞쪽에 거대한 돌이 행로를 막고 있다는 전갈이 왔습니다. 장군님의 지시를 기다리겠습니다."

"무슨 소리냐! 살아 있지도 않은 돌덩어리를 가지고. 네 놈들도 다 죽은 거냐?"

"장군님, 저희는 물론 죽은 게 아닙니다. 하지만 그 돌덩어리도 죽은 것이 아닙니다. 우리가 어딜 가든 그 돌이 가로막고 있습니다."

"어떻게 그럴 수가 있느냐!"

타오가 행렬 앞쪽까지 가보니 과연 큰 돌덩어리가 길을 막고 있었다. 타오는 말에서 내려 직접 손으로 그 돌을 밀었다. 그런데 돌이 살짝 움직이는가 싶더니 두 짝으로 된 문처럼 열리는 것이었다. 열린 문 속으로 들어가 보니 그곳은 사당이었다. 신상(神像) 앞 탁자에는 접시 하나가 놓여 있는데 거기에는 탐스런 분홍 복숭아 세 개가 담겨 있었다.

그 중 한 개를 집어보니 위에 '자(慈)'라는 글자가 쓰여 있었다. 타오는 순간 목이 말라 손에 잡은 김에 복숭아를 전투복에 쓱쓱 문질러 두세 입에 다 먹어치웠다. 그리고 한 개를 더 집어들었다. 이번에는 '검(儉)'자가 쓰여 있었는데 그것도 다 먹었다. '후(後)'라고 쓰인 나머지 한 개마저도 꿀꺽 먹어치웠다.

다 먹고 나오려고 하는데 옆쪽 탁자 위에도 똑같이 복숭아 세 개가 담겨 있는 게 보였다. 타오는 시원스레 트림을 하고는 참모에게 말했다. "리 참모, 이 복숭아들 좀 갖고 있게."

타오가 사당에서 나와 보니 그 돌은 이미 온데간데없었다. 군대는 계속 전진할 수 있었다. 얼마 후 한 부상병이 옆을 지나가자 타오는 그에게 뭔가 잘해주어야겠다는 생각이 들었다. 그래서 자신의 말을 부상병에게 양보했다. 옆에 있던 소위도 그것을 보고 자신의 말을 취사병에게 주어 무거운 취사도구를 나르는 데 쓰도록 했다. 어느덧 날이 저물었고 타오는 그 자리에서 모두 쉬도록 명령했다.

병사들은 그곳 숲에서 각자 흩어져 휴식을 취했고 타오도 나무 밑에 자리를 마련해 앉게 되었다. 리 참모는 아까 그 복숭아 세 개를 타오에게 돌려주었다. 복숭아들 위에는 각각 '용(勇)', '광(廣)', '선(先)'이라고 쓰여 있었다. 타오는 그 뜻이 궁금해서 복숭아를 손에 쥔 채 곰곰이 생각해 보았다. 그런데 그때 블랙마스크 장군이 그것을 보고 복숭아를 냅다 잡아채며 말했다. "장 장군, 이런 탐스런 복숭아는 날 위해 특별히 남겨놓으신 겁니까? 고맙소이다!" 그리고는 복숭아를 한 입에 반이나 베어먹었다.

타오는 웃으며 말했다. "좋아하시면 여기 두 개 더 있으니 다 드시죠. 전 벌써 세 개 먹었습니다."

블랙마스크 장군도 사양하지 않고 남은 복숭아를 게 눈 감추듯 먹어치웠다. 그때 연락병이 달려와 전했다. "총사령관께서 두 분 장군님과 상의하실 일이 있다고 합니다. 어서 사령관님 막사로 가시지요." 두 장군은 총사령관의 막사로 갔다. 장군들이 제자리에 앉자 총사령관이 입을 열었다. "이번 싸움은 예상했던 것보다 더 험난하오. 여러분의 고견을 듣고 싶소."

블랙마스크 장군이 나섰다. "오래 끌어봤자 손해입니다. 속전속결하십시오."

"좋소! 승리의 관건은 쉬우성을 공략하는 데 있소. 어느 장군께서 공을 세우겠소?"

타오는 자원하기 위해 일어나려 했지만 블랙마스크 장군이 눌러앉히는 바람에 주저앉고 말았다. 블랙마스크 장군은 타오를 제

치고 일어나 말했다. "제가 가겠습니다."

"허허허, 알았소. 그렇다면 내일 날이 밝는 대로 쉬우성을 치도록 하시오." 총사령관은 다른 장군들에게도 각각 지시를 내린 다음 마지막으로 타오에게도 명령했다. "장 장군의 부대는 그 자리에 주둔해 있도록 하시오. 만일에 대비해야 하니 절대 경거망동하는 일이 없도록 하시오."

타오는 자신의 주둔지로 돌아오자마자 즉각 군수품 배급을 줄이도록 지시했다. 싸움 지연에 대비하기 위해서였다. 반면 블랙마스크 장군은 자신의 진영으로 돌아가 가장 풍성한 음식으로 병사들을 배불리 먹이도록 명령했다. 이튿날 병사들이 충분한 힘을 쓰도록 하기 위해서였다.

이튿날 날이 밝자마자 블랙마스크 장군의 부대는 쉬우성을 공격하기 시작했다. 하지만 쉬우성의 수비병들은 성문을 꽁꽁 닫은 채 교전하려 하지 않았다. 블랙마스크 장군은 병사들에게 강공을 명령했다. 쉬우성 쪽에선 그래도 꿈쩍하지 않았고 오히려 화살을 쏘며 완강하게 반격을 해왔다. 블랙마스크 장군은 많은 병사를 잃었지만 보름이 지나도 쉬우성을 함락하지 못했다.

블랙마스크 장군은 날이 갈수록 성질이 포악해져서 툭하면 부하들에게 화를 내곤 했다.

어느 날 저녁 그는 해괴망측한 명령을 내렸다. "모든 병사들은 밥을 먹어서는 안된다. 내일 쉬우성을 함락한 후 그곳 요릿집에서 진탕 먹게 될 것이다."

타오는 이 소식을 전해 듣고 탄식하지 않을 수 없었다. "블랙마스크 장군이 초나라 패왕처럼 불사의 각오로 임하고 있긴 하지만* 그래도 병사들이 밥을 못 먹으면 무슨 힘으로 싸워 이길 수 있겠는가?"

"허허!" 옆에 있던 리 참모가 냉소적으로 말했다. "패왕의 기개는 당치도 않습니다. 군량이나 바닥이 안 나면 다행이죠."

타오는 눈을 동그랗게 뜨고 물었다. "지금 물정을 알고 하는 말이오? 우리 군수 창고에는 아직도 군량이 넉넉하니 그쪽을 좀 도와줘야겠군."

"장군님, 천부당만부당한 말씀입니다."

"죽어가는 걸 보면서 어떻게 도와주지 않을 수 있는가?"

"블랙마스크 장군은 아직 군량이 소진됐다고 하지도 않았습니다. 지금 장군님께서 군량을 좀 보내신 후 내일 그쪽이 싸움에 나가 이기면 다행이지만 만일 대패하게 된다면 장군님이 자기 계획을 망쳤노라고 크게 탓할 것입니다."

이튿날 블랙마스크 장군은 쉬우성 밑에 가서 큰소리로 온갖 욕을 해댔다. 성 안의 수비병들은 욕설을 못 이겨 성문을 열고 나와 도전에 응했다. 그러나 블랙마스크 장군의 병사들은 연속 두 끼를 먹지 못했기 때문에 다들 눈앞에 헛것이 아른거렸다. 그러니 싸울 힘이 없어 죽임을 당하는 경우가 허다했다. 분을 참지 못한 블랙마스크 장군은 병사들더러 나가 싸우라고 채찍을 휘둘렀고 이 광경을 보다 못한 장교 두 명이 블랙마스크 장군을 죽였다. 그리고 남은 병사들을 추슬러 타오 부대의 주둔지로 후퇴해 왔다.

리 참모는 타오에게 즉각 반격할 것을 건의했고 타오는 받아들였다. 타오는 평소에 사병들을 아껴주는데다가 또 이미 군수품 절약 조치를 취하고 있었기 때문에 싸움이 오래 가더라도 병사들이 기본적으로 먹는 데에는 아무 지장이 없었다. 그러니 싸움이 시작되자마자 일당십으로 싸워도 지치지 않았다. 마침내 타오는 쉬우성을 함락했다.

타오는 성 안에 막사를 치고 진지를 구축하도록 했다. 그날 저녁 장군 막사에서 타오가 리 참모에게 말했다. "아무리 생각해도 이번 싸움은 좀 희한한 데가 있소."

"장군께선 복숭아에 쓰여 있던 글자들을 기억하십니까?"

"자(慈), 검(儉), 후(後)."

"맞습니다. '자(慈)'는 병사들을 아껴주는 것이죠. 그렇게 해야 목숨을 바쳐 싸우게 됩니다. '검(儉)'은 절약이죠. 그래서 정해진 군량으로 오래 버틸 수 있었습니다. '후(後)'는 처음부터 서두르지 않는 것입니다. 그랬기 때문에 장군의 병사들은 힘을 비축해 두었다가 피로에 지친 적군을 맞아 싸울 수 있었습니다."

말을 들으면서 리 참모를 아래위로 훑어보니 노자가 분명했다. 타오는 슬며시 웃으며 말했다. "이그, 할 말 있으면 그냥 직접 하실 것이지 뭘 이렇게 복잡하게 꾸미고 그러시나? 어쨌든 방금 한 얘기 말이에요. 그렇게 말하면 곤란하죠. 전쟁에는 앞서 싸울 때도 있고 뒤에 칠 때도 있는 건데. 블랙마스크가 앞서 출격하는 방법을 선택한 게 꼭 잘못한 것만은 아니에요."

"기왕에 네가 날 알아봤으니 내 더 이상 빙빙 돌리지 않으마. 앞서 출격한 것이 뭐 그리 큰 잘못이겠냐마는, 블랙마스크 그 친구도 복숭아 세 개를 먹었지? 거기엔 뭐라고 쓰여 있었는지 기억나느냐?"

"아마 '용(勇), 광(廣), 선(先)'일걸요. 이 세 글자는 장군으로서 꼭 갖춰야 할 자질을 말해주는 것 같아요."

노자는 잠시 주저하는 것 같더니 다시 입을 열었다. "거기에 '자(慈)' 한 글자만 더 있으면 그 세 글자는 정말 좋은 거지. 하지만 블랙마스크 장군은 '자(慈)' 복숭아를 먹지 않았기 때문에 죽음만이 유일한 길이 되었단다. 그자는 병사들을 난폭하게만 다루어 죽음으로 내몰았어. 군수품 아낄 줄은 모르면서 싸움은 오래 끌었고, 앞으로 나갈 줄만 알지 뒤로 물러날 줄은 모르잖니? 이 세 가지가 바로 그자를 죽음의 길로 가게 만든 거야."

"하지만 싸움이 오래 가거나 빨리 끝나는 건 그 사람 혼자만의 의지대로 되는 게 아니잖아요. 그러니 완전히 그자 탓만 할 수는 없죠."

"분명 그렇긴 하지. 분명 그렇긴 해. 하지만 그자가 만약 '자(慈)'의 원칙을 잘 지켰다면 공격에 승리했을 것이고 설사 후퇴하더라도 방어할 수 있었을 거다. 이런 사람은 하늘도 도와주지 않아. 그러니 죽을 수밖에. 하늘도 누군가를 도와줄 때에는 그 사람의 품성을 따지는 모양이다."

타오는 창밖을 바라보며 말했다. "흠, 갑자기 용맹한 장비가 생각나는군요." **

---

* 초(楚)나라 패왕(覇王)은 항우(項羽)를 가리킨다. 이름은 적(籍), 자는 우(羽), 초나라 하상(下相) 사람으로 진나라 말기 농민 봉기의 우두머리이다.

『사기(史記)』,「항우본기(項羽本紀)」제7편에 의하면 기원전 207년 진(秦)나라는 막강한 군대를 동원해 거록(巨鹿)을 포위했다. 항우는 봉기군을 이끌고 장강(漳江)을 건넌 다음 밥솥을 부수고 배에 구멍을 뚫어 가라앉혀 버렸다(破釜沈舟). 뿐만 아니라 사흘 먹을 양식만을 남겨놓아 끝까지 목숨 걸고 싸우겠다는 굳은 결의를 보여주었다. 결국 항우의 봉기군은 진나라 군대를 대파할 수 있었다.

**　장비(張飛). 자는 익덕(翼德), 촉(蜀)의 맹장. 소설『삼국연의(三國演義)』에 이런 내용이 있다. 기원전 220년 장비의 의형제 관우(關羽)가 맥성(麥省)으로 패주하는 일이 있었는데 오(吳)나라의 비열한 장수 마충생(馬忠生)에게 생포되고 결국 손권(孫權)에 의해 죽임을 당했다. 일 년 후 관우의 사망 소식이 장비의 주둔지인 낭중(閬中)까지 전해졌다. 침통해진 장비는 부하 장수 범강(范疆)과 장달(張達)에게 사흘 안에 전군을 백기와 백의로 바꾸어 관우에 대한 애도를 표하도록 명령했다. 그의 두 부하 장수는 사흘은 너무 촉박하니 기한을 더 달라고 했지만 장비는 이를 묵살하고 오히려 그들을 포박하고 채찍 오십 대의 벌을 내렸다. 그러면서 명령한 시간 안에 다 해놓지 않으면 목을 치겠노라고 소리쳤다. 결국 범강와 장달은 반역하여 야밤에 장비를 살해하고 동오(東吳)로 투항했다.

일소 박사의 도덕경 읽기

天下皆謂我道大, 似不肖. 夫唯大, 故似不肖, 若肖, 久矣其細也夫. 我有三寶, 持而保之, 一曰慈, 二曰儉, 三曰不敢爲天下先. 慈故能勇, 儉故能廣, 不敢爲天下先, 故能成器長. 今舍慈且勇, 舍儉且廣, 舍後且先, 死矣. 夫慈以戰則勝, 以守則固, 天將救之, 以慈衛之.(67장)

세상 사람들은 나의 '도'는 크지만 품행은 반듯하지 못한 것 같다고 말한다. 바로 '도'가 크기 때문에 얼핏 보기에는 품행이 바르지 않게 보이는 것이다. 사람들이 보기에 '도'가 자로 잰 것처럼 반듯하다면 그것은 이미 작은 것이다. 나에게는 소중히 간직하고 있는 세 가지 보배가 있다. '자상함', '검소함', '남과 다투지 않기'. 자상하기 때문에 (사람들은 기꺼이 나를 위해 일해 준다. 따라서) 용감하게 전진할 수 있다. 검소하기 때문에 (제한된 물질적 조건 하에서) 여러 가지 일을 할 수 있다. 남들과 선두를 다투지 않기 때문에 좀더 긴 성장 시간을 가질 수 있다(대기만성). 사람이 자상하지도 않고 전진할 용기도 없으면서 사치하거나 나서기만을 좋아한다면 기다리는 것이라곤 죽음밖에 없다. 군사행동을 할 때에도 병사들을 아끼고 사랑한다면 반드시 승리할 것이고 방어를 해도 굳게 지켜질 것이다. 하늘은 자상한 마음의 소유자를 지켜준다.

 **과학 이야기**

대다수의 동물은 장기간 진화를 거치는 과정에서 자기 보호성 신체 조직이 생겨난다. 게나 거북의 등딱지, 고슴도치의 가시, 천산갑의 껍질, 송충이의 털 등이 그런 예이다.

낡은 전투복을 입고

총사령관이 갑자기 병이 나 경성으로 돌아가는 일이 생겼다. 타오는 쉬우성 함락에 혁혁한 공을 세웠기 때문에 총사령관으로 승진할 수 있었다. 인수인계를 마친 타오는 몹시 득의양양했다. 타오는 모든 것을 새것으로 바꾸고 싶었다. 전투마는 좀더 용맹스러운 것으로, 전투복은 좀더 멋진 것으로, 검은 좀더 위엄 있는 것으로 교체했다. 타오는 이제 머리부터 발끝까지 어마어마하게 변해서 병사들은 타오를 쳐다보기만 해도 머리를 조아릴 정도가 되었다.

국왕은 적국의 수도인 미아오성을 속히 공략하도록 독촉하기 위해 특사를 보냈다. 타오는 먼저 장군들을 소집해 공략에 대한 의견을 듣기로 했다. 하지만 장군들은 너나 할 것 없이 타오의 위엄에 기가 죽어 감히 입도 열지 못했다.

화가 치밀어오른 타오에게 마침 노자가 찾아와서 말했다. "사령관님, 특사가 도착했습니다. 직접 나가서서 맞이하십시오."

타오는 당당하게 대문을 향해 걸어갔지만 노자는 그를 다른 구석방으로 데리고 갔다. 화가 난 타오가 물었다. "아니 뭐 하는 거예요? 국왕이 보낸 특사는 어디 간 거예요?"

"진정하십시오. 특사는 오지 않았습니다. 제가 급히 드릴 말씀이 있어서······."

"으흠, 무엄하도다! 감히 총사령관을 속이다니!"

노자가 정색을 하고 말했다. "화부터 내지 말고, 내가 하나 물어보자. 넌 도대체 병사들이 마음에서 우러나와 목숨 바치길 바라느냐, 아니면 널 무서워하기만 하고 결국은 네 스스로 죽기를 원하는 것이냐?"

"무슨 말 하는 거예요?" 타오는 아직도 분이 삭질 않았다.

"요즘 넌 위엄을 보이는 것에만 신경을 썼지. 그러니 병사들은 다들 무서워하고 장군들도 겉으로만 경의를 표할 뿐 멀리하고 있어. 아까도 보니까 회의 시간 내내 아무도 말을 못하지 않느냐. 이런 식으로 나간다면 어느 누가 사령관을 위해서 목숨을 내놓겠어?"

타오는 잠시 머뭇거리다가 말했다. "그럼 내가 어떻게 해야 하죠?"

노자는 타오의 옛날 전투복을 내밀면서 말했다. "병사들을 통솔하고 전쟁에 능한 지도자는 결코 겉치레를 하지 않는 법! 그러니 이걸로 갈아입어라."

타오는 낡은 전투복으로 바꿔 입고 회의실로 돌아가 웃으며 말했다. "오래 기다리게 해서 미안합니다. 나간 김에 옛날 옷으로 갈아입고 왔소. 이 전투복을 보니 예전에 장군들과 어깨를 맞대며 함께 싸우던 시절이 생각나더군요. 장군들께선 허물없이 편하게 의견을 말씀해 주시길 바랍니다."

회의실 분위기는 금세 밝아졌다. 장군들은 다양한 상황과 전략에 대해 토론했다. 그 결과 공략 방안을 마련할 수 있었다. '적을 성 밖으로 유인한 다음 포위해서 섬멸한다.'

공격 첫날, 타오는 티엔 장군을 내보냈다. 티엔 장군은 군대를 이끌고 미아오성 앞으로 가서 소리쳤다. "그 안의 고개도 못 빼는 겁쟁이들은 잘 들어라! 어서 나와서 이 티엔 나리와 통쾌하게 겨뤄 보자. 너희가 제 아무리 영웅호걸이라 해도 밖으로 나오지 못한다면 겁쟁이가 아니고 무엇이더냐?"

과연 성 안쪽에서 깃발을 들어올리며 지르는 함성소리가 들려왔고 한 장수가 머리를 내밀고 목청을 높였다. "하하하! 무슨 놈의 티엔 나리냐? 보아하니 네놈들의 우두머리란 작자는 젖비린내 나는 놈인 것 같고 네놈도 기저귀나 빨고 있는 삼류 보모밖에 안되는 것 같구나. 하하하!"

"아니 뭐라고?" 티엔 장군은 격노하여 장창을 흔들면서 공격하려고 했다.

이때 "티엔 장군!" 하고 부르는 소리가 들렸다. 타오 사령관과 리 참모였다.

노자가 말했다. "티엔 장군께선 저 자와 일일이 따지지 마십시오. 절대 말려들어서는 안됩니다."

티엔 장군은 말을 진정시키며 말했다. "리 참모의 말이 맞소. 내 저 겁쟁이들과 입씨름하지 않겠소."

타오는 군대를 거두도록 명령했다. 둘째 날엔 꾸 장군을 내보냈다. 이번에도 적은 응전하지 않았다. 셋째 날엔 즈 장군을 보냈는데 결과는 마찬가지였다. 날이 저물자 타오는 진영을 철수시켰다. 말과 양식은 일부러 조금씩 남겨두었다. 넷째 날 미아오성에서 이 사실을 알고 추격을 해왔다. 타오 부대는 이때를 기다렸다가 마침내 적군을 포위할 수 있었다. 타오가 적을 한꺼번에 섬멸하기 위해 명령을 내리려는데 노자가 제지를 했다.

"뭐가 그리 급해? 적의 중심 세력은 아직도 성 안에 있다고. 승리할 줄 아는 사람은 총 한 방, 대포 한 방도 아끼는 거다."

"참모님도 참 코믹하시지! 병사들이 갖고 있는 거라곤 다 창이나 방패 따위인데, 당연히 총이나 대포는 아끼죠."

노자가 웃으며 말했다. "어쨌든 그렇다는 거야." 그리고는 계책을 하나 마련해 주었다. "적들은 분명 포위된 아군을 구하러 올 것이다. 즈 장군과 소수의 병사들을 보내 포위한 곳을 지키게 하고 적의 구원병들이 도착하는 대로 공격을 개시한다. 적들이 그곳에서 싸우느라 정신이 없는 틈을 이용해 타오는 부대를 이끌고 가서 미아오성을 함락시킨다."

타오는 노자의 의견에 따랐다. 물론 적은 걸려들었고 타오 부대는 미아오성을 점령하게 되었다. 성 안의 저명인사들이 앞다투어 타오를 만나러 왔다. 타오는 높은 말 위에 거만하게 앉아서 그들을 본체만체했다. 그저 노자만 서둘러 말에서 내려 그들에게 감사의 인사를 했을 뿐이다.

노자가 타오에게 말했다. "사령관님, 천하의 모든 인재들을 모으시려면 어서 말에서 내리십시오."

타오는 즉시 말에서 내려와 저명인사들과 인사를 나누었다. 그리고 저녁에 그들을 관저로 불러 대사를 함께 논하기로 했다. 날이 저물자 한 자리에 모인 그들은 성을 잘 관리하기 위한 다양한 의견을 내놓았다. 타오는 그 중의 몇 명을 성 관리자로 임명했고 불과 며칠이 지나지 않아 미아오성은 질서를 회복하게 되었다.

노자는 타오를 치켜세워주며 말했다. "우리 젊은 사령관님은 정말 총기가 넘치십니다. 무리하게 비책을 얻으려고 하지도 않으시고 다른 사람들의 장점을 잘 활용하시니 대단한 리더이십니다."

일소 박사의 도덕경 읽기

善爲士者不武, 善戰者不怒, 善勝敵者不與, 善用人者爲之下. 是謂不爭之德, 是謂用人之力. 是謂配天古之極.(68장)

군대를 쓸 줄 아는 사람은 호령하지 않는다. 전쟁을 할 줄 아는 사람은 분노하지 않는다. 적을 물리칠 줄 아는 사람은 적과 칼끝을 겨누지 않는다. 또 사람을 쓰는 데 능한 사람은 사람을 겸손하게 대한다. 이것이 바로 남과 다투지 않는 비결이고 또 바로 적절하게 사람을 쓰는 방법이다. 또 이렇게 하는 것이 우주 탄생 초기의 최고 원칙(강하지 않고 부드러움을 말함)에 맞는 일이다.

과학 이야기

블랙홀은 천문학적으로 확실히 검증되지 않은 성체이다. 그것의 질량과 인력은 너무나 커서 그 어떤 물체, 심지어는 광선조차도 블랙홀 속에서는 빠져나올 수 없다.

사령관과 참모

 타오의 부대가 미아오성에 주둔하는 시간이 길어지자 아무래도 기강에 문제가 생겼다. 병사들의 생활은 안일해졌고 훈련도 타성에 젖게 되었다. 하루는 타오가 장군들과 사냥을 가려고 말을 타고 성문 앞까지 왔는데 노자가 말을 탄 채 길을 막고 서 있었다.
 레드마스크 장군이 앞으로 나와 고함쳤다. "감히 리 참모가 어떻게 사령관님의 행차를 막아선단 말이오? 어서 물러서시오!"
 노자는 두려운 기색도 없이 큰소리로 말했다. "사령관님께선 나와서 말씀하십시오."
 타오는 앞으로 나와 노자의 귀에 대고 속삭였다. "이봐요 영감, 지금 뭐 하는 거예요? 재밌게 놀라고 했으면 속 시원히 즐기도록 해줘야 할 것 아니에요."

노자도 작은 소리로 말했다. "널 구하러 온 거야. 곧 낭패 볼 일이 생길 거라고." 노자는 옆으로 몇 걸음 비켜서서 말했다. "사령관님, 요즘 부대의 훈련 분위기가 엉망입니다. 기강도 해이해졌습니다. 적의 침략이라도 받게 되면 패장이 되실 게 뻔합니다."

레드마스크 장군은 장창으로 노자의 심장을 겨누며 소리쳤다. "참모 주제에 방자하기 짝이 없군. 더 이상 헛소리를 지껄이면 이 장창이 널 그냥두지 않을 것이다."

타오는 레드마스크에게 좋게 얘기했다. "장군, 장군이 나설 일이 아니오. 계속 말하게 놔두시오."

노자가 계속 말을 이었다. "옛 병서에 따르면 군대는 한 곳에 오래 머물면 안된다고 했습니다. 이동하는 데 게을러서는 곤란합니다. 게다가 적국의 잔여 세력의 불씨가 완전히 꺼지지 않았기 때문에 늘 위험에 대비해 경계해야만 합니다."

"알았소, 이번만큼은 리 참모의 말을 듣겠소."

타오는 즉각 장군들과 성으로 돌아갔다. 그리고 부대의 각 부서에 새로이 명령을 하달했다. 일부분만 성에 남아 있고 나머지 병력은 성 밖으로 가서 군사 훈련을 실시한다는 내용이었다.

과연 오래 지나지 않아 적국의 잔여 세력이 결집해 곧 반격해 올 것이라는 정보가 들어왔다. 타오는 직접 군사를 이끌고 갈 생각이었지만 노자에게 또 제지당했다.

타오가 물었다. "아니, 적을 물리치려면 적이 미처 모양새를 갖추기 전에 쳐야 한다고 하지 않았소?"

"모양새를 갖추지 않다니요? 저들은 이미 부대를 이루었습니다." 노자가 대답했다.

이번엔 타오도 내심 싸움을 해보고 싶었다. 그래서 사람을 시켜 노자를 비키도록 하고 군대를 끌고 계속 전진했다. 타오는 우선 레드마스크 장군에게 선공을 하도록 했지만 그는 적의 매복에게 걸려 대패하고 말았다. 사령관 막사에서 타오는 사람을 시켜 레드마스크의 목을 치려던 참이었다. 그때 리 참모가 왔다. 타오는 구세주를 만난 기분이 들었다. 그래서 일단 레드마스크 장군을 풀어주고 막사 밖으로 나와 노자를 만났다. 타오는 배시시 웃으며 말했다. "헤헤, 다 영감 말을 안 들은 내 잘못이에요. 이제 어떡하면 좋죠?"

"이런 상황을 만난 경우 옛 병서에는 이렇게 써 있단다. '뒤로 한 발 물러서는 한이 있더라도 앞으로 한 치라도 나가서는 절대 안 된다' 고."

"아, 그렇군요." 타오는 즉시 후퇴하도록 명령했다.

적진에서는 타오 진영의 공격에 대비하고 있는데 타오의 군대가 모조리 퇴각했다는 소식을 듣고 기뻐했다.

적진 지휘관은 사기가 충천해져서 말했다. "하하하! 저들 사령관이라는 자의 재수 없는 이름 좀 봐라. 줄행랑친다는 타오가 아니더냐. 과연 이름에 걸맞게 내빼는 속도도 보통이 아니구나."

나중에 적군은 꽤 깊은 곳까지 추격해 왔지만 타오 측의 매복에 걸려들어 결국 일망타진되었다. 부대에선 축하연이 열렸고 타오는 노자에게 술을 권했다. 타오는 술잔을 높이 쳐들며 말했다. "이번에 리 참모의 묘안 덕분에 우리 부대가 전승을 거둘 수 있었습니다. 자, 우리 다같이 리 참모를 위해 건배합시다. 건배!"

장군들 모두 술잔을 비웠고 노자도 오랜만에 한 잔을 다 마셨다. 술이 좀 들어가니 말이 더 술술 나왔다. "한 자리만 사수하지 않고 앞서기 위해 한 발 물러나니, 우리 부대가 해내지 않았나. 거기다가 민첩한 행군, 날쌘 출격, 편리한 무기, 이 모든 게 마침내 천하무적으로 만들었네."

"지당하신 말씀입니다. 리 참모 만세!" 장군들은 연이어 갈채를 보냈다.

그런데 갑자기 노자가 침묵하기 시작했다.

타오가 의아해서 물었다. "어째서 갑자기 조용히 계십니까? 관직에 불만이라도……? 리 참모를 책사나 부사령관으로 승진시킬 수 있도록 내일 당장 국왕께 주청드리겠소, 괜찮겠습니까?"

"사령관님, 그러실 필요 없습니다. 여러 장군님들, 모두 건강하십시오."

노자는 이 말을 남기고 나가버렸다.

타오는 마음이 급해져서 쫓아나갔다. "아니, 뭐 하시는 거예요? 장난을 치기로 했으면 끝까지 같이 있어야죠. 이렇게 가버리면 어떻게 하자는 거예요?"

노자가 가던 걸음을 멈추고 말했다. "사실 널 도와준 게 후회된다. 세상에 천하무적보다 더 큰 재앙 덩어리는 없단다. 이건 우리 도가(道家)에서 바라는 게 아니야."

노자는 문간까지 가서 한 마디 더 덧붙였다. "참, 울분으로 가득 찬 군대를 만나거든 절대로 그들과 맞서지 마라. 그러지 않으면 널 기다리고 있는 것은 참패일 뿐이니."

"알았어요, 알았다니까요. 안 건드리면 되잖아요." 타오는 눈가가 약간 축축해지는 느낌이 들었다. "그건 그렇고 안 가면 안돼요?"

노자는 문턱에서 돌아보며 말했다. "우리 허무계곡에서 만나자꾸나. 거기서 기다리마."

노자가 가버린 후 타오는 한참을 울었다. 하지만 눈물도 잠시, 자신의 군대가 진짜 천하무적인 줄 알고 허구한 날 즐기다 보니 군대는 엉망이 되었다. 장교들도 사병 훈련은 시키지 않고 장사로 돈을 벌고 있었다. 군대의 기강은 점점 해이해지더니 나중에는 산적 패거리와 다를 바 없게 되었다.

적국에서는 이런 상황을 파악하고 보복을 위한 칼을 갈고 있었다. 과연 그들은 다른 나라들과 연합까지 하여 타오 진영을 단숨에 집어삼켰다. 타오는 궁지에 몰려 깊은 산속으로 도망치는 신세가 되었다.

일소 박사의 도덕경 읽기

用兵有言, 吾不敢爲主而爲客, 不敢進寸而退尺. 是謂行無行, 攘無臂, 仍無敵, 執無兵. 禍莫大於輕敵, 輕敵幾喪吾寶. 故抗兵相加, 哀者勝矣.(69장)

용병에 대해서 간단히 말하면 이렇다. 우리 군대가 한 곳에 상주하는 것이 적당하지 않다면 계속 주둔지를 옮겨야 한다. 전진해서 조금이라도 문제가 있으면 과감하게 후퇴해야 한다. 그렇게 하면 우리 군대는 대열을 이루지 않은 것처럼 민첩하게, 보이지 않을 만큼 재빠르게 이동할 수 있다. 또 마치 아무것도 손에 들지 않은 것처럼 가볍게 무기를 들 수 있으며, 적을 만나지 않은 것처럼 적을 섬멸할 수 있다.

그러나 전쟁에 있어서 가장 큰 걱정은 세상에 두려운 적이 없다는 것이다. 천하무적은 자연의 섭리에 위배된다. 때문에 적대 관계에 있는 두 군대 사이에 싸움이 붙으면 한이 많은(힘이 약한 쪽) 편이 반드시 승리한다.

 **과학 이야기**

기계의 기능을 충분히 발휘하려면 평소에 자주 손질해 주어야 한다. 그러나 이런 기계도 과도하게 사용하면 고장 시기를 앞당기게 된다.

잔꾀도사 노자

타오는 숲에서 혼자 얼마나 오래 헤맸는지 너무 지쳐서 꼼짝도 할 수 없었다. 그러던 차에 눈앞에 시냇물이 보이니 반가울 수밖에. 타오는 타는 목이라도 좀 축여보려고 몸을 구부려 손으로 물을 떠마셨다. 그런데 갑자기 뒤에서 무슨 소리가 들려왔다. "안 돼!" 화들짝 놀란 타오는 재빨리 일어나 허리춤에 차고 있던 검을 빼들었다.

하지만 주변엔 장대 같은 고목들만 빽빽할 뿐 아무도 보이지 않았다. 다만 주위 환경이 어쩐지 낯설지 않게 느껴졌다. 이번에는 웅장한 소리가 울려퍼졌다. "네가 나를 이기고 싶다면 먼저 네 자신과 싸워 이겨라!"

"넌 누구냐?" 긴장한 타오는 검을 휘두를 기세로 말했다. "컴컴한 곳에 숨어 수작부리지 말고 어서 나와!"

"휴, 그만두자, 그만둬!" 얼굴 없는 목소리는 아주 길게 한숨을 쉬며 말했다. "너도 그자들과 다를 게 하나도 없다. 내가 하는 말은 아주 현실적이어서 실천하기도 어렵지 않은데 왜 그렇게 못 알아듣는지."

"넌 누구냐? 내가 왜 그런 말을 듣느냐? 어서 나와 내 칼을 받아라."

타오는 사방을 두리번거렸다.

"크하하하! 네 칼을 받으라고? 그거야 간단하지. 하지만 먼저 내가 시키는 대로 해야 할걸."

"어림없는 소리!"

"고집이 세군!"

"난 원래 뜻을 굽힐 줄 모른다." 타오가 잘난 척하듯 말했다.

"하하하!" 그 목소리가 갑자기 크게 웃었다. "내가 너한테 이러는 건 널더러 잘난 척이나 하라는 게 아니다. 어찌 그렇게 말귀를 못 알아듣느냐? 남의 말을 들을 땐 참뜻을 읽어야 하고 무슨 일을 할 땐 먼저 핵심을 알고 해야지. 그런 것 하나 제대로 모르는 주제에 내가 누구냐고? 바로 네 코앞에 서 있는데도 모르겠느냐?"

그러는 사이 웬 검은 그림자가 '스스슥' 타오 앞을 스쳐갔다. 놀란 타오는 되는 대로 검을 마구 휘둘렀지만 '퍼' 하는 소리만 들릴 뿐이었다. 뭔가 땅에 떨어지는 소리 같아서 달려가 보니 다 떨어진 낡은 베옷이었다. "뭐야, 이건?" 타오는 이렇게 말하면서 검 끝으로 그 옷을 들어올려 앞쪽으로 내팽개쳤다. 포대자루 같은 그

옷은 허공으로 날아오르다가 무슨 동그란 물체를 땅 위로 떨어뜨렸다.

"덩그렁." 타오는 그 물체가 분명 그 낡은 옷을 입는 거지의 밥그릇일 것이라 생각하고 그 앞으로 달려가서 오른발로 '뻥' 차려고 했다. '뻥' 하려는 순간 타오의 발등에 또다른 발이 채였다. 그 다른 발은 재빠르게 타오의 왼쪽 발을 뒤에서 걸었고 그 바람에 타오는 하늘을 바라본 채로 땅에 넘어지고 말았다. 그 다른 발이 땅에 굴러떨어진 거지 밥그릇을 들어올릴 때 자세히 보니 그 동그란 물체는 새하얀 옥 덩어리였다. 그자는 옥 덩어리를 목에 걸고 낡은 옷을 집어들었다. 그리고 허리춤에서 지팡이를 빼 옷의 흙먼지를 툭툭 털어내고 몸에 걸쳤다. 순간 타오는 놀라지 않을 수 없었다. 그 다른 발은 바로 노자였다.

"아, 영감이었군요." 타오는 안도의 한숨을 내쉬고 계속 말했다. "다리걸기 실력도 보통 아니던걸요?"

"미안타!" 노자는 다가와 타오를 일으켜주며 말했다. "너도 쓸데없는 짓 좀 했지?"

"헤헤!" 타오는 멋쩍은 듯 웃었다. "그 옷은 알겠는데 그 옥 덩어리는 누구 거예요?"

"헤헤!" 노자는 타오의 말투를 흉내내며 말했다. "이것도 내 것인데, 못 믿겠느냐? '성인은 베옷을 걸치고 가슴엔 보배를 품고 있다'는 말 못 들어봤느냐?"

"흐흐, 내가 진짜 졌다니까요. 성인하고 비교하다니요. 얼굴 너무 두꺼운 거 아니에요?"

"넌 아직도 날 모르는 모양이구나. 그러니 내 보배는 더 못 알아보지."

 일소 박사의 도덕경 읽기

吾言甚易知, 甚易行, 天下莫能知, 莫能行. 言有宗, 事有君, 夫唯無知, 是以不我知. 知我者希, 則我者貴. 是以聖人被褐懷玉.(70장)

내가 하는 말은 이해하기도 쉽고 따라하기도 쉬운데 아무도 이해하고 따라하지 않는다. 남의 말을 들을 때는 그 참뜻을 들어야 하고 일을 할 때는 그 요체를 파악해야 한다. 세상 사람들이 이 이치를 모르기 때문에 내 말을 이해하지 못하는 것이다. 나를 이해하는 사람은 거의 없다. 그러니 내가 보배 같을 수밖에 없다. 성인은 얼기설기 짠 옷을 입고(외모는 보잘것없을 수 있다는 뜻) 있지만 보배를 품고 있다(덕과 재주를 갖고 있다는 뜻).

과학 이야기

광석의 표면은 일반 돌과 크게 다를 게 없다. 어떤 광석의 경도는 심지어 일반 돌보다도 약해서 건축용으로는 쓰지도 못한다. 그러나 광석들은 각자 유용하면서도 희귀한 원소들을 함유하고 있다.

바보야, 성인이야?

"그 보배 말인데요. 별로 대단해 보이지 않거든요. 성인의 보배라면 분명 뭔가 특이한 점이 있을 테고, 그러면 내가 한눈에 알아봤을 거라고요."

"그래?" 노자는 앞쪽을 가리키며 말했다. "저기 성인 한 분이 계시다. 저분한테는 무슨 보배가 있는지 알아보렴."

타오가 보니 과연 어떤 사람이 두 사람에게서 멀지 않은 곳에서 길을 가고 있었다. 걸음걸이도 가볍고 진짜 도사의 분위기가 물씬 풍겼다.

타오는 빨리 가서 어떻게 된 사람인지 보고 싶었다. 그런데 타오가 빨리 뛰면 그 사람도 빨리 뛰고 타오가 천천히 가면 그 사람도 천천히 가는 것이었다. 그러다 보니 도저히 따라잡을 수가 없었다. 분명 자기가 누구인지 밝혀지는 걸 원치 않는 사람이라는 생각이 들었다. 혹 성인이 아닐지도……?

타오가 이런 생각을 하고 있는데 그 사람이 갑자기 신발을 벗어 손에 들고 맨발로 걷기 시작했다. 타오는 그 사람이 왜 그렇게 하는지 이해할 수 없었다. 그래서 곧 뒤따라온 노자에게 물었다. "저 사람이 무슨 성인이에요? 오히려 바보에 더 가깝지. 신발이 있어도 신지 않고 맨발로 걷고 있잖아요."

노자는 대꾸하지 않고 신발을 벗어 손에 들었다. 타오는 웃지 않을 수 없었다. "푸하하! 이젠 바보짓까지 따라하시게요?"

타오가 이 말을 하자마자 길 앞쪽에 뱀 떼가 우글우글 기어나왔다. 맨발인 그 사람은 아무 일 없다는 듯 뱀의 등을 밟으며 지나갔다.

그 광경을 지켜본 타오는 온 몸에 소름이 돋고 기절초풍할 노릇이었다.

"뱀들이 왜 저 사람을 물지 않죠?"

"그건 사람 발바닥 살이 두툼하면서도 부드럽기 때문에 맨발로 밟으면 뱀은 느끼질 못하거든. 이게 바로 '남이 모르는 비결을 알면 성공할 수 있다'는 것이지. 아야야, 네 발바닥은 너무 딱딱해. 너 같은 애가 뱀을 밟으면 뱀은 분명 너무 아파서 못 참고 널 잡아먹으려 덤빌 거다. 하지만 어쨌든 신발을 벗고 산길을 걷는다는 건 확실히 너무 어리석지."

노자의 말에 타오는 이것저것 생각할 틈도 없이 신부터 벗었다. 타오는 노자 뒤에 붙어 아주 조심스럽게 '독사 진영'을 통과했다.

얼마 후 그 사람이 신발을 신었다. 타오와 노자도 신발을 신었다.

얼마 못 가 그 사람은 또 멈춰 섰다. 그곳에는 야생 열매가 달린 나무 한 그루가 있었는데 원숭이들이 그 열매를 따먹으면서 희희낙락거리고 있었다. 그 사람은 낮게 처진 가지 하나를 살짝 잡고는 열매를 따먹었다. 원숭이들은 그 사람은 아랑곳하지 않고 자기네들끼리 먹고 노는 데 정신이 없었고 그 사람은 열매를 어느 정도 먹더니 계속 길을 재촉했다.

그 광경을 지켜보던 타오는 뱃속에서 계속 꼬르륵 소리가 났다. 그래서 그 사람이 했던 것처럼 열매를 따먹으려고 팔을 들었는데 그때 바로 옆에 새빨간 열매가 주렁주렁 달린 나무가 보였다. 그 나무 위에는 성가신 원숭이들도 없었다. 타오는 정신없이 뛰어가 소매 가득 열매를 따 들고 흐뭇하게 말했다. "저 사람 진짜 성인 맞아요? 여기 주렁주렁 달린 열매도 많은데 거들떠보지도 않고 하필 원숭이들하고 그렇게 다툴 건 뭐죠?"

노자가 미소를 지으며 말했다. "네가 바보짓 할까봐 걱정이지 그 사람은 절대 바보가 아니다."

타오는 열매를 한 입 베어물다가 이가 너무 시려서 이가 다 뽑히는 줄 알았다. 타오는 기겁을 해서 열매들을 모두 쏟아버렸다.

"하하하! 원숭이들도 안 먹는 것을 먹다니. 누구나 다 알고 있는 이치를 너만 모르고 있으니 정말이지 바보구나. 멍청하기만 하면 그나마 다행이지. 위험할 수도 있으니 더 문제야. 원숭이가 먹지 않는 걸 보니 독이 있는 건 아닌지 모르겠다."

노자의 말에 얼굴이 창백해진 타오가 물었다. "혹, 겨우 한 입 물었다가 뱉어버렸는데 괜찮지 않을까요?"

"크하하하! 스스로의 무지를 인정하고 처음부터 조심 좀 했다면 뭐 위험할 게 있었겠느냐?"

타오는 쏟아버린 열매 중 한 개를 노자에게 주며 말했다. "독이 있는지 없는지 좀 보세요."

노자는 열매를 받아들고 한참을 보고 또 보았지만 일언반구도 하지 않았다.

"도대체 독이 있는 거예요, 없는 거예요?"

"나도 잘 모르겠구나. 아무래도 그 성인을 쫓아가서 물어봐야겠다."

잠시 후 두 사람은 그 사람 뒤까지 쫓아갔다. 노자가 물었다. "저, 이 열매들에 독이 있습니까?"

그 사람은 뒤도 돌아보지 않고 물었다. "누가 먹었지요?"

타오는 긴장하며 듣고 있었다. 노자가 대답했다. "제 어린 제자가 한 입 물었습니다."

"음, 아무 일 없을 겁니다. 베어물자마자 말도 하고 뛰어다니지 않았습니까? 독이 있었다면 벌써 발작했을 것입니다. 다행입니다."

그 사람은 말을 마치자마자 날아가듯 질주했고 곧이어 자취를 감추었다.

노자는 감탄을 금치 못했다. "성인도 확언할 수 없을 때가 있구나. 저렇게 매사에 신중하니 걱정할 일이 없지."

일소 박사의 도덕경 읽기

知不知上, 不知知病. 夫唯病病, 是以不病. 聖人不病, 以其病病, 是以不病.(71장)

남이 모르는 일을 알면 오래 갈 수 있다. 반드시 알아야 할 일을 모르면 걱정스럽게 된다. 그러므로 알아야 할 것을 모를까봐 걱정하는 사람에겐 걱정스러운 일이 일어나지 않는다. 성인은 언제나 자신이 모르는 것이 있을까봐 걱정하기 때문에 별 걱정할 일이 없다.

과학 이야기

물건을 만드는 재료들은 그 나름대로 각각 사용 가치와 존재 가치가 있기 때문에 유용하다. 만약 어떤 재료의 성질이 다른 재료들의 성질과 비슷하거나 심지어 다른 재료들만 못하다면 그것은 이미 존재 가치가 없는 것이다.

위풍도 여러 가지

　타오는 노자를 따라 시끌벅적한 길거리까지 나왔다. 길가 한편에는 찐빵가게가 있었는데 그곳에서 풍겨나오는 고소한 냄새가 안 그래도 배고프던 타오의 식욕을 자극했다. 꼬르륵 소리도 너무 나다 보니 나중엔 온몸에 힘이 빠질 대로 빠져 비틀거리기까지 했다. 노자는 쓰러지기 일보 직전의 타오를 부축해서 찐빵가게로 들어갔다.

　가게 주인은 문 밖까지 나와 환한 미소로 반겨주었다. "아니! 두 분 나리, 어쩐 일이십니까? 어서 안으로 들어가시지요." 그리고는 가게 안쪽에 대고 소리쳤다. "찐빵 한 판이요!"

　찐빵가게 주인은 두 사람을 특별히 더 깔끔한 자리로 안내했다. 곧이어 따끈따끈한 찐빵과 흰죽이 올라왔다. 주인은 옆에 서서 만면에 미소를 머금고 말했다. "나리, 맛있게 드십시오. 더 필요한 게 있으시면 아무 때나 분부하십시오."

"고맙소! 바쁘실 텐데. 무슨 일 있으면 부르리다." 노자가 말했다.

주인이 등을 돌리기가 무섭게 타오는 찐빵을 덥석 집어들고 굶주린 늑대처럼 먹어대기 시작했다. 2분도 안돼 찐빵 한 판이 깨끗이 비워졌다. 주인은 한 판을 더 내오도록 했고 타오는 그것도 게 눈 감추듯 먹어치웠다. 이런 식으로 타오는 찐빵 여섯 판과 흰죽 세 그릇을 비우고 나서야 배가 찼다는 느낌이 들었다.

타오는 시원스럽게 트림을 하면서 말했다. "난 돈 없어요. 영감이 내줄 거죠?" 그런데 주인이 그 말을 듣고 있다가 끼어들었다. "나리, 그게 무슨 말씀이세요? 평소 청렴결백하시고 서민들을 잘 보살피시는 나리께 보답하고 싶어도 그럴 기회가 없었는데 오늘 나리께서 찐빵 몇 판 잡수신 걸로 돈을 내신다뇨? 누가 들으면 저더러 양심에 털 난 놈이라고 욕할 겁니다."

"그럼 그렇게 하시죠. 다음에 꼭 갚겠습니다." 타오는 이렇게 말하며 자리에서 일어났다.

"댁으로 가십니까? 잠시만 기다려주십시오." 주인은 이렇게 말하고 달려나갔다. 잠시 후 바깥을 보니 큰 가마가 대령해 있었다. 주인이 뛰어들어와 말했다. "가마에 오르십시오."

가마 속에서 타오가 작은 목소리로 노자에게 물었다. "내가 누군 줄 알고 사람들이 이렇게 잘해주는 거죠?"

노자가 웃으며 말했다. "방금 찐빵가게 주인이 말했잖니? 네가 청렴결백하고 서민을 잘 보살피는 나리라고 말이다."

"내가 텔레비전에서 본 옛날 벼슬아치들은 다들 위풍이 대단하던데요. 보통 사람들은 그런 사람을 보기만 해도 질려버려요. 근데 여기 사람들은 저 보고 놀라지도 않잖아요?"

"위풍도 여러 가지가 있지. 사람들을 공포에 떨게 하는 것은 아주 수준 낮은 위풍이야. 사람들이 전혀 두려워하지 않게 해야 진짜 대단한 위풍이지."

"위풍에 무슨 수준이 있어요? 어디 실험 한번 해볼까요?"

잠시 후 가마가 관아에 도착했다. 타오는 아졸들에게 대문을 걸어 잠그라고 시켰다. 방금 가마를 메고 온 사람들까지도 나가지 못하도록 하고 심지어 그들을 포박하고 바닥에 꿇어앉혔다.

타오는 탁자 위 의사봉을 한 번 두드리고는 꿇어앉은 사람을 가리키며 소리 질렀다. "넌 뭐 하는 놈이냐?"

"나리, 소인은 쌀장수입니다." 그 사람은 전전긍긍하면서 대답했다.

"세금은 다 냈느냐?"

"소인은 늘 법을 지키면서 장사했습니다. 물론 세금도 꼬박꼬박 냈습니다."

"말 하나는 번지르르하게 하는구나. 무슨 비율에 근거해서 세금을 냈다는 거냐?"

"관아에서 규정한 대로 20%를 세금으로 냈습니다."

"뭐라고? 그것밖에 안돼? 지금 당장 규정을 바꾸겠다. 양곡의 세율은 일률적으로 50%로 조정한다. 10년 전까지 소급 적용할 테니 알아서 준비하라."

그 사람은 어리둥절하기만 했다. "나리, 50%라뇨? 게다가 10년 전 것까지 내라뇨? 저한테 그런 돈이 어디 있습니까?"

타오는 의사봉을 다시 한 번 내려치고 소리쳤다. "돈이 없어? 그렇다면 네 놈의 집이라도 내놓아라."

그 사람은 연신 머리를 조아리며 애원했다. "아이고, 나리, 살려주십시오. 노모와 어린 자식까지 딸린 저에게 그러시면 전 어찌 살란 말씀이십니까? 한 번만 살려주시면 그 은혜 평생 잊지 않겠습니다."

사실 타오는 화를 더 내보고 싶었지만 지켜보고만 있던 노자가 와서 의사봉을 빼앗아 타오 머리를 내려치는 바람에 갑자기 눈앞에서 별이 반짝거렸다.

타오는 한 손으로는 탁자를 붙잡고 한 손은 머리를 비비면서 말했다. "아니 사람 죽일 작정이세요?"

"이렇게 때리지 않으면 네놈이 정신을 못 차릴 것 같아서 그런다. 벼슬아치가 되어가지고 서민의 집을 마음대로 하질 않나, 살길을 막질 않나! 이렇게 해야만 관직에 계속 앉을 수 있다고 생각한다면 그건 착각 중의 착각이다. 사람들이 극진한 대우를 해주는 위풍은 마다하고 이런 자질구레한 허세나 떨고 있느냐?"

타오는 노자의 깊은 뜻을 알아차리고는 통곡하고 있는 그 사람에게 웃으며 말했다. "허허, 농담 좀 한 걸 가지고 이렇게 놀라다니. 돌아가서 내가 얼마나 청렴한 사람인지 말이나 잘해주시오."

그리고 그 사람들을 모두 풀어주었다. 사람들이 돌아가자 노자는 타오를 꾸짖었다. "염치도 없는 녀석! 네가 뭐 대단한 일 한 게 있다고 사람들한테 선전을 하라 마라 하느냐? 성인에게 차근차근 잘 배우다 보면 네 자리도 점점 수준 있게 되는 법이다. 성인은 스스로 알 수 있는 지혜가 있긴 하지만 절대 스스로 드러내지 않는다. 자신을 깨끗하게 하지만 스스로를 고귀하다고 하지 않는다. 성인은 자기 자리를 정확히 아는 법!"

"진작 알았으면 이런 쓸데없는 위풍 따윈 떨지도 않았죠. 얻어맞고 욕먹고……."

일소 박사의 도덕경 읽기

民不畏威, 則大威至. 無押其所居, 無厭其所生, 夫唯不厭, 是以不厭. 是以聖人自知, 不自見, 自愛, 不自貴. 故去彼取此.(72장)

만약 백성들이 통치자의 권위를 두려워하지 않는다면 이것은 대단한 권위가 있기 때문이다. 통치자는 백성들이 사는 곳을 침범하거나 그들의 생활을 압박해서는 안된다. 그렇게 해야 백성들이 통치자를 혐오하지 않는다. 성인은 자신을 잘 알면서도 겉으로 드러내지 않는다. 또 자신을 사랑하면서도 스스로를 고귀하다고 여기지 않는다.

과학 이야기

압력은 단위 면적이 견디는 작용력이다. 같은 작용력이라도 압력을 받는 면적이 크면 파괴되지 않고 압력을 받는 면적이 작으면 파괴된다. 바늘 끝으로 살짝 찌르면 사람들은 따갑게 느끼는데 이것은 바늘 끝의 찌르는 면적이 작기 때문이다. 반면 베개로 사람을 힘껏 때려도 그런 통증은 없는데 이것은 베개의 면적이 바늘 끝의 천만 배도 더 되기 때문이다.

하늘을 나는 영웅 이야기

노자와 타오는 오랜만에 우주선 허무호에 올라탔다. 타오는 들뜬 마음으로 물었다. "우리 이제 어디로 가는 거예요?" 노자가 의미심장한 미소를 지으며 말했다. "그걸 왜 나한테 묻니? 허무호 선장은 너다."

"헤헤, 설마 괜히 그러시는 거죠?"

"선장님, 나중에 얘기 안해줬다고 나무라지 마시고 어서 안전벨트부터 착용하시죠." 노자가 하필 이런 말을 하자마자 우주선이 갑자기 요동치기 시작했다. 놀란 타오는 얼른 안전벨트를 맸다. 그리고 창밖을 내다보니, 맙소사! 무슨 우주선이 잔뜩 술 취한 사람처럼 '갈 지(之)' 자로 나풀거리면서 구름 속을 뚫고 들어가고 있는 게 아닌가.

"영감! 오늘 허무호는 어째 달 속으로 달아난 상아(嫦娥)가 달을 버린 것 같아요."

이런 말을 하면서 무심코 창밖을 바라보니 상아선녀가 사뿐히 와 있었다. 생긋 웃는 얼굴이 저렇게 예쁜 여자는 세상에 없을 것 같았고 기다란 소맷자락을 나풀거리는 모습은 아흐레에 걸쳐 아래로 떨어져내리는 폭포수같이 황홀했다. 타오의 눈이 휘둥그레졌다.

"선장님!" 노자가 한 쪽 편에서 웃으며 말했다. "우주선이 곧 작은 섬과 충돌하려고 하는데 한가롭게 경치 감상이나 하기예요?"

타오가 노자를 쏘아보며 말했다. "우주선은 제트엔진 아니에요? 조그만 섬 하나 가지고 뭘 그렇게 걱정하세요?" 타오가 이렇게 말하고 다시 고개를 돌려보니 창밖에 보이던 상아가 사라지고 없었다. 속상한 타오가 투덜거리고 있는데 갑자기 저 멀리 산꼭대기가 인산인해처럼 보였다. 허무호는 타오의 호기심을 따라 산꼭대기로 날아갔다.

깎아지른 듯한 절벽 위에 나무로 만든 대형 새가 놓여 있고 그 옆엔 젊디젊은 장군 한 명이 미모의 여인과 석별의 정을 나누고 있었다. 어렴풋하게나마 타오는 그 여인이 아까 본 상아와 비슷하다는 예감이 들어서 직접 밖으로 나가보고 싶었다. 그래서 노자에게 물어봤다. "우주선을 착륙시킬 수 있을까요?"

이번에도 노자는 의미심장한 웃음을 지으며 말했다. "지혜도 없으면서 용기만 갖고 경솔하게 굴면 딱 한 가지 외길! 바로 죽음! 그래도 선장은 어디까지나 너니까 내려가 보고 싶으면 그렇게 해라." 그리고 즉시 단추 하나를 눌렀다. 타오는 비명을 지를 새도 없이 우주선 바닥에서부터 떨어져 나갔다. 다행히도 등에 메고 있던 낙하산이 자동으로 펴져서 안전하게 장군 옆으로 착지할 수 있었다. 타오는 씩씩거리면서 낙하산을 벗어던지고 하늘을 향해 큰 소리로 노자를 욕해주고 싶었다.

그때 미모의 여인이 달려와 타오의 손을 잡고 흥분하며 말했다. "당신은 선인? 하늘에서 내려오신? 그렇다면 분명 하늘이 완 장군을 도우라고 내려보내신 분이군요."

이런 말을 듣다 보니 타오는 진짜 신선이 된 기분이 들었다. 곧 이어 장군도 걸어왔다. 얼굴이 빨개진 타오는 여인의 손을 놓으며 장군에게 먼저 말을 건넸다. "완 장군이시군요, 반갑습니다!"

"네, 그렇습니다." 장군은 타오의 손을 덥석 움켜잡고 말했다. "선인께서 제 이름을 알고 계신 걸 보니 분명 저의 운명도 아시리라 생각되어 이렇게 여쭙니다. 제가 만든 저 새가 실험에 성공할 수 있을까요?"

타오는 잠시 생각한 후 역시 격한 감정으로 말했다. "완 장군, 당신은 장차 우주에 이름을 길이 남길 것입니다. 세상 모든 일은 누군가 첫발을 내디뎌야만 하고 희생도 따르게 마련입니다. 그러니 성패나 득실에 너무 연연해 하지 마십시오. 이런 말씀밖에……."

"역시 선인은 다르십니다." 완 장군은 타오의 손을 놓고 여인을 가볍게 포옹했다. 잠시 후 그는 여인을 힘껏 밀어내며 말했다. "그만 가보겠소."

타오는 두 연인을 지켜보고 있자니 측은지심이 발동했다. 곧이어 완 장군이 그 대형 나무새를 향해 성큼성큼 걸어가자 타오는 완 장군을 앞질러 올라가 의자에 앉았다. 그러자 당황한 완 장군이 물었다. "무슨 뜻이신지?"

"장군, 어서 불을 붙이십시오." 타오가 소리쳤다.

"그렇다면야, 선인께서 도와주시는데 무엇을 주저하겠습니까?" 이렇게 말한 완 장군은 점화병이 들고 있던 횃불을 빼앗아 나무새의 뒤꽁무니까지 뛰어오른 다음 자신의 몸을 의자에 고정시켰다. 그리고는 아래로 분화하는 큰 불화살에 불을 붙였다. "부웅!" 타오와 완 장군을 태운 나무새는 꽃구름 속으로 치달았다. 완 장군은 다른 불화살에도 불을 붙였고 새는 정말 번개처럼 앞으로 날아갔다. 그리고 계속해서 네 발의 화살이 자동으로 돌아가며 아래로 분화되었고, 마흔아홉 발의 작은 불화살은 뒤쪽으로 분화되어 나갔다. 나무새는 꽃구름 위에서 질주하듯 날고 있었다. 산 정상에서 구경하던 사람들은 우레와 같은 환호와 갈채를 보냈다.

하지만 불화살을 점화하는 데 쓰는 화약이 얼마 못 가 바닥을 드러냈다. 나무새는 얼마간을 활공하다가 공중에서 선회했고 곧이어 추락하기 시작했다. 떨어지는 속도가 점점 빨라지다 보니 몸체는 뜯겨나갔고 결국에 완전히 해체되었다. 공중에서 추락하는 신세가 된 타오는 두 눈을 질끈 감고 소리쳤다. "영감, 살려줘요!"

"왜 소리를 지르고 그러느냐?" 노자 말소리에 눈을 떠보니 이미 허무호로 복귀한 상태였다. 창문 너머에선 완 장군과 나무새의 잔해들이 산골짜기로 추락하는 광경이 보였다.*

타오는 침통한 심정이었다. 그래서 울면서 노자를 원망했다. "죽어가는 사람을 보고서도 왜 구해주지 않는 거죠?"

"세상 모든 일은 희생하는 사람이 있게 마련이라고 네가 말하지 않았느냐?" 노자는 쌀쌀맞게 반문했다. 또 "나무새를 그렇게 엉터리로 설계했으니 죽을 수밖에. 그렇지 않으면 후대 사람들이 배울 교훈이 없지, 발전도 없을 테고."

"설계가 좀 잘못됐다고 해서 다 죽어야 된다면 누가 설계를 하려고 하겠어요?" 타오는 여전히 억울했다.

"꼭 그렇진 않지." 노자는 침착하게 말했다. "라이 형제는 비행기를 만들었는데 안 죽었잖니? 그들은 대담했지만 무모하지는 않았어. 그렇기 때문에 죽지 않고 잘 살 수 있었던 게지."

"라이는 무슨 라이에요? '라이트'지!"**

"아무튼 비슷하잖니. 방법에 따라서 죽을 수도 있고 살 수도 있다 이거야. 이제 알겠느냐?"

"몰라요."

"모르는 것도 이해할 수는 있다. 인류의 과학 지식도 사실 우주와 자연의 극히 일부분에 지나지 않기 때문에 수많은 자연현상이 인류에겐 여전히 수수께끼지."

"수수께끼가 뭐 그리 대단한가요? 하나하나 풀어가고 있는데. '사람은 반드시 하늘을 이길 수 있다'는 말도 못 들어보셨어요?" 타오는 지기 싫었다.

"사람은 반드시 하늘을 이긴다? 네가 살고 있는 시대가 과학이 발달했다고 생각하니?"

"당연히 아주 발달했죠. 하늘로 올라가고 땅으로 들어가고 못할 게 없다고요."

"그러냐? 태풍 불고, 홍수 나고, 지진 발생했을 때를 생각해 봐라. 그런 것들은 고사하고 날씨가 좀 덥거나 춥기만 해도 사람들이 떼로 죽는데? 그런 것도 발달이라고?"

"그래도 우리한텐 항상 방법이 있어요. 홍수에 대비해서 댐을 짓는다고요."

"그래? 그럼 어디 그 댐 한번 보러 가자."

순간 허무호는 초대형 댐의 상공 위까지 날아왔다. 타오는 자랑스럽게 말했다. "어때요? 이제 우리 인류가 별 볼일 없다고 생각하진 않겠죠?"

"음, 대단하군." 노자가 수염을 만지작거리며 말했다. "미래의 세상은 궁금하지 않니?"

"미래요? 아이고 고마우셔라. 우리 이제 댐이니 뭐니 신경쓰지 말아요. 30년 후 내 모습이 어떻게 변해 있을지 너무 궁금해요."

노자는 타오를 아래위로 훑어보고는 웃으며 말했다. "어떻게 변해 있긴! 맞아죽진 않아도 피곤해 죽을 거다." 그리고 좌석 팔걸이 위에 있는 단추를 가리키며 말했다. "숫자를 눌러."

타오는 30을 눌렀고 허무호는 30년 후로 날아갔다. 어느 사무실에 희끗희끗한 머리에 초췌한 얼굴로 대형 스크린 앞에 앉아 한숨 쉬고 있는 중년 남자가 있었다. 30년 동안 하천 바닥이 계속 높아져서 어떤 뱃길은 이미 퇴적된 모래 때문에 끊겨버렸다.

그때 한 젊은이가 들어와 중년 남자에게 말했다. "팀장님, 직접 나오셔서 해명하시라고 다들 난리입니다."

중년 남자는 대회의실로 갔다. 몰려온 사람들은 그를 둘러싸고 온갖 소리를 다 질러댔다. "장타오! 이 모든 게 다 네 아비가 댐인지 뭔지를 지어야 한다고 우기는 바람에 생긴 일이다. 이제 뱃길도 다 막혔다. 책임져라!" 그 사람들은 중년 남자를 마구 때리기도 했다.

타오는 우주선에 앉아 너무도 놀랐다. 어떻게 저런 꼴이 될 수 있는지 생각도 해보았다. 20년이 더 지나면 어떤 모습일지도 궁금해졌다. 그래서 20을 입력시키려고 했는데 잘못하여 0 하나를 더 입력하게 되었다. 우주선은 200년 후로 날아갔다. 댐은 이미 퇴적물로 뒤덮여서 폭포를 이루었고 폭포 아래 연못도 홍수 때문인지 벌써 이리저리 엉망이 되었다. 이런 광경은 타오를 아연실색하게 만들었다.

노자는 정색하고 말했다. "어떠냐? 하늘은 너랑 다투지는 않는다. 그저 사실을 가지고 대답해 주고 꼼짝못하게 만들 뿐!"

"영감 말대로라면 인류는 자연의 노예밖에 안되겠네요?" 타오는 생각할수록 화가 났다.

"인류는 자연의 법칙에 따라 일할 수밖에 없어. 그건 마치 커다란 그물 같아서 그물코가 꽤 넓긴 하지만 아무도 빠져나가진 못하지."

"그물이요? 아무도 못 빠져나간다고요?" 타오는 화를 못 참고 큰소리를 질렀다. "어차피 내가 선장이니까 내가 가고 싶은 데로 가겠어요. 우주선은 지구를 떠나라!"

우주선은 즉시 지구의 대기층을 뚫고 지구 인력의 영향권을 벗어났다.

"태양계를 벗어나라!"

은하계의 중심은 우주선과 점점 더 멀어졌다. 타오는 끝없는 우주 공간에서 마음대로 우주선을 조종하면서 자유를 만끽했다. 타오는 가치 없다는 듯 노자에게 말했다. "어때요? 큰 그물 있다면서요? 그물은 어디 있죠? 우주 끝에요? 우주선은 우주 끝까지 날아가라!"

그런데 그때 우주선에서 갑자기 경보음이 울렸다. 우주선의 에너지가 다 소모된 것이다. 우주선은 남은 에너지로 우주의 끝을 향해 비틀거리며 가고 있었다. 당황한 타오는 노자를 찾았지만 자리에 있어야 할 노자가 보이지 않았다. 우주선 내부의 조명이 모두 꺼졌다. 컴컴한 공간 속에서 온도는 점점 내려가고 뭐라 표현할 수 없는 공포가 엄습해 왔다. 공포는 마치 무형의 그물처럼 타오의 마음을 꽉 얽어매고 있는 것 같았다.

＊ 하늘을 날았던 사람 만호(萬戶)의 이야기. 명대(明代)에 불화살 전문가인 반배(班背) 장군이 있었다. 그는 우중랑(右中郞, 황제의 고문 역할) 이광태(李廣太)의 모함을 받아 연산(燕山)의 유령계곡으로 쫓겨갔다. 그리고 그의 부하 만호에게는 나는 새 '비조'를 만들도록 시켰다. 반배 장군을 구하기 위해서 만호는 그 일에 동의했다. 단 반배의 딸 월계(月桂)와 결혼하겠다는 조건을 걸었다. 이광대는 조건은 들어주었지만 반배가 어디에 갇혀 있는지는 만호에게 알려주지 않았다. 만호와 월계는 천신만고 끝에 유령계곡을 찾았지만 반배는 이미 불에 타 죽고 없었다. 대신 만호는 반배가 쓴 『화전서(火箭書)』를 발견하고 열심히 연구하여 '비조'의 설계도면을 완성했다. 그리고

기술자들에게 제조하도록 하여 드디어 '비조'가 완성되었다. '비조'에는 뒤로 젖힐 수 있는 의자 하나가 있고 날개 한 쌍이 장착되어 있었다. 의자는 상하 두 부분으로, 아래에는 네 발의 큰 불화살, 위에는 마흔아홉 발의 작은 불화살이 장치되어 있었다. 설계에 따르면 이 불화살들은 50킬로미터를 비행할 수 있게 해준다. 만호는 '비조'를 산정상에 옮겨놓고 그 의자에 앉았다. 그는 사람을 시켜 위쪽 불화살에 불을 붙였고 굉음과 함께 '비조'는 산 정상을 떠나 날았다. 계속해서 아래 부분의 화살들에도 불을 붙이자 '비조'는 구름을 뚫고 날아올랐다. 그러나 불화살은 결국 불이 꺼졌고 '비조'는 공중에서 몇 바퀴를 선회하다가 산골짜기로 추락했다. 그렇게 만호는 죽었다. 월계도 돌에 부딪혀 죽었다. 만호는 최초로 하늘을 날았던 사람이다. 그래서 국제천문협회에서는 달 표면의 어느 크레이터를 '만호산'이라고 명명했다.

** 미국의 비행기 발명가 라이트 형제. 형 윌버 라이트, 동생 오빌 라이트. 형제는 어린 시절부터 비행에 각별한 관심이 있었다. 1903년 형제는 자체 동력으로 비행하는 첫번째 비행기 '플라이어 1호'를 설계하고 제조했다. 그들은 미국 노스캐롤라이나주 키티호크 해변에서 플라이어 1호에 대한 네 차례의 실험 비행을 실시했다. 첫 비행은 동생이 했는데 36미터를 12초 동안 비행했고 마지막은 형이 260미터를 59초 동안 비행했다. 1906년 이 비행기는 미국에서 발명특허권을 획득했다.

일소 박사의 도덕경 읽기

勇於敢則殺, 勇於不敢則活. 此兩者, 或利或害, 天之所惡, 孰知其故. 是以聖人猶難之. 天之道, 不爭而善勝, 不言而善應, 不召而自來, 繟然而善謀. 天網恢恢, 疏而不失. (73장)

용기만 믿고서 경솔하게 일을 감행하는 사람이 죽는 것은 의심할 여지가 없다. 용기가 있지만 무턱대고 일을 처리하지 않는 사람은 살 수 있다. 이롭거나 해로운 두 가지 상황이다. 하늘이 싫어하는 그 까닭을 어느 누가 알 수 있을까. 우주의 법칙은 이렇다. 싸우지 않으면 승리하고, 말하지 않으면 자유자재로 응답할 수 있고, 부르지 않아도 스스로 올 수 있다. 또 가식 없이 있는 그대로 행동하는 것이야말로 선견지명이다. 자연의 법칙이란 눈에 보이지는 않지만 넓디넓은 거대 그물과 같다. 그물코는 듬성듬성하지만 그 어떤 사물도 또 그 어떤 사람도 빠져나갈 수 없다.

 **과학 이야기**

에너지와 에너지 규칙은 우주의 최고 통치자이다. 물체의 운동은 에너지와 불가분의 관계이다. 우주의 총에너지는 소멸되지 않지만 개별 물체의 에너지는 한계가 있을 뿐만 아니라 소진될 수도 있다. 진공상태인 우주 공간에서 발열물체의 열량은 해당 물체의 온도와 환경의 온도가 같아질 때까지 방사능을 통과하는 방식으로 흩어질 수 있다.

벼슬 체질이 아니야

"하하하하!" 갑자기 노자의 큰 웃음소리가 들려왔다. 그리고 사방이 불빛으로 환해졌다. 타오는 마치 어망에 걸렸다가 구사일생으로 도망친 작은 물고기처럼 몸과 마음이 홀가분했다. 정신을 차려보니 사방이 온통 돌 벽으로 둘러싸인 곳에 노자와 둘이서 돌 탁자를 마주하고 앉아 있었다.

"여기가 어디에요?"

"여긴 내 동굴집이다." 노자는 타오에게 차를 한 잔 따라주었다. 타오는 찻잔을 말끔히 비웠고 노자는 타오가 잔을 비울 때마다 계속 차를 따라주었다. 타오는 연속으로 몇 잔을 마시고 나서야 아까 우주 공간에서 놀란 가슴을 겨우 진정시킬 수 있었다. 타오가 동굴집을 둘러보다 보니 무엇인가 떠오르는 생각이 있어서 노자에게 말했다. "능력을 놓고 보면 영감은 지방 관리 정도는 하고도 남을 텐데. 늘 나만 높은 자리에 앉은 것 같아요. 이번엔 제가 보좌해 드릴 테니 폼 한번 잡아보시죠."

"폼은 무슨 폼!" 말은 그렇게 해놓고 노자의 포대자루 베옷은 벌써 고대 관복으로 변해 있었다. 돌 탁자는 관용 탁자로, 동굴집은 관아의 심의청으로 바뀌어 있었다. 문 밖에서는 어떤 사람이 억울함을 호소하는 북을 치고 있었다. 타오는 얼른 노자를 밀며 말했다. "나리, 어서 좌정하시고 준엄한 태도를 보이셔야죠."

"헤헤, 꼬마 나리, 아는 것도 많으시네요?" 노자는 또 장난기가 발동했다.

"웃으면 안돼요!" 타오는 손을 내저으며 말했다. "지금은 그런 농담 할 때가 아니라고요. 빨리 정색을 하세요."

그러고 있는데 남녀노소 할 것 없이 누렇게 피골이 상접한 사람들이 우르르 몰려들어왔다. 그들은 심의청 한가운데 꿇어앉아 이구동성으로 소리쳤다. "아이고, 나리! 저희 소인들의 말 좀 들어주십시오."

그러자 노자는 자리에서 일어나 노인들을 일으켜 세우려 했다. 타오는 다급해진 나머지 걸어나가는 노자의 발을 걸었는데 넘어지기 일보 직전의 노자를 간신히 붙잡을 수 있었다. 그리고 노자 귀에 대고 속삭였다. "나리가 거길 왜 나가요. 빨리 가서 앉으세요."

노자는 하는 수 없이 돌아와 앉아 목소리를 가다듬고 말했다. "다들 하실 말씀 있으시면 일어나서 하시지요."

"소인들이 어찌 감히…… 그저 나리께서 저희 편만 되어주신다면……." 그 사람들은 또 이구동성으로 말했다.

"나리께서 말하라고 했으면 할 것이지 무슨 잔말이 그렇게 많아!" 타오는 크게 소리 질렀다.

그 중 한 노인이 말했다. "우리 마을에 양식이 떨어진 지 보름이 넘었습니다. 정말이지 너무 배가 고픕니다."

노자는 생각도 해보지 않고 나오는 대로 말을 했다. "먹을 것이 없다니, 분명 저들이 제멋대로 가혹하게 세금을 거둔다는 말이군."

"나리 말씀이 지당하십니다!" 어떤 젊은이가 일어나 격분해서 말했다. "그 관리라는 자들은 하나같이 늑대나 호랑이 같습니다."

타오는 아졸이 들고 있는 몽둥이를 빼앗아 들고 가서 그 젊은이를 한 방에 때려눕혔다. "무엄하다!"

그리고 타오를 나무라려는 노자의 귀에 대고 속삭였다. "이게 다 영감 때문이라고요. 관직을 높여주려고 내가 작년에 상급 관청에 업적을 허위로 보고했거든요. 그러니 상급 기관에선 이곳이 잘 살게 된 줄 알고 예산을 조금만 준 거고 또 이곳 관청의 아래 사람들까지도 일한 대가를 받지 못하게 되었다니 그자들이 백성들 등을 쳐 먹지 않으면 어떻게 살겠어요?"

"잘난 네 놈 때문에……." 노자는 씩씩거리며 타오를 흘겨보았다.

"그래도 다 영감을 생각해서 그런 건데요." 타오는 계속 배시시 웃으며 말했다. "물론 저도 덕 좀 봤지만요."

"아무리 그래도 백성들을 굶길 수는 없다."

"굶는다고요? 천만의 말씀! 요즘 백성들이 얼마나 영리한데요. 사람들은 양식을 몰래 숨겨놓았으면서도 굶었다고 엄살 피우고 다니는 거예요. 길거리의 저 거지들 좀 보라고요, 영감보다 더 있어 보이잖아요."

"이럴 수가 있나! 그렇다면 다 거지나 하고 살지!" 격분한 노자는 책상을 내리치며 말했다. "백성들이 이렇게까지 교활하게 된 건 다 벼슬아치들이 잘못 다스린 결과다."

"됐다니까요, 그만하세요." 타오는 기분이 상해서 말했다. "이 모든 게 이 나라와 우리를 위해서가 아닌가요? 세금을 거두지 않으면 집이니 차니 다 어디서 만들어낼 수 있어요?"

노자와 타오의 입씨름을 지켜보던 젊은이는 급기야 타오의 먹살을 잡고 외쳤다. "오라, 바로 너 같은 탐관오리들의 뱃속이나 채워주려고 우리가 먹을 게 없었던 거로구나. 오늘 내 손에 죽어봐라, 엉?"

그 자리에 있던 다른 젊은이들도 다같이 덤벼들어서 노자와 타오를 때리려고 했다. 아졸들이 뜯어말리기는 했지만 관아는 엉망진창이 되었고 노자와 타오는 얼굴이 시퍼렇게 되고 나서야 간신히 빠져나올 수 있었다.

"이렇게까지 필사적으로 덤빌 필요는 없잖아."

"휴우, 이게 다 벼슬한다는 자들이 저지른 짓이다. 그러니 저들도 믹고 실러고 필사직일 수뷔에."

"영감이 마음이 너무 약해서 이 지경이 된 거라고요." 타오는 원망하듯 투덜거렸다. "영감은 굴러들어온 복도 차버릴 사람이에요."

"내가?" 노자는 고개를 갸우뚱거렸다. "차라리 배고픈 게 낫지,

그런 복이라면 사양하겠다."

일소 박사의 도덕경 읽기

民之饑, 以其上食稅之多, 是以饑. 民之難治, 以其上之有爲, 是以難治. 民之輕死, 以其上求生之厚, 是以輕死. 夫唯無以生爲者, 是賢於貴生.(75장)

통치자가 백성들에게 세금을 가혹하게 거두면 백성들은 굶주릴 수밖에 없다. 통치자가 공연히 평지풍파를 일으키면 백성을 다스리기 어렵다. 통치자가 지나치게 자기 자신의 양생과 안위만을 신경쓰면 백성들은 목숨을 개의치 않을 수밖에 없다. 그러므로 힘들게 연명하는 통치자가 자신밖에 모르는 통치자보다 훨씬 현명하다.

과학 이야기

같은 땅이라도 어떤 식물은 태양과 물 그리고 비료에 대한 점유능력이 뛰어나 크게 잘 자란다. 그 식물은 동시에 그 주변 식물들의 점유능력을 약화시켜서 제대로 못 자라게 하기도 한다. 일반적으로 잡초들은 이런 점유능력이 좋다. 그러므로 농작물을 심은 땅은 자주 제초작업을 해야만 농작물이 정상적으로 성장할 수 있다.

물의 위력

두 사람이 허무계곡을 걷고 있는데 노자가 뜬금없이 물었다. "세상에서 누가 가장 힘이 셀까?"

타오가 장난스럽게 말했다. "내 힘이 제일 세겠죠."

"허풍 좀 그만 떨어라. 허풍도 자꾸 크게 떨다 보면 그만큼 들통도 빨리 나는 법이야."

"헤헤, 꼭 그렇지도 않죠. 열기구를 생각해 보세요. 그만큼 커다랗게 불 힘이 없어서 문제죠."

"열기구?" 노자는 눈썹을 쫑긋하고 지팡이를 휘둘렀다. 두 사람은 곧 열기구의 객실에 앉게 되었다. 노자는 자기 머리 위의 거대한 열기구를 가리키고는 웃으며 말했다. "이제 봐라, 내가 저걸 어떻게 부는지."

노자는 지팡이를 비단 호스로 바꿔 호스의 한 쪽 끝에 초대형 깔때기를 거꾸로 걸고, 또 한 쪽 끝에는 열기구 안으로 연결시켰다. 그리고는 거꾸로 걸었던 깔때기를 떼어냈다. 깔때기는 마치 비행접시 같았다. 현대 도시의 상공까지 날아와 도시의 절반을 그 그림자에 뒤덮이도록 하는 UFO! 호스에서는 열기류가 뿜어져 나왔고 열기구는 하늘높이 치솟았다. 타오는 재빨리 난간을 붙잡으며 물었다. "어디서 이런 열기류가 나오는 거죠?"

"허허, 이쪽 방면으로는 기본 지식이 형편없구나. 이건 열섬이라고 하는 건데……."

"아하! 현대 대도시에서 볼 수 있는 '열섬효과' (도시의 기온이 인공열이나 대기오염 등의 영향을 받아 교외보다 높아지는 현상 – 옮긴이)로군요. 그걸 누가 몰라요?"

기구는 열기의 추진력으로 점점 높이 올라가서 어느덧 구름 속까지 뚫고 들어왔다. 깔때기에 달린 호스는 마술처럼 점점 길어만 갔다. 다급해진 타오는 큰 소리가 절로 나왔다. "너무 높이 올라왔어요! 이제 깔때기를 빨리 치워야 돼요!"

"치워야 된다고?" 노자가 이렇게 말하면서 손을 뻗었고 깔때기는 다시 지팡이로 돌아왔다. 뜨거운 공기가 없어지니 열기구는 흔들흔들 아래로 떨어지기 시작했다. 아래를 내려다보니 발밑은 첩첩산중이었다. 곧이어 세찬 물살 소리가 들렸다. "앗! 영감, 강물 속으로 빠질 것 같아요."

"앗! 진짜!" 노자도 놀라는 것 같았다. 하지만 또 금세 껄껄 웃으며 말했다. "허허, 꽉 잡아라. 우리 뒤집기 한판 해보자." 노자의 이 말이 떨어지자마자 열기구는 위아래가 뒤집혀 마치 고무보트처럼 변했다. 두 사람은 고무보트 위에서 물살을 따라 떠다녔는데 그것도 꽤나 기분좋은 일이었다. 둥실둥실. 강줄기의 양쪽은 깎아지른 듯한 기암절벽이었다. 이런 절묘한 상황에 타오는 감탄을 하지 않을 수 없었다.

"정말 믿을 수 없어요. 너무 정교해요. 이런 강줄기는 도대체 누가 갈라놓은 걸까요?"

"물이 아니면 누구겠느냐?"

"말도 안돼요."

"말도 안된다고? 그럼 어디 가서 한번 볼까?"

고무보트는 다시 허무호로 변신했다. "45억 년 전 지구 탄생 시점으로 돌아가라!" 사방은 순식간에 숲도 강물도 없는 화산 천지가 되었다. 화산 분화구는 짙은 연무를 내뿜었고 그 연무는 하늘 위에서 두꺼운 구름을 만들었다. 그리고 별안간 천둥번개가 치더니 폭우가 쏟아졌다. 빗물은 산비탈을 타고 밑으로 흘러갔다.

"영감, 아까 그 강물의 위치가 어디였죠?"

"바로 우리 발밑이지. 우주선은 시간 여행만 했을 뿐이지 공간 비행은 하지 않았어." 노자의 말과 함께 우주선이 갑자기 투명하게 변했다. 타오는 우주선 바닥이 뚫린 줄 알고 기절초풍하듯 소리를 질렀다. "으악! ……으악!" 몇 번이나 소리를 지르고 나서야 말했다. "간 작은 사람은 어디 살겠어요?"

"허허, 콩알만한 그것도 간이라고……. 지금 우리가 보고 있는 시계는 정상 속도로 가고 있지. 내가 좀 빨리 가도록 해볼 테니 용기 있으면 아래를 한번 내려다봐라."

"담력 테스트를 하시겠다? 빨리 해보시죠!" 타오는 으스대며 말했다. 시계의 초침은 즉시 쾌속으로 움직이기 시작했다. 초침은 너무 빨라서 보이지도 않을 정도였고 분침도 시침도 모두 하나도 보이지 않을 지경이 되었다.

"이제 보통 시계 1초당 우리 시계는 125만 년을 간다. 한 시간 후면 우리는 원래의 세계로 돌아가게 될 테니 아래쪽을 자세히 보기나 해라."

타오는 눈 한번 옆으로 돌리지 않고 발밑에 흐르는 물살만을 뚫어지게 보았다. 물살은 마치 아주 기다란 쇠톱처럼 빠른 속도로 계곡을 잘라내고 있었다. 10초도 안돼 계곡은 1미터도 더 움푹 파였다. 이 속도대로라면 한 시간 후 몇백 미터 깊이의 계곡이 생겨날 것이다. 타오는 눈만 휘둥그렇게 뜬 채 말 한마디 못했다.

우주선은 다시 고무보트로 변신, 두 사람을 태우고 물 위를 떠다녔다. 타오는 아직도 제정신이 아니었다. 노자가 웃으며 말했다. "어떠냐? 세상에 물보다 더 부드러운 건 없지만 딱딱한 암석을 부수는 데는 또 물보다 더 센 것도 없지?"

얼마 후 두 사람은 잠잠한 수역으로 흘러들었다. 그런데 그곳은 음료수 캔, 비닐봉지, 종이부스러기, 온갖 쓰레기들이 둥둥 떠 있는 혼탁한 물이었다. 냄새도 아주 지독했다. 타오는 코를 틀어막고 찡그리며 말했다. "이 동네 사람들은 진짜 뭐 이래! 멀쩡한 강물을 이 지경으로 오염시키다니."

"휴, 큰 강물 노릇 하는 것도 만만한 일이 아니군. 더러운 건 다

거기에 던져버리니. 그러니 국가가 지은 죄의 대가를 대신 치를 수 있는 사람만이 국왕이 될 수 있다고 성인께서 말씀하신 거겠지."

일소 박사의 도덕경 읽기

天下莫柔弱於水, 而攻堅強者莫之能勝. 以其無以易之. 弱之勝強, 柔之勝剛, 天下莫不知, 莫能行是以聖人云, 受國之垢, 是謂社稷主, 受國不祥, 是謂天下王. 正言若反.(78장)

세상에 물보다 더 부드러운 것은 없다. 강한 것을 이겨내는 데에도 물보다 더 뛰어난 능력을 갖고 있는 사물은 없다. 물은 그 어떤 것으로도 바꿀 수 없는 부드러움을 지녔기 때문이다. 부드러움은 강한 것에 승리할 수 있고 약소한 것은 강대한 것을 이길 수 있다는 사실을 모르는 사람은 없다. 하지만 그렇게 할 수 있는 사람은 아무도 없다. 그래서 성인은 이렇게 말했다. "국가의 치욕을 견뎌내는 사람이라면 한 나라의 임금이 될 수 있고 세상의 재앙을 견딜 수 있는 사람이라면 이 세상 최고의 통치자가 될 수 있다." 듣기에는 속없는 말 같지만 이것은 진실된 말이다.

과학 이야기

물은 일종의 중성용액으로서, 물에 녹는 물질은 매우 많다. 특히 탄산염 암석 같은 것은 미약하게나마 물에 녹기도 한다. 또 암석에는 수없이 많은 미세한 틈이 존재하는데 오랜 시간 동안 흐르는 물이 그 틈들에 스며들다 보면 딱딱한 암석도 부서지게 된다.

복수는 복수를 낳고

고무튜브를 강가에 대고 타오가 뭍을 밟으려는 순간 무시무시한 살기가 강가를 따라 올라오고 있었다. 복면한 떼강도들이 한 소년을 뒤쫓고 있는 중이었다.

갑자기 어디서 그런 용기와 힘이 났는지 타오는 몸을 날리다시피 복면강도들과 소년 사이에 뛰어들었다. 그리고 말 한마디 하지 않고 한 놈에게 발끝을 날렸더니 그자가 들고 있던 칼이 날아가 버렸다. 타오는 단숨에 뛰어올라 그 칼을 잡고 휘두르는 민첩함을 보였다. 섬광이 번득이면서 떼강도들의 무기가 하나둘씩 땅에 떨어졌다. 강도들은 타오의 범상치 않은 몸놀림에 기가 질려 모두 도망갔다.

타오는 도주하는 떼강도들의 낭패스런 모습을 보면서 크게 웃었다. "우하하하! 날 또 만나기만 해봐라, 도망가는 게 상책일 거다."

소년은 타오 앞에 무릎을 꿇고 머리를 조아리며 인사를 했다. "구해주신 은혜, 감사합니다. 훗날 왕위를 되찾게 되면 반드시 후사하겠습니다."

"별 것도 아닌 걸 가지고 너무 그럴 것 없어. 근데 난 지금 목이 마르고 배도 고픈데."

소년은 자리에서 일어나 말했다. "저를 따라오시죠."

소년은 타오를 데리고 어느 식당으로 갔다. 그리고 음식을 한 상 가득 시켜주었다. 타오도 사양하지 않고 게걸스럽게 먹어치웠다. 게다가 소년의 권유에 못 이겨 머리가 어질어질해질 정도로 술도 몇 잔 마셨다.

소년은 타오가 배불리 먹은 걸 본 후 눈물을 글썽이며 말문을 열었다. "저는 설나라의 왕자 쉐처우라고 합니다. 우리나라에 원홍이라는 대신이 있는데, 그자가 국왕이신 제 아버지를 죽이고 스스로 왕좌에 올랐습니다. 전 다행히도 도망쳤지만 그자는 아직도 저를 쫓고 있습니다. 협사께서 저를 위해 복수를 해주실 수는 없는지요? 만약 제 대신 왕위를 찾아주신다면 나라 땅의 절반을 협사에게 나눠드리겠습니다."

타오는 정신이 혼미할 정도로 취해 있어서 혀 꼬부라진 소리를 했다. "무, 문제 어, 없어! 다, 다 나한테 마, 맡겨둬!"

두 사람의 자리와 가까운 곳에 도사 한 분이 앉아 있었는데 타오를 보자 냉소하듯 말했다. "허허! 저들은 피 터지는 원수지간인데 네가 끼어들어서 무슨 좋은 꼴을 볼 수 있겠느냐? 너도 별로 좋은 사람 같진 않아."

타오는 일어나서 '취권'을 하더니만 비틀비틀 노도사 앞에 와서 트림까지 한 다음 입을 열었다. "도, 도사니임, 무, 무슨 말씀, 마알씀이세요? 내, 내가 대신 복수해, 해주는데, 어째서 조, 좋은 사람 같지 않다는 거, 거죠?"

도사는 타오는 아랑곳하지도 않고 왕자에게 말했다. "왕자님, 복수를 하고 싶으시면 저를 찾아오지 그러셨어요?"

듣고 있던 타오는 은근히 부아가 났다. 그래서 왕자의 답변을 듣기도 전에 도사의 먹살부터 잡고 고함쳤다. "도, 도사 영감! 마, 말도 안돼는 소, 소리 말아요!"

그런 와중에도 타오는 도사의 얼굴이 낯설지 않게 느껴졌다. 하지만 제대로 알아보기도 전에 도사의 주먹이 먼저 날아왔고 타오는 그 길로 나가떨어졌다. 그래도 다행히 나무기둥 하나를 잡아 발꿈치로 간신히 설 수는 있었다.

도사는 준엄한 태도를 보였다. "내 말이 맞나 틀리나 따져보라고! 내가 널 구해주겠다는데 오히려 넌 좋고 나쁜 것도 구분 못하고 있잖아. 아까 그 복면강도들은 조무래기들이고 그들 뒤에 버티고 있는 두목의 무공은 너보다 백배도 더 뛰어나단 말이다."

이런 말이 오가고 있는데 문 밖에서 시끄러운 소리가 들려왔다. 도사는 지팡이 끝으로 타오를 가리키며 말했다. "자, 지금이 바로 네가 능력을 보여줄 기회다."

타오가 문 밖으로 나가 보니 복면한 사람들이 떼거지로 둘러싸고 있었다. 맨 앞에 서 있는 자는 온 몸에 망토를 걸치고 있는 여자였다. 그녀는 균형 잡힌 몸매였지만 복면을 하고 있어서 얼굴을 자세히 볼 수 없었다. 하지만 그녀의 날카로운 눈빛은 화살촉으로 찌르는 것처럼 사람을 압도했다. 타오는 그녀와 시선이 마주치자 온 몸에 소름이 돋으면서 순식간에 술이 거의 다 깰 지경이었다.

그 여자는 망토를 벗어던지더니 번개처럼 달려들어 타오의 목덜미를 조였다. 타오는 무의식적으로 왼발을 들어 막아보았지만 그녀의 잽싼 발은 이미 타오의 턱 밑에까지 와 있었다. 놀란 타오는 속으로 소리쳤다. '큰일이다!'

"으악!" 그 여자는 갑자기 비명을 지르더니 타오의 턱에 자신의 발끝이 닿기도 전에 땅바닥에 쓰러졌다. 그러자 졸개들이 달려와 그녀를 구해 순식간에 흔적도 없이 사라졌다.

타오는 영문을 몰라 갑갑하기만 한데 마침 도사가 나와 타오 발 옆에서 지팡이를 줍는다. 때마침 식당 안에 있던 왕자도 뛰어나왔다.

도사는 무표정하게 말했다. "저들이 그리 쉽게 손을 떼진 않을 텐데 두 사람 모두 죽고 싶지 않으면 날 따라오든지." 그리고 그 자리를 떠났다.

타오와 왕자가 서로를 쳐다보니 어느덧 둘 다 성큼성큼 도사를 뒤따르고 있었다. 성 밖을 나가 그리 멀지 않은 곳에 한 도교 사원이 있었다. 도사는 먼저 문을 밀고 들어갔고 타오와 왕사가 들어오자마자 민첩하게 문을 꼭 닫았다.

타오는 두 손을 모아 도사에게 인사했다. "제 목숨을 구해주신 은혜 잊지 않겠습니다. 하지만 저들의 기세로 봐선 이렇게 숨어

지내는 것도 오래 못 갈 것입니다."

"틀린 말이 아니지. 숨는 건 방법이 아니야."

이번에는 왕자가 별안간 도사 앞에 무릎을 꿇고는 애원하기 시작했다. "도사님, 저를 제자로 받아주십시오. 원흉을 죽이지 못하면 저는 사람도 아닙니다."

도사는 왕자를 보다가 말을 이었다. "한 가지 조건이 있는데."

"도사께서 저를 받아주시기만 한다면 조건 한 가지가 아니라 백 가지라도 들어드리겠습니다."

"허! 조건은 딱 한 가지뿐! 그건 바로 절대 복수하지 말 것! 어떤가? 싫으면 관두고."

"저…… 그, 그건……." 쉐 왕자는 난감했다.

타오도 옆에서 쉐 왕자를 거들었다. "아니, 도사라는 분이 어떻게 이렇게 사람 말을 못 알아들어요? 지금 남은 무공을 배워서 아버지의 원수를 갚겠다는 마음으로 도사를 스승으로 모시겠다는 건데 원수를 갚지 말라뇨? 그럼 그 밑에 뭐 하러 들어간단 말이에요, 네? 나도 다 알고 있다고요. 세상 도사들은 다 똑같아요. 노자도 그런 말을 늘어놓은 적이 있거든요. 중대한 문제는 사소한 것으로 하고 사소한 문제는 끝난 것으로 치라고 하고, 또 원수에게 은혜를 베풀라나 뭐라나."

"그래? 사실 보통 사람들에게 그런 걸 요구하는 게 쉬운 일은 아니지. 하지만 만약 네가 너의 원수를 갚았다고 치자. 그럼 네 원수의 아들도 너를 원수로 알고 복수하려 할 것이다. 그러면 너의 후손은 또 그의 후대에게 복수할 것이고 복수는 끝없이 복수를 낳게 되지. 언제 끝이 날까?"

"그 말투, 완전히 노……." 타오가 말을 끝내기도 전에 도사는 타오의 입을 틀어막았다.

도사는 바로 노자였다. 타오는 졸였던 마음을 놓을 수 있었다. 노자만 있으면 걱정할 게 없었기 때문이었다. 그래도 노자가 자신의 신분을 드러내고 싶지 않는다는 것을 알았기 때문에 속으로만 키득거릴 뿐 더 이상 아무 말도 하지 않았다.

노자가 왕자에게 다시 말했다. "왕위를 되찾고 싶다고 했지? 내 제자로 들어온다면 내가 무공도 가르쳐주고 왕위를 찾는 방법도 가르쳐주지. 다만 절대 원수를 죽여서는 안돼!"

왕자는 이 말을 듣고 '쿵쿵쿵' 세 번이나 머리를 바닥에 조아리며 말했다. "감사합니다, 사부님!"

그 모습을 보고 있던 타오는 그러다가 쉐 왕자가 자기보다 더 뛰어난 무공을 갖게 되는 건 아닐까 하는 생각도 들었다. 그래서 자기도 제자로 받아달라고 무릎 꿇고 사정했다. 노자는 당연히 오케이 사인을 보냈다.

타오는 쉐 왕자보다 몇 살 더 많았기 때문에 왕자의 사형(師兄)이 되었다.

이튿날부터 노자는 두 제자에게 도가에서 대대로 전수되고 있는 무술을 가르치기 시작했다. 두 제자는 서로 석려하면시 꾸준히 배우고 연습했다. 반년도 안되어 둘이서 힘을 합치면 노자와 겨룰 만한 실력이 되었다. 그러던 어느 날 밤 노자는 두 제자를 방으로 불러 쉐 왕자에게 말했다. "이제 더 이상 가르칠 게 없다. 내가 널 제자로 받아들일 때의 조건은 기억하느냐?" 왕자는 공손히 대답했다. "기억합니다. 사부님께선 왕위를 되찾는 방법도 가르쳐주신다고 했습니다."

노자는 쉐 왕자를 주시하며 말했다. "원훙이라는 자가 네 아버지를 죽이고 너의 왕위를 빼앗았다고 했지. 그렇다면 그자는 너에게 피를 빚진 것이고 너는 채권자인 셈이지. 총명한 사람은 이런 경우에 이에는 이, 눈에는 눈으로 처신하지 않는다. 또 풍관처럼 채권을 불살라 버리는 그런 어리석은 짓도 하지 않지.* 총명한 사람이라면 원수를 찾아내 그의 머리 위에 날카로운 칼을 걸어놓고 시시때때로 그자의 간담을 서늘케 하고 평생을 발 뻗고는 못 자게 만들 것이다."

"그거 정말 기막힌 묘안이에요." 타오는 손뼉까지 치며 찬사를 아끼지 않았다. "역시 우리 노……."

노자는 또 타오의 입을 틀어막고는 말했다. "이제 넌 원수의 머리 위에 칼날을 겨눌 능력이 있다. 그자를 한 번 살려주면 그자는 너에게 왕위를 돌려주는 것뿐만 아니라 은덕을 입었다고 생각하여 충성을 다할 것이기 때문에 앞으로 네 자리를 굳건히 하는 데 유리할 것이다. 꼭 기억해야 할 것이 또 있다. 덕망 있는 사람은 남에게 은혜를 베풀어도 은혜받은 사람들이 잊지 않도록 할 뿐 그들의 보답을 바라지 않는다. 수양이 덜 된 사람은 누구를 좀 도와줬다고 생각하면 금세 뭔가를 바란단다."

노자는 타오를 가리키며 말했다. "네가 바로 좋은 예다. 조금 도와줬답시고 도움받은 사람에게 밥을 사주게끔 만들지 않았느냐."

"내가 노……, 사부님!" 타오는 씩씩거리면서 말했다.

"너희 둘 다 오늘밤 떠나거라. 둘 다 가서 호흡을 맞추어라. 대담하게 행동하되 세심하게 생각하는 것 잊지 말고. 하늘은 꼭 의지할 만한 것은 아니지만 그래도 하늘은 착한 사람을 도와주는 법이다. 행운을 빈다."

두 제자는 노자와 작별하고 사원을 떠났다. 어둠을 틈타 설나라 땅으로 들어갈 것이었다.

* 풍관(馮灌). 전국시대 제(齊)나라 재상 맹상군(孟嘗君)의 식객. 풍관은 맹상군의 분부로 빚을 받기 위해 설성(薛城)으로 갔다. 그런데 풍관은 빚을 독촉하기는커녕 그곳 사람들의 인심을 얻기 위해 사람들 앞에서 채권을 태워버리기까지 했다. 나중에 맹상군이 벼슬에서 물러나 설성으로 돌아오게 되었는데 풍관이 얻어놓은 인심 덕분에 그곳 백성들의 환대를 받을 수 있었다.

일소 박사의 도덕경 읽기

和大怨, 必有餘怨, 安可以爲善. 是以聖人執左契, 而不責於人. 有德司契, 無德司徹. 天道無親, 常與善人.(79장)

원한을 화해로 푼다고 해서 꼭 완전히 화해가 이루어지는 것은 아니니 진정한 선행이라고 할 수 없다. 그래서 성인은 빚을 독촉하지 않고 채권 문서를 남겨둔다. 덕을 쌓은 사람이라면 채권 문서를 갖고 있을 뿐 직접 빚을 독촉하지 않는다. 그러나 덕이 없는 사람은 오로지 빚 독촉만 한다. 자연의 법칙은 어느 누구에게만 더 유리하게 작용하는 일은 없다. 그러나 보통 선량한 사람의 편에 선다.

 **과학 이야기**

수력발전은 물의 흐름에서 나오는 에너지에 의한 것이다. 이 에너지는 낙차의 위치에너지로부터 전화된다. 때문에 수력발전의 첫걸음은 댐을 짓고 물을 저장해서 수위를 높이는 것이다. 그래야 물 흐름이 낙차의 위치에너지를 충분히 유지할 수 있다.

작은 나라가 좋아

이틀 후 쉐 왕자와 타오는 설나라의 도성에 도착했다. 성문 양쪽 벽에는 온통 두 사람의 몽타주로 도배되어 있었다. 현상수배를 해놓은 것이다. 쉐 왕자는 자신의 무공만 믿고 성문을 박차고 들어가려 했다가 타오의 제지를 받았다.

타오가 말했다. "이곳이 너의 고향이긴 하지만 그래도 지금은 원홍의 소굴이니 우리가 아무리 무공을 완성했다 하더라도 신중한 게 우선이야. 좋은 창은 피하기 쉽고 몰래 쏘는 화살은 막기도 힘들다는 옛말이 있잖아."

왕자는 타오의 말에 일리가 있다고 생각하고 몸을 돌리려 했지만 눈앞엔 이미 병사들이 깔려 있었다. 타오는 왕자의 손을 붙잡고 냅다 달리기 시작했다.

"어딜 도망가느냐!" 갑자기 한 여자가 두 사람의 앞을 가로막았다. 바로 예전에 식당 앞에서 타오와 맞붙었다가 노자의 지팡이 때문에 쓰러졌던 그 여자였다. 오늘은 복면을 하고 있지 않아서 얼굴을 확실히 볼 수 있었는데 이제 보니 대단한 미인이었다.

미녀의 걸음걸이는 두 사람을 압도했다. 타오는 그녀가 또 원앙다리걸기를 할 것임을 알고 소리쳤다. "조심해!" 하지만 그녀의 왼발은 이미 타오의 아랫배까지 공격해 왔다. 다급한 타오는 오른발로 막았다. 순간 그녀의 오른발은 번개처럼 왕자의 목덜미로 날아갔다. 쉐 왕자는 기다렸다는 듯 몸을 날려 날아온 그녀의 발을 잡고 앞쪽으로 팽개쳤다.

그녀는 땅바닥에 벌렁 내동댕이쳐졌지만 당황하는 기색 하나 없이 왼쪽으로 구르면서 펄쩍 날아올라 왕자의 목을 졸랐다. 왕자는 땅에 쓰러졌다. 보고 있던 타오는 단숨에 앞으로 치달으면서 주먹으로 그녀의 등을 공격했다. 그런데 뜻밖에도 그녀는 몸을 휙 돌려 타오의 앞발을 걸었고 타오는 중심을 잃고 땅에 굴러 떨어졌다.

그러는 사이 쉐 왕자는 두 발을 모아 몸을 일으킬 준비를 하고 있었는데 타오가 옆에까지 굴러와 귀에 대고 속삭였다. "패배를 인정해!"

왕자는 도무지 그 뜻을 알 수 없어서 좀 머뭇거렸는데 그렇게 머뭇거리는 사이에 적의 무사들이 와서 두 사람의 가슴과 목에 칼끝을 겨누었다. 두 사람은 속수무책으로 끌려가야 했다. 무사들은 쉐 왕자와 타오를 얼기설기 여러 갈래 줄로 묶어 원홍에게 끌고 갔다.

원홍은 아까 그 여자의 어깨를 다독거리면서 말했다. "슈슈 공주, 아주 멋졌어. 역시 내 딸다워." 알고 보니 그녀는 원홍의 양녀 원슈슈였다.

원홍은 쉐 왕자와 타오 쪽으로 고개를 돌리더니 껄껄 웃으며 말했다. "하하하! 쉐처우! 네가 드디어 내 손 안에 들어왔구나. 그래도 함께 묻힐 놈까지 데리고 온 걸 보니 머리는 잘 돌아가나 보군. 여봐라, 저 두 놈을 끌고 나가 목을 쳐라!"

왕자와 타오는 눈을 맞추었다. 그리고 동시에 있는 힘을 다해 '파팍!' 몸을 묶고 있던 줄들이 끊어지며 땅에 떨어졌다. 왕자는 몸을 훌쩍 날려 원슈슈의 옆구리를 공격, 그녀의 오른손을 뒤로 꺾은 후 사로잡을 수 있었다. 이와 동시에 타오는 어느 무사의 검을 빼앗아 원홍에게 달려들었고 그의 목에 칼끝을 겨누었다.

타오는 고함쳤다. "모두 움직이지 마라! 한 놈이라도 움직이면 이놈의 머리통을 공처럼 차게 해주겠다."

"움직이지 마, 다 꼼짝 마!" 원홍은 뒤로 목을 빼 떨리는 음성으로 소리 질렀다. "왕자님, 살려주시면 죽을 때까지 종노릇 하면서 보답하겠습니다."

이렇게 원홍은 항복했다. 왕위도 왕자에게 돌려주었고 쉐처우도 약속대로 원홍을 죽이지 않았다.

쉐치우는 국왕 자리에 오르자 사부님을 모셔와 함께 부귀영화를 누리고 싶었다. 그런데 출발에 앞서 노자가 먼저 찾아왔다. 쉐처우는 사부를 재상으로, 타오는 장군으로 임명했다. 축하연도 열어 쉐처우 손수 술과 음식을 권하기도 했다.

술이 몇 잔 오간 후 쉐처우는 재상이 된 노자에게 말했다. "재상도 보셨겠지만 우리 설나라는 주사위만큼 작은 나라입니다. 다른 나라의 한 개 현 정도밖에 안되죠. 주변엔 제, 노, 진 등 큰 나라들이 자리하고 있습니다. 재상이 보시기에 저희처럼 작은 나라는 어떻게 다스려야 좋겠습니까?"

"휴!" 노자는 길게 한숨을 쉬고 말했다. "인구도 얼마 안되는, 불쌍할 정도로 작은 나라지요. 대국과는 비교도 안되니 쉬운 일이 아닙니다. 대국을 다스리면 마치 맑은 생선국을 끓여 마셨을 때 맛보는 흡족함을 느끼겠지만 그렇다고 너무 낙담하지는 마십시오. 쉽다면 쉬울 수도 있으니까요. 국왕께서 공명욕을 내세우지 않고 자잘한 일에 열중하지만 않으신다면 비슷할 겁니다. 백성들에게 낳으면 기르고 죽으면 묻으라고 하십시오. 그러면 백성들은 다른 나라로 옮겨가지 않을 것입니다. 넓지도 않은 곳이니 수레나 배 같은 것도 필요 없습니다. 걸어다니면 몸도 건강해져서 국가의 의료비 지출도 줄어듭……."

그때 타오가 끼어들었다. "사부님 말씀에 문제가 있습니다. 시간은 돈이라는 말이 괜히 있겠습니까? 교통수단을 이용하면 첫째, 시간을 절약할 수 있고 둘째는 제조업도 발달시킬 수 있습니다."

노자가 타오를 노려보고 말했다. "안 그래도 주사위만한 땅에서 저마다 수레를 몰고 다니려면 나라 구석구석 길을 깔아야 되고 또 그 많은 수레 끄는 말들이 길거리에 똥을 싼다고 생각해 보십시오. 전국민이 방독면이라도 쓰지 않으면 살기 힘들 것입니다. 방독면 생산이 경제를 일으킬 거라는 말씀을 하진 마십시오. 그리고 우리나라의 군대도 그냥 그렇게 두면 됩니다. 대장군께서는 혁혁한 공로를 애써 뽐내실 필요 없이 그냥 편안히 즐기시면 됩니다."

타오는 탄식조로 말했다. "그렇게 하지 않으면 어떻게 한단 말씀입니까? 제 수하의 병력이라고는 다 합쳐봤자 진나라의 대대 하나도 못될 텐데요. 저 같은 대장군도 기껏해야 대대장 정도밖에 안될 겁니다."

국왕은 타오를 위로해 주었다. "너무 고민하실 것 없습니다. 저들의 일개 대대장이 어찌 장군과 같은 부귀영화를 누릴 수 있겠습니까?"

"그건 그렇습니다. 용의 꼬리를 하느니 닭일망정 머리를 하는 게 나으니까요."

노자가 계속 말을 이어갔다. "또 백성들이 자급자족하도록 해야 합니다. 사용할 줄이 없으면 스스로 새끼를 꼬아 만들도록 해야 합니다. 입을 옷이 없으면 스스로 직물을 짜……."

타오는 듣다 보니 또 짜증이 났다. "그런 방법은 사람을 너무 혹사시킬 뿐입니다."

노자는 고개를 설레설레 저으며 말했다. "그리고 백성들이 절대 도박에 빠지게 해서는 안됩니다. 이렇게 하면 백성들이 너나 할 것 없이 분명 잘 먹고 잘 입고 잘 놀 수 있게 됩니다. 번지르르한 저택에서 살게 되면 띠들썩하게 즐길 공간이 사라져 버리는 법입니다."

"하하하하!" 국왕이 크게 웃으며 말했다. "과연 재상의 말씀이 맞습니다. 하지만 우리가 노래 부르고 춤 추고 노는 것을 이웃 나라 사람들이 본다면 이상하게 여기지 않을까요? 아니면 반대로 부러워서 우리나라로 너무 많은 사람들이 옮겨오면 어찌합니까?"

노자는 곰곰이 생각한 후 말했다. "이렇게 하십시오. 변방 지역에는 닭과 개를 더 많이 기르게 하는 겁니다. 이웃 나라 사람들이 노래 소리를 듣고 싶어하면 닭 우는 소리와 개 짖는 소리나 들려주면 됩니다. 그렇게 하면 이방인들도 멀리서 이쪽을 바라보기만 할 것입니다."

듣고 있던 타오는 또 생각이 달랐다. "새끼줄 한 가닥까지도 직접 꼬아야 하는데 어떤 외국인이 그런 생고생을 하고 싶어 오겠습니까? 그보다는 우리 백성들이 도망갈까봐 걱정입니다."

"그건 안심하십시오. 지금은 귀농이 유행입니다. 모두들 시골로 가서 살고 싶어하니까요."

일소 박사의 도덕경 읽기

小國寡民, 使有什佰之器而不用, 使民重死而不遠徙, 雖有舟輿, 無所乘之, 雖有甲兵, 無所陳之, 使人復結繩而用之, 甘其食, 美其服, 安其居, 樂其俗, 隣國相望, 鷄犬之聲相聞, 民至老死, 不相往來.(80장)

인구가 많지 않은 작은 나라에서는 설사 백여 명이 사용할 수 있는 도구가 있더라도 사용하지 못하게 해야 한다. 백성들이 죽은 사람 상 치르는 일을 잘할 수 있도록 하려면 멀리 이사가지 못하게 해야 한다. 수레와 배가 있더라도 타지 못하게 해야 하고 군대가 있더라도 배치하지 않는다. 백성들이 직접 새끼를 꼬아 줄을 만들도록 하라. 잘 먹고 잘 입고 편히 살면서 자신들의 풍속을 지키도록 해주어야 한다. 닭 우는 소리와 개 짖는 소리가 이웃 나라까지 들릴 수 있도록 해야 한다. 그러면 늙어 죽을 때까지 서로 왕래하지는 않을 것이다.

 **과학 이야기**

모형실험이란 원형을 비율에 따라 축소하여 실험실 안에서 과학적 연구를 하는 방법이다. 모형은 원형이 갖고 있는 것을 그대로 갖추어야 한다. 모형실험의 장점은 모형상의 부품들까지 원형과 같을 필요는 없다는 것이고 또 실제 조건의 제한을 받지도 않는다는 점이다.

허울좋은 말은 위험해

 타오와 노자는 왕궁에서 나와 관저로 향했다. 대장군의 관저는 멀고 재상의 관저는 가까웠다. 재상의 관저 앞까지 오자 타오가 말했다. "재상 댁에서 한잔 더 하고 싶은데 괜찮을까요?"

 "안으로 드시지요." 노자가 시원스럽게 대답했다.

 안으로 들어가 시중드는 사람들을 모두 물린 후 타오가 노자의 소맷자락을 잡고 말했다. "그만 좀 재라고요. 영감인지 벌써부터 알고 있었다고요. 언제까지 날 속이시려고요?"

 노자도 웃으며 말했다. "하여간 못 말려. 속일 수가 없으니. 그래, 내가 노자다. 이렇게 노는 게 재미없느냐?"

 "재미있죠! 특히 이번엔! 영감은 국왕의 사부고 난 국왕의 사형, 뭐 별 대단한 일도 없으니 말예요. 영감 말대로 그냥 편안히 앉아서 즐기기만 하면 되니까요."

"즐기는 것도 시간 파악을 잘해야 하는 법! 좋은 세월도 얼마 안 남았다."

타오는 노자의 말엔 신경도 안 쓰고 말했다. "뭐든지 있을 때 즐겨야 해요. 재상 관저에 있는 좋은 술 다 내오라고 하세요. 사제지간에 한번 취해보자고요."

"그래, 어디 마셔보자." 노자는 좋다는 술은 다 꺼내왔고 두 사람은 먼동이 틀 때까지 마셨다.

그날 이후 타오는 재상 관저에 술을 마시러 다니는 것말고는 어쩌다 왕궁에 들러 국왕과 노는 게 전부였다. 처음에는 쉐처우도 타오와 잘 놀았지만 나중엔 쉰다는 핑계로 거의 놀아주지 않았다.

어느 날 따분하기만 하던 타오는 또 왕궁으로 갔다. 그런데 이번에는 정문으로 들어가지 않고 뒤편에 있는 화원 쪽으로 둘러서 갔다. 마침 화원의 문이 잠겨 있었다. 재미가 없어지려던 찰나 화원 안쪽에서 쉐처우가 어떤 여자와 웃고 떠드는 소리가 들렸다. 문틈으로 보니 쉐처우가 원홍의 양녀 원슈슈와 열애 중인 것이 아닌가.

원슈슈의 말소리가 들려왔다. "제 양아버지 측근의 보고로는 장 대장군과 리 재상이 아마……."

"의심은 무슨! 내 사부와 사형인데." 쉐처우의 말소리였다.

타오는 그래도 쉐처우가 양심은 있다는 생각을 했다.

원슈슈의 목소리가 다시 들렸다. "하지만 전에 축하연에서 장 타오 장군이 했던 말을 기억하시잖아요?"

"어? 관직이 별 볼일 없다고 불평하는 것 말이오? 그건 농담이었소. 별 걱정 다하는군. 게다가 그 두 분은 모두 내 생명의 대은인이란 말이오."

그녀는 애교까지 떨기 시작했다. "애당초 제 양아버지께서도 돌아가신 국왕의 대은인 아니었나요? 하지만 나중엔……."

"대장군!" 갑자기 뒤에서 타오를 부르는 소리가 들렸다.

깜짝 놀라 돌아보니 후궁 집사인 션 노인이었다. 타오가 먼저 말했다. "후궁의 안전시설을 점검하는 중이었소. 이 자물쇠는 너무 작아서 안전하지 못해요. 새로 큰 것으로 바꾸시오."

"알겠습니다. 후궁의 자물쇠까지 대장군께서 직접 챙기시다니 너무 수고가 많으십니다. 자물쇠는 그렇다 치고 제 생각엔 문틈이 너무 넓은 것 같습니다만."

타오는 갑자기 말문이 막혔다. 얼굴이 빨개진 채로 간신히 후궁을 빠져나왔다. 그리고 재상 관저로 노자를 찾아갔다. 노자는 이야기를 전해 듣자마자 말했다. "떠나야 될 때가 왔구나."

"영감, 불필요한 생각 너무 많이 하시는 거 아니에요? 쉐처우의 말투로 볼 때 나쁜 생각을 하는 것 같진 않아요."

두 사람의 대화 중에 재상 관저로 션 집사가 들어오고 있었다. 멀리서부터 션 노인이 소리쳤다. "국왕의 성지(聖旨)가 왔으니 재상은 어서 나와 받으시오."

노자와 타오는 서둘러 밖으로 나왔다. 션 집사는 타오도 함께 있는 걸 보고 말했다. "대장군도 계셨군요. 두 분 함께 받으시지요."

노자와 타오는 무릎을 꿇고 성지를 받았다.

선 집사는 조서를 펼쳐 읽었다. "재상이 과인을 위해 왕위를 찾아준 공로는 혁혁하다. 또한 치국을 보좌하기 위해 불철주야 수고를 아끼지 않고 있음을 잘 알고 있다. 오늘 재상에게 작위 일 급을 높여주고 황금 만 냥, 비단 천 필을 하사하겠다. 이상."

조서가 낭독될 때 타오는 노자 옆에 엎드려서 작게 말했다. "거봐요. 국왕은 그런 사람 아니라니까요."

노자도 작게 말했다. "원래 듣기 좋은 말은 믿을 만하지 못한 법. 이런 사탕발림 같은 말로 너 같은 녀석을 속일 수 있을지는 모르지만 난 못 속이지. 그 녀석 별로 선량하지 않다고 벌써부터 알고 있었어."

"아니 그러면서 왜 무술도 전수해 주고 치국 방법까지 가르친 거예요?"

노자는 목소리를 낮게 깔고 웃으며 말했다. "백성들한테 나쁠 것은 없거든. 하지만 녀석은 깊이 있게 배우는 체질이 아니야. 뭐든지 수박 겉핥기식이지. 그런 사람들은 뭐든지 한 가지에 정통하질 못해. 반대로 한 가지에 정통한 사람은 그렇게 많은 걸 알지는 못하지. 쉐처우처럼 하나도 정통하지 못한 사람은 오래 못 가게 되어 있어."

"그 아래서 중얼중얼 뭐 하시는 겁니까?" 집사가 별안간 큰소리를 냈다.

노자가 재빨리 큰소리로 대답했다. "아무것도 아닙니다. 국왕의 하해와 같은 은혜에 감격하고 있는 중이었습니다."

연이어 또다른 조서가 낭독되었다. "장타오 대장군이 나라의 안위를 위해 헌신하는 것을 치하하면서 황금 만 냥, 비단 천 필을 하사하겠다. 이상."

타오는 노자에게 혀를 내밀면서 작게 말했다. "그렇게나 많이?"

노자는 계속 냉소로 응대했다. "좋은 물건은 흔하지 않은 법. 지나치게 많은 걸 보니 분명 좋은 게 아닐 거다."

"또 뭘 그렇게 중얼거리고 계십니까? 속히 감사의 표시를 하지 않고 무엇 하고 계십니까?" 집사가 또 소리를 높였다.

타오는 금세 큰소리로 말했다. "국왕폐하 만세, 만세!"

션 집사는 조서를 타오에게 주면서 말했다. "국왕께서 연회를 베푸실 겁니다. 두 분 모두 왕궁으로 납시시지요."

노자와 타오는 션 집사를 따라 왕궁으로 향했다. 타오는 가는 길 내내 왠지 허전한 느낌이 들었다.

잠시 후 왕궁에 이르자 타오는 금세 이상한 분위기를 감지할 수 있었다. 그들이 궁 안으로 들어서자 즉각 궁문이 닫혔다. 그리고 궁 안뜰에는 이미 산해진미가 가득 차려져 있었는데 아무리 둘러봐도 개미새끼 한 마리 얼씬거리지 않았다. 집사에게 물으려고 보니 그도 벌써 자취를 감추고 없었다.

"하하하!" 어떤 사람이 크게 웃으면서 등장했다.

타오는 경악해서 말문이 막혔다. 그자는 다름아닌 원홍이었다.

"생각도 못하셨겠지?" 원홍은 웃으며 말했다. "반역자! 국왕이 네 놈들 손 좀 봐주라고 하셨다."

머리끝까지 화가 치민 타오는 달려들고 싶었지만 사방에서 화살촉이 타오를 조준하고 있었다.

"장타오, 네 놈과 리얼이 함께 역모를 꾸미고 있다는 확실한 증거가 있다. 구족을 멸하는 벌이 내려질 것이다."

"허튼소리! 누가 반역을 해! 애당초 사부님께서 네 놈 목숨을 살려준 게 큰 실수였다. 어서 그 배은망덕한 쉐처우를 나오라고 해라."

"할 말 있으면 어서 해보시지. 국왕께서는 사형수를 만나주실 만큼 한가하지 않으시다."

그러자 노자가 한 발 앞으로 나가 말했다. "그렇다면 내 말을 잘 전하시오. 성인은 재물을 모으지 않는 법. 만약 국왕께서 부국을 원하신다면 더욱더 백성들 편에 서서 생각해야 합니다. 또 국고를 더 충실하게 채우고 싶으시다면 재물을 백성들에게 골고루 나눠주어야 할 것입니다. 꼭 명심하라고 하시오."

"크하하하, 그 헛소리는 여전하군." 원홍은 광분한 상태였다.

"무지한 놈 같으니라고!" 타오도 거들었다. "백성들이 부유해지면 국가도 부유해질 것이고, 백성들이 갖게 되면 국고도 가득 차게 될 것이다. 반대로 백성들은 가난한데 조정은 부유해지거나 백성들은 가진 게 없는데 국고가 차 있으면 그 나라는 반드시 망한다. 네 목숨도 보전하기 힘들 텐데 부귀는 무슨 놈의 부귀냐."

이렇게 말하고 타오는 노자에게 말했다. "어쩌자고 저런 자를 살려주셨죠? 정말이지 눈이 먼 게 아니고 뭡니까?"

노자는 오히려 더 차분하게 말했다. "괜찮아. 하늘의 '도'는 사람을 이롭게 하지 해치지 않는다. 성인의 '도'도 마찬가지야. 행하기만 할 뿐 다투지는 않거든. 보잘것없는 소인들 때문에 겁낼 것 없느니라."

"발사!" 원홍이 갑자기 소리쳤다.

일소 박사의 도덕경 읽기

信言不美, 美言不信. 善者不辯, 辯者不善. 知者不博, 博者不知. 聖人不積. 旣以爲人己愈有, 旣以與人己愈多. 天之道, 利而不害, 聖人之道, 爲而不爭.(81장)

참말은 귀에 먹히지 않고 듣기 좋은 말은 믿어서는 안된다. 어떤 면에서 통달한 사람은 지식이 풍부하지 않고, 지식이 풍부한 사람은 진짜 통달한 사람이 아니다. 좋은 물건은 많지 않으며 물건이 많다면 좋은 게 아니다. 성인은 물건을 쌓아두지 않는다. 남을 위해 일을 하고 나면 스스로가 더 부유해지기 때문이다. 자신의 것을 남에게 주고 나면 자신은 더 부자가 된다. 좋은 점이 있으면 나쁜 점이 없어지는 것이 하늘의 섭리다. 일을 하지만 남들과 다투지 않는 것이 성인의 길이다.

 **과학 이야기**

첼로처럼 공명상자의 체적이 크고 무거운 악기는 고유의 진동 빈도수가 낮아서 무거운 저음이 나온다. 반면 바이올린처럼 공명상자가 작고 진동 빈도수가 높은 악기는 높고 경쾌한 소리를 낸다.

영원한 이별

갑자기 화살이 벌떼같이 날아왔다.

"영감, 지팡이 안 써요?" 타오는 다급하게 소리쳤지만 노자는 풀쩍 뛰어오른 다음 타오 앞에 내려섰다. 그리고 두 손으로 타오의 양쪽 어깨를 잡아 자신의 등으로 날아오는 화살을 맞았다. 그러면서 대문 쪽으로 성큼성큼 내달렸다. '휙, 휙' 날아드는 화살 소리가 타오의 귓전을 계속 스치고 지나갔다.

대문은 굳게 잠겨 있었다.

노자는 타오를 놔두고 대문을 향해 양손바닥을 힘껏 밀었다. 그랬더니 대문이 우르르 무너졌다. 노자의 등은 무수히 꽂힌 화살 때문에 완전히 고슴도치 같았다.

놀란 타오가 소리쳤다. "영감!"

노자는 타오의 옷을 잡아끌고는 문 밖으로 밀쳐냈다. 그리고 타오의 양어깨를 붙잡고 있는 손에 힘을 주며 소리쳤다. "가라!" 동시에 타오를 공중으로 던졌다.

타오는 건너편 집 지붕 꼭대기까지 날아갔다.

그때 문 밖 양쪽에서 기다리던 궁수들이 노자를 향해 일제히 활시위를 당겼다. 화살로 만신창이가 된 노자는 비틀비틀 몇 걸음 못 버티고 쓰러지고 말았다.

타오가 슬픔을 억누르지 못하며 소리쳤다. "사부님, 구해드리겠습니다." 그러면서 지붕에서 뛰어내리려 했다.

쓰러진 채 그런 타오를 보고 있던 노자가 소리쳤다. "네가 날 사부로 생각한다면 어서 빨리 가거라."

이제 궁수들은 타오를 향해 화살을 조준했다. 불행 중 다행으로 노자는 몸에 꽂힌 화살 두 개를 뽑아 그 궁수들을 향해 번개처럼 날렸다. 화살은 두 궁수의 몸에 명중했다.

타오는 더 이상 머뭇거릴 여유가 없었다. 벌떼처럼 날아오는 화살을 뒤로 하면서 날듯이 뛰었다. 꽤 왔을 것이라 생각하고 밑으로 뛰어내리려는데 뒤에서 누군가가 자신을 쫓고 있는 느낌이 들었다. 그래서 계속 앞쪽으로만 내달렸다. 얼마를 달렸을까, 마침내 눈앞에 숲이 나타났다.

타오는 조심스럽게 뒤를 돌아보았다. 더 이상 쫓아오는 사람이 없는 것 같았다.

숨이 찰대로 찬 타오는 속도를 늦춰 계속 앞으로 걸었다. 얼마 후 작은 시내가 나왔다. 시냇가엔 하늘을 찌를 듯한 고목 한 그루가 서 있었는데 그 옆에 '허무계곡'이라고 새겨진 큰 돌이 자리잡고 있었다. 휴!

순간 어떤 사람이 바위 위에 가부좌를 틀고 있는 것 같았다. 타오는 반가운 마음에 한걸음에 달려갔다. "사부님, 살아계셨군요!"

그 사람은 아무 대답이 없었다.

타오는 여전히 달리고 있었다. 동시에 주변 환경도 급격히 변하고 있었다. 타오가 일 보 뛰는 사이 해가 졌다가 다시 뜨고 계절도 바뀌었다. 한 발 더 달리자 낙엽이 졌다가 다시 새순이 돋고 풀도 시들었다가 다시 초록이 되었다. 바위 위의 사람은 조각상으로 변했다. 타오가 또 한 발을 뛰자 조각상은 점점 삭아져서 가루가 되었다. 일 보 더 뛰었더니 비가 내리기 시작했고 바위 위의 가루는 시내로 씻겨 들어갔다. 또 한 걸음 뛰었더니 비가 그치고 맑은 하늘이 드러났다. 타오는 드디어 바위 앞에 도착했다. 하지만 바위 위엔 바싹 마른 나뭇잎 몇 장만이 남아 있을 뿐이었다.

"사부님, 도대체 어디 계신 거예요……."

"야!" 그때 뒤에서 타오를 부르는 소리가 들렸다. 급한 마음으로 돌아보니 노자가 아니었다. 친구 린하이였다. 다른 친구들도 하나둘씩 숲에서 나와 타오를 에워쌌다.

"야! 너 어디 갔던 거야? 너 찾느라고 얼마나 난리였는지 아니?"

"근데 너 무슨 일 있니? 울면서 뛰질 않나, 무슨 사부님 어쩌고 중얼거리질 않나."

친구들의 쏟아지는 질문을 들으며 타오는 사방을 두리번거렸다. 고목, 바위, 시내, 모든 것이 자취를 감추고 없었다. "여기가 어디지?"

린하이는 타오 바로 앞까지 와서 위아래를 한 번 훑어보더니 정색을 하고 말했다. "타오, 너 얼굴이 왜 그리 어두운 거야, 혹시 귀신이라도 본 거냐?"

다들 한바탕 크게 웃었다. 자오밍이 린하이를 밀면서 말했다. "사람 갖고 노는 데 뭐 있다니깐!"

"어휴, 알았어, 알았다고!"

타오는 무거운 발걸음으로 친구들과 함께 집으로 향했다.

돌아가는 길 내내 노자와 함께 했던 모든 순간들이 한바탕 영화처럼 머릿속에서 펼쳐졌다.

노자의 도덕과 물리학 이야기

　어떠셨습니까? 지금까지 허무계곡 속에서 타오와 함께 노자를 따라다니셨는데 유쾌한 여행이었나요? 우주에서 지구로, 하늘에서 땅으로, 고대로 갔다가 현대로 왔다가, 왕이 되었다가 장군도 되었다가, 허망하기도 했다가 현실적이기도 했다가…… 희희낙락 꽤나 떠들썩했지요. 여기까지 오셨다면 여러분은 이미 이 심오한 고전 『도덕경』의 정수를 배운 셈입니다.

　한자 5,000자 정도 되는 『도덕경』은 처음부터 끝까지 온통 '도(道)' 아니면 '덕(德)'에 대한 말뿐입니다. 그렇다면 노자가 말하는 '도'와 '덕'은 대체 무엇일까요? 요즘 우리가 말하는 '도덕'하고는 또 어떻게 다르고 무슨 관련이 있는 걸까요?

　사전에서 '도덕'을 찾아보면 다음과 같은 해석이 나옵니다.

"『도덕경』에 나오는 '도'는 사물이 운동하거나 변화하는 데 반드시 따라야 하는 보편적인 규칙 또는 만물의 본체를 가리킨다. '덕'은 '득(得)'과 의미가 비슷하다. 사물이 '도'로부터 얻은 특수한 규칙 또는 특수한 성질을 말한다. '도'의 인식과 수양은 자신에게 달려 있다."

간단히 말해서 '도'는 보편적 규칙과 사물 자체이고, '덕'은 특수한 규칙 또는 개인적 수양입니다. 이런 관점이 기본적으로 요즘 학술계의 주류입니다. 이외에 다른 관점들도 있습니다. 예를 들면 '도'는 '길'이며 세계와 세계 탄생 이후의 전체 역사로 보는 것입니다. 또 '덕'은 '도'의 무한한 본질을 가리킨다는 것입니다. 관점마다 독특한 면이 있긴 한데 문제는 이런 것들이 노자의 본뜻이냐는 것입니다.

다시 『도덕경』으로 돌아가 노자가 어떻게 말했는지 보는 게 제일 좋을 듯싶습니다.

우선 노자는 '도'에 대해 명확한 정의를 내렸습니다. '도'는 분명히 존재하는 물질입니다. 비물질 상태의 '규칙'이 아닙니다.

다음으로 노자는 '도'라는 물질이 갖고 있는 각종 성질에 대해 상세히 설명했습니다. 다음과 같이 분류할 수 있습니다.

첫째, '도'의 물질적 특성. 물질 '도'는 공허하고 조용한 사물입니다. 그것은 어떤 사물에도 의존하지 않고 독립적으로 존재합니다. 형체나 외관이 없어서 볼 수도 들을 수도 만져볼 수도 없는 물질이며, 그것의 물질 특성은 물과 가깝습니다.

둘째, '도'의 공간적 특성. 공간적으로 볼 때 '도'는 우주 공간에 가득 차 있습니다. 심지어 우주 밖의 공간에도 충만해 있습니다.

셋째, '도'의 시간적 특성. 도는 우주 탄생 이전부터 이미 존재한 물질로서 우주와 만물의 어머니라고 할 수 있습니다. 이런 물질은 존재하지 않는 때가 없습니다.

넷째, '도'의 운동적 특성. '도'는 언제나 운동 상태에 있으면서 무궁무진하게 순환합니다.

다섯째, '도'의 기능적 특성. 도는 끝없이 취하여 쓸 수 있습니다. 이런 물질이 그 기능을 발휘할 수 있는 이유는 무엇보다도 부드러운 성질을 지녔기 때문입니다. 따라서 견고하지는 않지만 부서지지 않고 구멍은 없지만 들어갈 수 있습니다. 이런 물질은 어떤 일도 하지 않습니다. 그러나 어떤 일도 하지 않지만 모든 일이 그것 때문에 이루어집니다. 직접 먹을 수도, 볼 수도, 들을 수도 없습니다. 볼 수도 없고, 만질 수도 없고, 어떤 일도 하지 않고, 먹을 수도 없는 물질이지만 우주와 만물은 그것을 떠날 수 없습니다.

이런 특성들을 갖고 있는 이 '도'는 어떤 종류의 물질일까요? 우주대폭발 이론(이 책 26장)을 연상해 봅시다. 어렵지 않게 해답을 얻을 수 있습니다. 바로 물리학에서 말하는 에너지입니다.

이제는 반대로 에너지가 어떻게 '도'의 성질을 일일이 충족시킬 수 있는지 살펴보겠습니다.

첫째, 물질적 특성. 에너지 자체는 어떤 공간도 차지하지 않고 소리도 내지 않습니다. 그렇기 때문에 공허하고 조용한 것입니다. 초창기 우주는 순수 복사에너지로 이루어졌습니다. 이 복사에너지는 일단 나가면 독립적으로 존재하고 운동할 수 있습니다. 에너지 자체는 볼 수도 만질 수도 없습니다.

둘째, 공간적 특성. 에너지는 장소나 사물에 관계없이 여러 가지 형태로 존재합니다.

셋째, 시간적 특성. 에너지 불멸의 법칙에 따르면 에너지는 영원토록 소멸하지 않습니다. 또 우주대폭발 이론에 의하면 에너지는 우주보다도 더 일찍 생겨났습니다.

넷째, 운동적 특성. 에너지 불멸의 법칙에 의하면 각종 에너지는 서로 전환할 수 있습니다. 에너지의 본질은 운동이기 때문에 에너지의 운동은 무궁무진하게 계속 순환 또는 왕복합니다.

다섯째, 기능적 특성. 에너지 불멸의 법칙에 의하면 우주의 총에너지는 무궁무진합니다. 고성능 방사선은 견고하지는 않지만 부서지지 않습니다. 각종 방사선들은 거대한 물체를 얼마든지 뚫고 지나갑니다. 에너지 자체로는 자동적으로 작동하지 않습니다. 그러나 에너지에 의존하지 않고 이루어지는 일은 없습니다. 그러므로 우주 만물은 에너지와 불가분의 관계에 있습니다.

이상을 정리해 보면 '도'는 모든 에너지 형식의 공통적 본질로 이루어진 물질입니다. 물론 노자의 '도'는 에너지 자체를 가리킬 뿐만 아니라 에너지가 꼭 지켜야 할 규율도 포함하고 있습니다.

노자의 '도'는 물질로서의 에너지와 그 규율의 총체인 것입니다. 그렇다면 노자가 말하는 '덕'은 무엇일까요? 『도덕경』 전체를 볼 때 '덕'은 그리 많이 등장하지는 않지만 그래도 '덕'의 정의와 성질은 알 만합니다.

'덕'은 '도'처럼 허무하거나 만질 수도 없는 것이 아니라 만물을 양육할 수 있는 유형의 물질입니다.

'덕'은 '도'와 불가분의 관계에 있습니다. '도'가 생긴 다음 나온 '덕'은 운동할 때 '도'의 지배를 받습니다.

'덕'은 많아지면 마치 적은 것처럼 보입니다. 하지만 실제로는 많은 것은 많고 적은 것은 적을 따름입니다. 이 점은 매우 흥미롭습니다. 어떤 것이 이럴 수 있을까요?

흥미로운 특성은 한 가지 더 있습니다. '덕'이 많아지면 세상 만물이 모두 그것을 피하려 한다는 것입니다.

'덕'이라는 물질이 많아지면 그것이 너무도 견고하다거나 부서지지 않는 것은 아닙니다. 하지만 그 위력은 대단합니다. 하지만 '도'에 견주어 볼 때 구멍이 없어도 들어가는 것까지는 못합니다.

이제 우주대폭발 이론이나 만유인력 이론 그리고 블랙홀 가설 등과 관련지어 보면 '덕'은 곧 질량이라는 결론을 어렵지 않게 얻을 수 있습니다.

정지된 질량을 갖고 있는 우주와 물체는 초기 우주의 순수에너지에서 생겨나는 것으로 생명이 생존하는 데 있어서 물질적 기초가 됩니다. 그것의 운동은 에너지와 직접 관련이 있을 뿐만 아니라 에너지의 지배를 받기도 합니다. 질량이 큰 물체나 천체는 인력이 어마어마해서 다른 물체들을 그것 쪽으로 빨아들입니다. 만일 그것에 빨려들어가고 싶지 않다면 그것에 너무 가까이 기대 있으면 안됩니다.

노자의 '도'와 '덕'은 물리학에서의 에너지와 질량, 그리고 그 규율 등의 총체에 해당합니다. '도'와 '덕'에 있어서 최고 준칙은 자연에 순응하는 것입니다. 즉 사람들은 우주와 자연의 운동 규칙에 따라야 합니다. 그렇다면 이런 '도'와 '덕'은 요즘 우리가 흔히 말하는 '도덕'과 무슨 관계가 있을까요? 또 무엇이 다를까요?

지금 우리가 보통 말하는 '도덕'은 유가(儒家)에서 전해 내려오는 도덕 규범을 말합니다. 유가에서 말하는 '도'는 사람들이 반드시 뜻을 세워 추구해야 하는 이상적 인격을 말합니다. 또 '덕'은 이상을 추구하는 과정에서 반드시 도달해야 하는 입신의 근거이며 행위의 준칙입니다. 간단히 말해서 '도덕'은 '선'과 '악'의 평가 기준이 됩니다.

유가의 도덕관에서는 '예(禮)'를 기본으로 하고 '인(仁)'을 최고 경지와 핵심으로 봅니다. 『논어(論語)』에도 '인'에 대한 명확한 정의는 나와 있지 않습니다. 일반 사전도 마찬가지입니다. 하지만 대체로 '사랑하는 마음이 있다'로 이해하고 있습니다. '인'과 '예' 외에 '충(忠)', '효(孝)', '의(義)', '신(信)'도 유가의 도덕 범주에 속합니다. 이런 준칙에 도달하기 위해서는 '극기(克己)'(자신의 사욕을 이성으로 억눌러 극복함)에 힘써야 합니다.

이와는 달리 노자의 도덕관은 자연을 기본으로 합니다. 노자가 표방하는 사회 이상향은 '모자라도 남음이 있고 보충해도 모자람이 있는' '천도(天道)'입니다. 개인에 대해서는 다투지 않고 겸손하며 근검절약할 것을 요구합니다. 그리고 스스로 천하가 된다는 공평무사한 사상이 최고의 경지입니다. 노자의 도덕은 사람들이 자연의 법칙을 인식하고 따라야 하며 환경을 보호하고 공정한 사회를 건설할 것을 요구합니다.

이처럼 노자의 도덕관과 유가의 도덕관은 큰 차이가 있습니다.

흥미로운 것은 믿음을 중요한 신조로 삼는 유가에서는 "말은 반드시 믿음직스러워야 한다(言必信)"(『논어』,「자로(子路)」20)는 것을 소인(小人)의 행위라고 생각한다는 점입니다. 반면 『도덕경』은 "미더운 것은 믿고, 미덥지 않은 것 또한 믿으니, 믿음을 얻는다(信者, 吾信之, 不信者, 吾亦信之, 德信也)"(49장)고 말합니다.

또 노자는 "덕으로 원망을 갚는다(報怨以德)"(63장)고 주장했는데, '인애(仁愛)'를 근본으로 하는 유가에서는 이것을 분명하게 반대했습니다. 『논어』,「헌문(憲問)」에 "정직으로 원망을 갚고, 덕으로 덕을 갚아야 한다(以直報怨, 以德報德)"는 주장이 있습니다. 여기서 "정직으로 원망을 갚다"란 실제로는 원망으로 원망을 갚는다는 것입니다. 보통 사람들이 이렇게 한다고 해서 물론 탓하는 사람은 아무도 없을 것입니다.

노자의 "덕으로 원망을 갚는다"는 말은 실제로는 '자연에 순응한다'의 다른 표현입니다. 결국 화해만이 최선의 방안이라는 뜻입니다. 이것은 불교에서 가르치는 '악을 버리고 선을 따르라'는 사상과 우연히 일치합니다.

이로써 우리는 결론에 이를 수 있습니다. 도가의 도덕관은 유가의 그것보다 훨씬 너그럽습니다. 그리고 자연과 인간성에 훨씬 더 잘 맞습니다.

  노자라는 인물 자체와 그의 학설에 대해서는 분명히 알 수 없는 부분이 많이 있습니다. 필자의 노자 연구도 '알 수 없는' 가운데서 이루어졌습니다. 독자 여러분의 끊임없는 정진을 기대합니다.

일소(一笑)

| 옮긴이의 말 |

시공을 넘나드는 유쾌한 도덕경

"타오는 무거운 발걸음으로 친구들과 함께 집으로 향했다. 돌아가는 길 내내 노자와 함께 했던 모든 순간들이 한바탕 영화처럼 머릿속에서 펼쳐졌다."

이야기는 이렇게 마무리되었다. 역자도 그랬듯이 독자들도 책을 덮는 순간 이야기 속 타오와 비슷한 느낌을 갖게 되었을 것이다. 그만큼 노자와 타오의 유쾌하고 기발한 모험과 대화는 마치 한 편의 공상과학 영화 같기도 하고, 한편으로는 전통 사극 영화 같기도 하며, 또 현시대를 배경으로 삼기도 하는 등 책 전체가 스펙터클한 느낌을 주는 옴니버스식 영화 한 편을 관람한 느낌이 든다. 스릴 넘치고 짜릿한 동시에 읽는 내내 생각할 거리를 주는 독특한 이 책은, 바로 심오하고도 철학적인 내용으로 가득 찼다고 하는 노자의 『도덕경』 이야기이다.

이 책의 원제는 『노자와 도덕경(老子與道德經)』이다. 제목만 보면 여타의 전통적 스타일의 중국 고전과 다를 바가 없어 보인다. 하지만 이 책이 많은 『도덕경』 관련 책들과 차별되는 점은, 위대한 사상가 노자와 그의 사상이 응집되어 있는 『도덕경』에 대해 직접 논하지 않는다는 점이다. 51편의 짧고 재미있는 이야기들 속에 우주와 자연 그리고 인류사회를 바라보는 노자의 안목과 도덕경의 정수를 담고 있다.

내용면에서 이 책의 두드러진 점은 크게 두 가지로 요약할 수 있다. 하나는 사고의 전환을 유도하는 다양한 설정을 제공해 준다는 점이며, 또 하나는 과학의 세계 속에서 중국 철학을 보여준다는 점이다.

무소불능의 우주선 '허무호'를 타면 우리는 꿈에도 생각 못한 곳을 어디든지 가서 직접 확인할 수 있다. 엑스레이 속으로, 우주 바깥으로, 수력발전 댐의 터빈 속으로, 원자 속으로, 구름 위로, 그리고 원시시대로, 수백 년 전의 고대 국가로, 몇백 년 후의 미래 세계로 종횡무진 탐험한다. 매번 뜻밖의 사고가 일어나지만 노자의 신비로운 능력과 타오의 재치로 사건은 무사히 종결된다.

이처럼 과학과 관련된 이야기들은 노자가 말하는 우주 또는 자연의 섭리를 현실성 있게 풀이해 주려는 의도가 깔려 있다. 이야기는 다채롭지만 전달하고자 하는 메시지는 늘 한 가지로 귀결된다. 즉 '도(道)'는 독립적으로 존재하는 에너지이며 끝없이 순환하고 있다는 진리가 바로 그것이다.

또 한 가지, 이 책은 아무런 배경 지식 없이 노자의 원문 또는 해설서를 처음 접했을 때 필연적으로 생기는 아리송한 느낌을 전혀 주지 않는다. 중국의 고대 사상가들 중에서 공자나 맹자를 접한 다음 노자를 읽으면 그 간단명료함과 자유분방함에 속이 후련해진다. 하지만 왠지 잡힐 듯 말 듯 현실과는 거리가 있어 보이는 것이 사실이다.

이 책에서는 그 유명한 상대성 이론도 우스운 것이 되고, 우공이산(愚公移山)은 우공불이산(愚公不移山)이 되기도 하며, 학문에 정진하는 것보다 도 닦기가 한수 위임을 깨닫고, 여행 가방이 무거울수록 홀가분한 여행이 보장된다. 또 '있다'가 '없다'고 처음과 끝은 하나다. 저자의 이야기 전개도 끝까지 다 읽고 난 후 시작과 끝이 연결되어 있음을 알 수 있다.

흥미로운 소재들로 우리의 상식을 비트는 발상을 펼쳐가는 과정에서 어느덧 노자에 대한 기존의 비현실적 느낌은 현실과 연결된다. 설정된 배경은 비록 시공을 초월하지만 대부분 우리가 알 만한 친근한 것들이며 또 그것이 현실과 맞닿아 움직이기 때문이다.

고전 읽기가 교양의 척도라고 하면서도 실제로는 점점 더 고전을 어렵고 고리타분하다며 멀리하고 있다. 과학을 비롯한 현실의 여러 영역을 넘나들며 유쾌한 필치로 노자와 그 사상을 표현한 이 책은 고루함이나 어려움 없이 빠른 시간 안에 흥미롭게 노자 사상의 큰 흐름을 잡을 수 있도록 해줄 것이다.

특히 그동안 중국 철학을 어렵게 생각했던 사람이라면 이 책이 그 첫 발걸음이 되어줄 수 있으리라고 생각한다. 또 첨단 과학자와 일류 CEO를 꿈꾸는 청소년들도 많이 읽게 되기를 기대한다. 노자의 사상은 한편으로는 세상을 아주 잘 살아갈 수 있는 좋은 미덕을 넘치도록 갖고 있기 때문이다.

신상현